谨将此书献给正在奋斗中的朋友

钱德华

2022年10月18日 上海

▲ 夏椿亚先生为中华全国青年联合会第八届常委，曾获中国十大财智英才奖，历任香港中国画研究院院长

▲ 2008届中欧国际工商学院EMBA

▲ 2013年太保寿险第一届组织发展表彰大会

▲ 2014年金玉兰转型项目年度会议

▲ 2017年太保开门红视频大早会

▲ 太保寿险2018年度工作会议

▲ 太保寿险2018年个险转型会议

▲ 出席2018中国保险营销峰会并担任CEO论坛嘉宾

▲ 2018年11月18日太保寿险与法国欧葆庭集团合作签约仪式

▲ 2017年带队出访澳大利亚友邦保险

▲ 2017年11月8日会见MDRT国际副主席Ross Vanderwolf先生来访团队

▲ 1999年吴江支公司办公留影

▲ 2006年深圳分公司新春联欢会

▲ 2009年广东省政府、保监局、集团公司、广东产寿险分公司等领导出席中国太保"乐行天下"晚会

▲ 2012年在吉林分公司调研

▲ 2015年在浙江分公司参加"零点百亿"活动

▲ 2010年太保寿险董事长金文洪考察广东分公司

▲ 2010年太保寿险董事长金文洪与广东分公司班子成员合影

▲ 2010年7月广东分公司团队参观遵义会议会址合影

▲ 2016年集团总裁霍联宏、副总裁贺青带队欧洲路演团队合影

▲ 2009年广东产寿险分公司总经理陪同集团董事长高国富出席珠海航展并拜访大客户

▲ 2017年太保集团董事长孔庆伟与寿险公司班子合影

▲ 2018年与太保集团董事长孔庆伟、寿险公司董事长徐敬惠合影

▲ 2017年7月太保寿险公司班子与浦发银行高国富董事长合影

▲ 2021年太保集团审计中心党委成员参观中共一大会址合影

▲ 2021年审计中心党委与数字化审计部党支部签订党建责任书

险峰

PERILOUS PEAK

从支公司副经理到
总公司总经理的心路历程

钱仲华 著

中国财经出版传媒集团
经济科学出版社
Economic Science Press

图书在版编目（CIP）数据

险峰：从支公司副经理到总公司总经理的心路历程／钱仲华著．——北京：经济科学出版社，2023.3（2023.4 重印）
ISBN 978 – 7 – 5218 – 4513 – 6

Ⅰ.①险… Ⅱ.①钱… Ⅲ.①保险公司 – 企业管理 – 经验 – 中国 Ⅳ.①F842.3

中国国家版本馆 CIP 数据核字（2023）第 023740 号

责任编辑：王红英
责任校对：隗立娜
责任印制：邱　天

险峰：从支公司副经理到总公司总经理的心路历程
钱仲华　著
经济科学出版社出版、发行　新华书店经销
社址：北京市海淀区阜成路甲 28 号　邮编：100142
总编部电话：010 – 88191217　发行部电话：010 – 88191522
网址：www.esp.com.cn
电子邮箱：esp@esp.com.cn
天猫网店：经济科学出版社旗舰店
网址：http://jjkxcbs.tmall.com
北京季蜂印刷有限公司印装
710×1000　16 开　26.25 印张　370000 字
2023 年 4 月第 1 版　2023 年 4 月第 2 次印刷
ISBN 978 – 7 – 5218 – 4513 – 6　定价：78.00 元
（图书出现印装问题，本社负责调换。电话：010 – 88191510）
（版权所有　侵权必究　打击盗版　举报热线：010 – 88191661
QQ：2242791300　营销中心电话：010 – 88191537
电子邮箱：dbts@esp.com.cn）

自　　序

2020年1月25日大年初一，这个春节非常特别，全国人民都在等待新冠肺炎这个"不速之客"快快离开。因为新冠肺炎疫情，自我居家隔离是最佳的抗疫方式。有人调侃，这个春节，待在家里、躺在床上，是对国家、对社会最大的贡献，也是对自己、对家庭、对朋友最大的负责。国务院重新确定春节放假日期，全国统一延迟到2月3日上班。上海市规定，各类企业统一于2月10日开始现场办公。我还有点先见之明，年前已申请年休假，计划从2月10日开始休假5天，准备去南方游玩几天。后来我所在的苏州市又被上海确定为重点关注地区，到沪人员还要居家观察14天。天啊，这么长的一段时间，干什么呢？原本谋划已久想总结一下自己的保险职业生涯，眼前这是最好的机会。于是我开始了本书的起草。

自1981年我参加工作以来，40多年已经过去了，风霜未改初心守，日月如梭路还长。

我有幸赶上一个伟大的时代，这是我们"60后"这一代人所遇到的最大的机遇。从恢复高考到改革开放，从计划经济到市场经济，从贫穷落后到小康社会，从农村农民到城市"白领"，从凭票供应到房价上涨、财富增长……我们都有幸见证、亲历甚至直接参与。这是时代给予我们这一代人最大的红利！中国改革开放40多年辉煌发展史，

险　峰

就是我们这代人的学习成长史。

我有幸加入了一家伟大的公司！这是我 1995 年入职中国太保以来内心的真切评价。中国太保成立 30 多年来，从小到大、由弱到强，名列世界 500 强公司第 158 位，成为"A+H+G"三地上市公司，怎能不令人自豪与骄傲？纵然在公司的发展过程中，难免有起伏、有波折，难免有许多不尽如人意之处，但公司的持续健康发展始终是主流，也是最强音。也许在某一年或某一些业务的发展增速不够快甚至负增长，但如果拉长时间维度，从 5 至 10 年的结果来看，我坚定地认为中国太保的发展是最稳健的。做时间的朋友，与时俱进，太保是最经典的案例之一。

我有幸遇上一个伟大的团队，这是我 24 年保险生涯所感悟的最珍贵体会与财富。一个人的能力始终是有限的，我个人的作用甚至可以忽略不计，但是我的团队，从苏州到南京、从深圳到广州，无论是班子成员还是普通同事，特别是我在太保寿险总公司分管个险工作的 8 个年头里，在吴淞路 400 号工作的全体个险伙伴以及全公司个险条线所有同事们，他们才是攀登险峰的真正勇士！大家自动自发、不离不弃、任劳任怨，成就公司，成长自己。中国太保个险条线的全体将士，他们已经用实际行动证明了"特别能战斗、特别能吃苦、特别能胜利、特别能经受考验"的伟大的中国太保"个险精神"，他们已经用"战功"证明了他们是最优秀的，也是最具市场价值的。

我，感恩祖国，感恩时代，感恩公司，感恩团队，感恩客户，感恩所有关心、支持、帮助我的朋友与同事！可以说，如果没有你们，就没有我的昨天与今天。

为什么要写这本书呢？就是希望在 2022 年 7 月退休后，能送给自己一个不一般的礼物，并由此开始人生新旅程。本书主要是小结一下

自　序

自己1995～2019年保险生涯的成败得失，更希望对从事金融保险等工作的各位朋友、同事有所启示。以我为鉴，开创未来。

正如《中共中央关于党的百年奋斗重大成就和历史经验的决议》中指出的：毛泽东同志曾经指出，如果不把党的历史搞清楚，不把党在历史上所走的路搞清楚，便不能把事情办得更好。邓小平同志也曾经说：历史上成功的经验是宝贵财富，错误的经验、失败的经验也是宝贵财富。作为太保寿险公司的一名老员工、老党员，也不可避免地想总结乃至点评一些寿险公司的经验或教训。当前，整个寿险行业，一个比较集中的关键词就是"转型"。如何转型？有没有找到正确的转型方向与方法？如何突破基层分支机构的现实困惑？我认为总结回顾一下公司的发展历程还是很有必要的。未来不可预测，历史可以借鉴。一家之言，仅供参考。

本书所讲的人与事以及所运用的数据等材料都是客观真实的（绝大部分材料都是公开披露的年度报告），我只希望尊重事实，把这段历史最大限度地真实记录下来。我之所以在2019年没有离开太保，原因之一就是想利用退休之前相对空闲时机，整理、回顾、总结、反思自己所经历的点点滴滴。我丝毫没有纠结是非对错，过去的已经过去了。如果有不合适的地方，特别是如果还有得罪甚至伤害到哪位同事、哪位朋友，主要是我的水平有限或者理解不到位，敬请多多谅解。

为了方便读者阅读，在太保寿险总公司工作部分是按年份撰写的，并且力争做到每年都有新的看点。有的工作，每年都在反复做着，就像春夏秋冬的四季轮回，但每年都不一样；有的工作持续坚持长达5年之久，例如"转型1.0"金玉兰项目等。这些情况，我尽量做到不重复论述，力求集中一次全部呈现。例如营销人力的健康发展工作，每年都是重点工作，但本书只一次集中提及。

本书所指出的个险方面的想法与举措，大多是特定阶段的特定产

险　　峰

物，不一定适合现在的你或者你所在公司的情况，但是希望本书能告诉你，中国太保个险究竟是如何发展壮大的？为什么能够做到连续8年保持个险新保增速及新业务价值增速领先上市险企平均水平？为什么能从连续7年寿险行业第四最终重新成为行业"三甲"？本人是如何从一个支公司的副经理逐步攀登险峰，成长为中国第三大寿险总公司总经理的？

　　本书讲的都是我亲身经历的一些事情，希望对广大的支公司经理们、支行行长们有所启迪，希望您的人生之旅因此更加开心和顺畅。当然也可能误人子弟，敬请批评。

　　写书真的很难，鄙人不才，断断续续，前前后后历时两年多，几次都想放弃，却又不甘心。借此机会，衷心感谢各位亲朋好友的鼓励、支持与帮助！他们有的帮助我核准数据、制作图表，有的帮助我校核文字、编辑文案，有的帮助我一起讨论观点、联系出版发行等。说实话，如果没有大家的鼎力支持，《险峰》也许难以如期定稿，再次谢谢各位无私的朋友！

　　2022年3月24日起，因奥密克戎病毒疫情影响，上海实施小区封控管理，我一个人独自被封在上海家中两月有余，无聊无助，也从时间上保证了我能够完成初稿。我们这一代人有幸遇上了百年未遇的大变局，风险与机遇共存。《险峰》撰写于疫情期间，但愿《险峰》出版之时，疫情早已消散，从此我们更加一路平坦、国泰民安。

钱继华

2022年10月18日

联系邮箱：qian110102@163.com

上 篇

1 深圳之魂 / 5

1.1　春天的故事 / 6

1.2　南下深圳，送钱来了 / 8

1.3　欲取先予，燃希望 / 12

1.4　取智于民，大讨论 / 14

1.5　深入一线，交朋友 / 16

1.6　员工大会，吐心声 / 18

1.7　成立小组，谋变革 / 21

1.8　四五联动，定乾坤 / 23

1.9　二零零五，首战必胜 / 25

1.10　第一次集团年度会议分享 / 26

1.11　乘势而上，笑傲江湖 / 28

1.12　保险的春天真的来了 / 31

1.13 寿险公司就是个险公司 / 33

1.14 有效增员是解决个险营销所有问题的关键办法 / 34

1.15 优秀的讲师不在培训部 / 36

1.16 创造没有天花板的舞台 / 38

1.17 客户永远第一 / 41

1.18 早餐的烦恼 / 42

1.19 谁说大象不能起舞 / 44

1.20 青藤茶社 / 45

1.21 构建文化,图长远 / 46

1.22 兼任广东分公司总经理 / 48

1.23 惜别深圳 / 50

2 保险之基 / 54

2.1 办事处开业 / 56

2.2 临危受命 / 58

2.3 元年大捷 / 59

2.4 职务转正 / 62

2.5 制度管理 / 63

2.6 招募营销员 / 64

2.7 购置大楼 / 66

2.8 支公司成立 / 68

2.9 产寿险分业 / 69

2.10　三年苏州 / 71

2.11　英雄辈出的年代 / 74

2.12　走马观灯 / 77

3　广州突破 / 79

3.1　广东市场 / 80

3.2　广东太保 / 82

3.3　监管年会 / 84

3.4　走遍四级机构 / 86

3.5　"1+5"策略 / 89

3.6　不拘一格降人才 / 90

3.7　"13481" / 92

3.8　除弊革新 / 93

3.9　山雨欲来 / 95

3.10　广州突破 / 96

3.11　遵义会议 / 99

3.12　董事长莅临广州 / 101

3.13　总经理如何管个险？ / 103

3.14　参加竞聘 / 105

3.15　意外收获 / 108

4　攀登险峰 / 111

4.1　2011：蓄势待发 / 114

4.2　2012：责任担当 / 134

4.3　2013：相信保险 / 152

4.4　2014：新三年、新思路、新辉煌 / 164

4.5　2015：大个险、大格局、大发展 / 176

4.6　2016：重上三甲 / 186

4.7　2017：成功登顶 / 199

4.8　2018：历史记录 / 215

4.9　2019：急流勇退 / 234

下　篇

5　人寿保险公司的经营之道 / 253

5.1　坚持聚焦价值可持续增长 / 258

5.2　坚持客观公正的用人导向 / 263

5.3　坚持顺势而为，不瞎折腾 / 266

5.4　坚持文化传承 / 269

5.5　坚持适合自己的发展模式 / 272

5.6　坚持资产负债并重 / 276

5.7　坚持数字化赋能 / 280

5.8　坚持中心城市突破 / 284

5.9　坚持成本管控是保险公司的最大护城河 / 288

5.10　坚持协同发展 / 295

5.11　坚持向优秀同业、实体经济学习 / 299

5.12　关于寿险行业的几点预判 / 308

6 个险营销何去何从 / 312

- 6.1 代理人的痛 / 314
- 6.2 他山之石可以攻玉 / 321
- 6.3 个险发展比较被动的原因透视 / 329
- 6.4 自觉遵循营销规律 / 336
- 6.5 坚持以客户为中心,打破一切条条框框 / 344
- 6.6 加大个人产品的创新力度 / 350
- 6.7 产销分离是大势所趋 / 354
- 6.8 对代理人渠道转型的建议 / 359

7 我的体会与教训 / 369

- 7.1 不想当元帅的士兵不是好士兵 / 371
- 7.2 凡事谋则立 / 373
- 7.3 依靠学习走向未来 / 374
- 7.4 学会抓主要矛盾 / 376
- 7.5 干部是关键 / 378
- 7.6 机遇很重要 / 381
- 7.7 认真工作的人永远不会吃亏 / 383
- 7.8 登高方能望远 / 385
- 7.9 格局决定结局 / 388
- 7.10 性格决定命运 / 390

7.11 "两手都要硬" / 393

7.12 争做一名优秀的基层公司总经理 / 395

7.13 养不教父之过 / 396

尾声 / 398

附录 中国太保集团内审工作数字化评价体系浅析 / 403

险　　峰

玉龙雪山，我曾已征服。

九寨黄龙，我吸着氧仍没爬上彩池之巅。

珠穆朗玛，我可能更没机会了。

险峰呢？

2019年12月26日，2018年中国保险行业年度评价结果出炉，太保寿险2018年1~4季度风险综合评级结果为A，2018年度经营评级结果为A，2018年度服务评价结果为AA，太平洋人寿在83家人身险公司中综合评价最高。这3套指标体系既相互独立，又相互依存，一起构成了"三位一体"完整的保险公司监管评价体系。这是保险行业最权威的评价发布，由中国银保监会和中国保险行业协会分别进行披露。

太保寿险已连续四年获得经营评价最高A级，连续三年获得当年服务评价最高AA级，已成为行业经营和服务高质量发展的新标杆，事实上已经登上了中国寿险行业的"险峰之顶"！

此事被评为中国太保集团2019年十件大事，名列第三。2020年1月1日，中国太保集团还专门刊发了"元旦贺信"。

非常荣耀，2017年、2018年我是中国太平洋人寿保险股份有限公司的执行董事、总经理，是众多"攀登者"之一，亲身经历了这段艰辛与辉煌的历程。

险　峰

　　我是农民的儿子，原本在多个政府部门任公务员，在苏州财政系统工作近十年。1995年11月，组织安排我担任中国太平洋保险公司吴江办事处副经理、党组副书记，参与筹建吴江办事处的工作。从办事处副经理，一步一步晋升到中心支公司、分公司、总公司的总经理，前后历时22年。攀上这个中国寿险行业排名前三的总公司总经理的职位"险峰"，其中又经历了多少辛酸曲折、艰难险阻呢？

　　我可能还是个"保险疯子"。自1995年转保险行业起，至2019年，从事保险工作24周年，从长三角到珠三角，从支公司到总公司，"北"（南京）、上（上海）、广（广州）、深（深圳）都工作过了。在支公司当总经理时，如履薄冰。每年大年初一，我都要到支公司去转一圈，看看是否存在安全隐患，尽量做到万无一失，防止倒在"起步阶段"。直到2008年，我离开深圳分公司总经理的岗位，近在咫尺的香港，我从来都没有去过！更被笑话的是，我在南京、深圳、广州工作期间，在房价一万元甚至低于一万元的时候，都没有买入一套房子！也许是投资的理念和魄力问题，也许是我对工作真的太执着了，以致没有时间去实地考察楼盘。

　　电影《攀登者》的主题曲中，有这么几句词：
　　每寸冰霜，每寸锋芒，每一步都是信仰
　　喜马拉雅，暴风雪故乡，她正在等我前往
　　必定有我，登上绝顶，只为国旗飘扬……

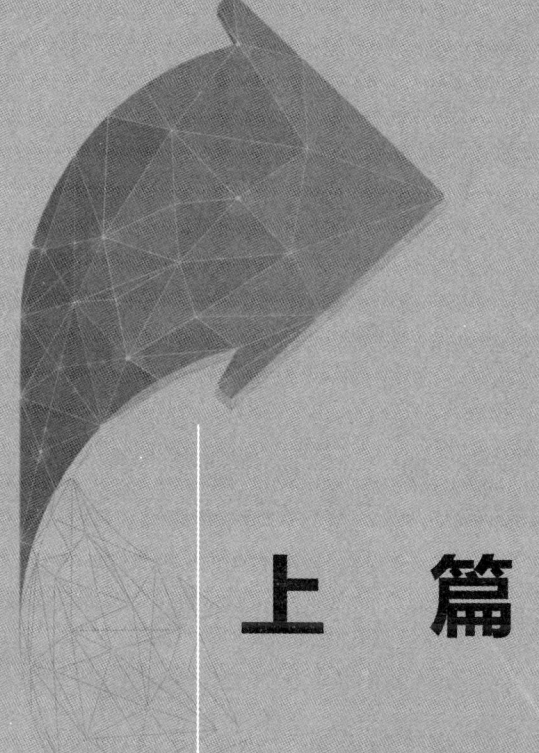

上 篇

1

深圳之魂

鹏程万里初战捷,豪情万丈正青春。

1.1　春天的故事

深圳，别称鹏城。1980年成为中国最早设立的经济特区。深圳是中国改革开放的窗口和新兴移民城市，创造了举世瞩目的"深圳速度"。经过40多年的发展，深圳已成为一座充满魅力、动力、活力和创新力的国际化创新型城市。

2019年2月，中共中央、国务院印发了《粤港澳大湾区发展规划纲要》，要求深圳发挥作为经济特区、全国性经济中心城市和国家创新型城市的引领作用，加快建设成为现代化国际化城市，努力成为具有世界影响力的创新创意之都。

2019年8月18日，《中共中央 国务院关于支持深圳建设中国特色社会主义先行示范区的意见》正式发布，再次赋予深圳以特殊使命，明确了深圳先行示范区作为高质量发展高地、法治城市示范、城市文明典范、民生幸福标杆、可持续发展先锋的战略定位。到21世纪中叶，深圳将成为竞争力、创新力、影响力卓著的全球标杆城市。

深圳的开放与包容，是多少年轻人向往的地方！

提起深圳，人们不能不想起邓小平，想起那首《春天的故事》，想起深南大道……

深南大道作为深圳的主干道，就像长安街之于北京，不仅仅具备交通的功能，更集中了这座城市的经典，成了一座城市的景观和窗口，深圳的政治、经济、文化从这条道路延伸、攀升。

在深南中路 1 号（因与红岭中路交汇，地图上也标为红岭中路 1001 号），矗立着深圳改革开放发展历程的重要地标——邓小平画像广场，每天来这里的游客络绎不绝，深圳人对小平同志有着特殊的感情，春天对深圳这个城市更有特别的意义。就是在 1979 年的春天，这位老人在祖国的南海边画了一个圈，从此一座城市迎来了自己的春天。

提到当时的深圳，人们还会想起深南大道旁的博物馆广场，那里矗立着一座雕塑，一个大力士两手撑破了禁锢自己的框架，隐含着他就是要打破一切条条框框！它昭示天下，深圳将解放思想、突破自我、不断创新，一切从实际出发，发展才是硬道理……创新已经融入深圳的空气中，创新已经培育成为一种生态。这就是深圳的魂，这就是深圳的魅力！

邓小平画像的隔壁，深南中路 1002 号，也就是新闻大厦，1997 年搬入了太平洋保险公司深圳分公司。我在深圳的故事便是从这里开始的……

1.2　南下深圳，送钱来了

2005年3月3日，对太保深圳分公司大多数员工来说，可能是比较平常的日子，但对我来说是个难忘的日子，这是我来深圳分公司上任的第一天，也可能是深圳分公司发展的分水岭。

3月的深圳，已是仲春了。矗立在邓小平画像旁的新闻大厦，在阳光的照耀下，闪着亮光，格外夺目。那天早晨，一楼电梯口照样挤满了人，我随着人流走了进去，看似平静，但从那一刻起，我与这个公司、这支队伍的缘分已经结下，那天发生的事情至今历历在目。

我是在2005年过了新年突然接到调任通知的。

时任中国太平洋保险集团董事长王国良先生找我谈话，满负重托，语重心长，他说：四年间，深圳分公司已经换了三任老总，时至今日，仍难扭转困局，队伍的发展信心已经严重受挫，一批优秀员工接连离职，似乎陷入了一个泥潭中，越折腾，陷得越深，急需一名既懂业务更懂管理、既有创新能力又有改革魄力的干将来激活队伍，改变现状，走出泥潭，在总部推荐的几名候选干部中，最终选中了你。

此前，我是太保江苏分公司的党委副书记、副总经理、纪委书记。

那次谈话，深圳分公司留给我的第一印象，与深圳这座城市在我心里的印象反差太大。说实话，作为江苏分公司的"常务副总"，总有一点点接任分公司总经理的想法，也可以去其他分公司，但却没有想到会去深圳分公司。那时的江苏分公司,是全国太保保费规模、经营效益双第一的大型分公司,是一家处于非常热点甚至焦点的分公司,前几位副总分别去了河北、广东、湖南分公司当一把手。一句话,我从来没有想到要去深圳工作。

在得知我要去深圳公司之后,关心我的朋友也给我算了一笔账,深圳当时户籍人口只有100多万,能有多大的寿险市场?与保险大省的江苏相比,不在一个级别上。深圳是一个年轻的城市,人口流动性又那么高,对销售长期寿险来说肯定是大难题。更为严重的是,深圳是平安保险的总部所在地,中国人寿也非常强大,业内前辈万峰曾是中国人寿深圳分公司的总经理。大树底下不长草啊!所以,苏州公司一位关心我的同事当时还给我发了个邮件"老钱,你死定了"。

而此时的中国保险市场,改革迸发的活力已经成为推动保险业健康快速发展的强大动力。保险业加入世贸的过渡期结束,将进入全面对外开放的时期,外资带来了先进的技术和管理经验,提高了保险业的整体发展水平。同时,随着保险资金运用渠道不断拓宽,中国保险业已呈现蓬勃发展的良好势头。

作为"老三家"之一的太平洋保险1991年5月13日成立于中国金融中心黄浦江畔,深圳分公司作为一个战略要地,成立于1992年12月28日,对于一个当时户籍人口仅仅100多万的城市,财产保险业务一直是深圳分公司的主要支柱。1997年7月1日,与香港回归同一天,深圳分公司职场正式搬入了新闻大厦。2000年成功实施产寿分业,这一时期也是深圳寿险快速发展的短暂时期,一时吸引了一批想干事的优秀青年加盟,可之后的发展可谓是一波三折,四年经历了三任分公司老总。

2004年的深圳分公司是怎么样的一家公司呢?我现在手上还幸存有一张当时"深圳分公司个险发展简表",简表显示:2004年营销期末人力1054人,2003年是1175人,年新保期缴2004年为4144万元,2003年是4440万元。下表为2004年深圳市场同业交流信息。

险　峰

2004年深圳市场同业交流信息

公司名称	期初人力（人）	期末人力（人）	个险新契约（万元）	期缴比例（%）	市场份额（%）
国寿	3761	3984	36557	74	38.20
平安	2462	4186	24987	91	26.10
友邦	2860	3458	25280	83	26.40
太保	1082	1054	6091	68	6.40

资料来源：笔者整理同业数据而得。

当时新华保险在深圳还没有机构，但太保与主要同业公司核心业务之间的差距还是非常大的！太保寿险深圳公司的状况与蓬勃发展的时代大背景有点落差了。

新来的总经理究竟是何方"神圣"？他能否带领大家走出困境？能在深圳公司干多长时间？广大员工带着大大的问号关注着即将到任的我。

2005年3月3日那天，集团公司非常重视，董事长王国良先生、寿险总公司副总经理韩德及党委委员、人力资源总监朱健等领导亲自到深圳分公司，并开会宣布我出任深圳分公司党委书记、总经理。

首先是参观20楼的职场，我总感觉身后有好多双眼睛在打量着我，员工在观察我，我也在观察员工。多年以后，谈及此事，方知当时的员工心中其实是有个大大的问号，多少有点担心，这个其貌不扬的中等身材的男子能干成吗？我戏称道："我能感觉到当时员工心中的问号，而我也在想我一定要把你们心中的问号变成感叹号。"

随后的干部大会上，王国良董事长一开口就语出惊人："今天我是来送钱的"。一语双关，事后员工才明白其中的含义。这句看似玩笑话，却真实地道出了总部对深圳分公司的良苦用心和对我个人的满怀期待。钱是保费，是保险公司立业之本；钱也是收入，是队伍发展的动力之源；钱是费用，是公司发展不可缺少的资源；当然钱还代表的是我本人姓"钱"，一个被寄予重托、要给公司带来希望的新任总经理。我也坚定地表态："发展是深圳公司的第一要务……"

既然来了，还是要注意一下第一印象。所以，在头一天晚上，尽管旅途劳累，我也没有去看看深圳的夜景，就在晶都宾馆的房间里，准备新官上任的就职演说。这稿纸至今我还保留着，情境仿如昨日。

1.3 欲取先予，燃希望

"果然是送钱来了"，这是我到任一个月内，员工们在聊天时会经常提到的一句话。因为我上任后办的头一件事，就是开分公司班子第一次会议，研究如何发放上一年度还没有发的年终奖金。算是送给员工的一份见面大礼，可能也是新官上任三把火吧。

事出必有因。我的专业是财务，到了新公司自然而然先要了解一下公司的家底情况，有多少柴米决定做多少人的饭。第二天，我就把财务部陈经理叫到办公室，陈经理好像也是有备而来，给我的第一印象，虽然个子不高，但水平挺高，尤其在专业领域有自己的独到见解，让我踏实了许多，后来也证明我当初的判断是准确的。

陈经理把公司的财务状况一五一十全给我讲了，总体情况是有喜有忧：由于前期业务发展遇到了很大困难，保费下降，在依靠业务取费的财务管理体制下，直接带来公司可用费用的紧张。但因为年底没有发放上一年度奖金，故账面还结余800多万元费用。陈经理还提醒我，员工对这个事意见很大。我随后又找来人力资源部经理了解情况和当前员工的思想动态。我认为，虽然困难，新官也要理旧账；虽然困难，必须要首先稳定队伍。因为奖金问题涉及员工的信任问题，没有了员工的信任，一切工作都是空谈。欲取必须先予。

3月7日，我上任不到一周，就把上年度的年终奖发了，普通员工人均约6000元！这不仅仅是奖金，是公司的承诺，是对员工的信任，更是发令枪！隐含着如果今后大家继续跟着我好好干，以后的奖金会更多！这事没有请示总公司，这样"斩而不奏"的事也只能发生在那个时期，现在财务高度集中并推行全面预算管理了，这样的做法怕是很难了。

有没有钱可发？能不能发？更主要的是为什么要发？可以想一想，来深圳创业、打工人员的心愿是什么？在那个年代，他们大部分都是为了收入而来，首先要解决吃饭问题，然后才是发展问题、事业问题。所以这"第一把火"，不仅把员工凉透的心给烧热了，也把队伍发展的信心给烧旺了。其实我敢于发钱不是什么本事，是我的前任给我留下的一个机会。

他是温州人，精明又能干。之前是总公司办公室主任，总部只给了他一年的时间，他刚刚熟悉业务、熟悉情况，正要筹集资金准备第二年大干一番时，总部又把我这个并不愿去的人派过去了。现在我俩在上海还不时要小聚一下。

1.4 取智于民，大讨论

深圳，是我职业历程的一次重要转折点，深圳分公司是我第一张分公司总经理名片，我格外珍惜。可以这么说，没有深圳之行，就没有我后来的一切。

如何行使好总经理的职权，我在这个问题上虽比较谨慎，但也比较果断，这是所有比较了解我的同事的基本评价。

面对一个新公司，一个新的市场环境，一个还不太熟悉的团队，摆在我面前的首要问题，就是找到一条适合深圳分公司的发展之路，我当然有自己的思考和想法，但我更相信智慧在民间，我想先听听员工们怎么想、怎么说。于是在我的直接筹划下，一场以"如何加快公司发展"为主题的全公司范围内大讨论活动，如火如荼地开展了起来。

刚开始员工是有顾虑的，大多数人可能还不敢讲真话，担心提的意见如果不合适会不会"犯错误"。第一场座谈会由我亲自主持，请人力资源部专门挑一些敢说真话的员工参加，我希望能打消其他员工的顾虑，能让员工打开心扉、畅所欲言。其实，每位深圳公司员工都希望公司健康发展，每一个来到深圳的人都不是来享受的，而是来创业的。

整个活动持续了近一个月，得到了员工的热烈响应，几乎所有员工都参与了大讨论，收到83位员工的370多条合理化建议，这让我很感动和欣慰，也更加坚定了我对公司发展的信心。这次活动后，公司出台了一系列管理动作和业务政策,对后来实现业务快速发展奠定了一定的基础。

  这次大讨论活动让员工们津津乐道的是,他们感到更了解总经理了,压在心里的话也讲出来了,更加有点主人公的感觉了。我呢?我不但希望找到或者佐证公司的发展之策,还希望进一步把大家的注意力凝聚到公司的发展上来,更希望从中发现一批有想法有干劲的年轻人,因为凡事都是人干出来的,得人才者得天下。这次冒出来的年轻优秀人才,后来有的被破格提拔,有的成长为公司各个领域的骨干,甚至是我的左膀右臂,还有些已经是现在总公司和分公司重要岗位的领导干部了,当然这是后话。

1.5 深入一线，交朋友

我曾发自内心地说：保险营销员是当代最可爱的人！这在当时社会大众对保险代理人普遍认同度还不高，甚至经常发生被拒之门外的情况下，可想而知，当我们亲爱的伙伴们第一次听到这话时，可能还有点小小的感动和温暖。

只有把自己当成一个营销员，而不是当成一名管理者或领导，你才能够真正站在营销员的立场上理解他们的需求和想法，营销员也才会把你当成自己人。如果你在他们心目中只是领导，你已经和他们疏远了，就算你天天下基层，但听到的可能大部分都是客套话甚至假话了。

初来乍到的我，只有融入团队，才能了解到在办公室里了解不到的真实的点点滴滴：究竟什么产品是客户需要、而营销员又特别愿意去卖的呢？每天的早会质量如何？营销员们为什么不太愿意参加早会？那些管理津贴很多的大总监、老主管是否发挥了应有的作用？行政经理专业能力和管理能力如何？营销职场和设施是否合适？营销团队的状态、凝聚力如何？基本法有什么不足？同业的动态或者力度怎样？等等……所有的一切，只要你想知道，应有尽有。

当然，和营销员交朋友，光靠了解、聊天是不够的，更重要的是要给他们解决问题，要帮助他们赚到钱，能够帮助他们做强做大团队。例如，针对当时团队自主经营能力偏弱的情况，我们给每个业务部配备了一名内勤助理，人员由团队自招，基本费用由公司统一承担，超额奖励由团队自理，这在当时也是开了先河的。

深南支公司有个业务部经理，她的小儿子得了重病，医治无效不幸去世了。我得知消息后，亲自登门悼念并送上慰问金，也是我第一次参加员工亲属的遗体告别，当时的场景至今还历历在目。虽然这位经理的业绩不一定是最好的，但后来在公司发展遇到暂时困难时，她对队伍的稳定还是发挥了比较重要的作用。

罗湖支公司有位经理，经营中高端客户的能力特别强，家庭经济条件也很好，据说深圳、上海都有几套房子呢。她非常热爱保险事业，至今还在为深圳太保的发展奉献自己。他们在一线打拼，需要公司及时到位的支持，我们不是为他们背书，而是要让他们感到他们不是一个人在战斗。前中后台融合、线上线下融合，那还有什么克服不了的困难？她最大的保单是一家深圳本地银行的员工养老保险，虽然过程有点艰难，但在分公司的支持配合下，最终成功签约。现在我们是好朋友，她来上海，我如有空就会一起吃饭，我去深圳时，她有时会开着特斯拉送我去机场。

1.6　员工大会，吐心声

经过一个多月马不停蹄地调研、座谈、摸底和讨论，我对深圳公司有了基本全面的了解，也应该向员工们讲讲我的一些想法了。2005年4月9日，我到任的第一次员工大会在2楼大职场内隆重举行。我报告的题目是："振奋精神 坚定信心 开拓创新 真抓实干 为实现深圳分公司新的跨越而顽强拼搏"，现在看来，题目有点长了，但意思很明确，要实现新的跨越。我主要讲了四个大问题：

（一）2005年分公司的经营目标和工作思路，重点提出了"三个坚持"和"三个坚决不做"：坚持发展是公司的第一要务，坚持"稳健经营，以效益为中心"的指导思想，坚持以人为本；违规业务坚决不做，亏损业务坚决不做，虚假业务坚决不做！

（二）第一季度工作总结和第二季度任务目标。

（三）当前应该重点关注的几个问题。必须大胆探索和积极培育新的增长点；必须学会抓主要矛盾，公司在基础管理、基本理念、基本流程方面都或多或少存在值得改进的地方，但不可能一时全部解决；必须提高支公司的经营管理水平，尽快从单纯的业务拓展型转变为既抓业务又会管理的综合型支公司。城市型分公司的支公司有一定的特殊性，但它必须既是业务中心又是成本中心；必须逐步解决员工的技能培训问题；必须强化各部门之间的协调沟通。

（四）营造良好的人才成长环境，建设一支能够大力推进公司发展的干部员工队伍。员工是公司最宝贵的财富，公司发展需要一支能战胜任何困难的铁军。抓业务必须首先抓队伍，抓队伍必须首先抓思想意识。一抓创新意识，创新是一个民族的灵魂，是企业一个永恒的主题。创新是深圳的根，深圳的魂。创新需要三方面的支撑：要有思考问题和观察问题的独特视角、独特工作思路，要有善于找到解决问题的特殊办法，要有必须改变原有的习惯思维、习惯做法的勇气。二抓责任意识，公司兴旺，匹夫有责。作为总经理，我的责任就是帮助大家实现自身价值和理想，帮助大家增加收入，帮助大家更好地履行各自职责，把深圳公司做强做大。三抓作为意识，没有作为，就没有地位。四抓诚信意识，要对客户诚信，要对员工、业务伙伴诚信，必须说到做到，要对公司诚信，忠诚胜于能力。五抓执行意识，加强纪律性，革命无不胜。任何工作都要看结果，不讲执行力就是不讲结果导向。

希望广大干部员工进一步增强对公司的信心，对班子的信心，对自己的信心；希望大家主动改变自己，以适应不断变化的形势要求。世界上唯一不变的就是变化。正如一位员工指出：不要说起公司发展的不足时人人慷慨激昂，与其忧国忧民，不如脚踏实地，从改正自己的缺点做起，从处理好手边的每一件小事做起！

为了进一步增强大家的信心，分公司将在干部人事制度方面进行五个方面的探索。一是为每一位员工提供相对公平的发展机会和发展空间。今年分公司不会主动辞退任何一名员工，但可以调整岗位，明年如果考核不合格，将推行末位淘汰。二是进一步明确员工职业生涯规划，让每一位员工都能找到自己的发展方向和目标，分公司将公开选拔一批科级干部进行重点培养。三是让员工分享公司发展成果，不断提高员工的收入。从今年起，考核合格的员工收入平均每年增长10%。四是鼓励员工自我提升，不断提高队伍的整体素质。在员工取得相应资格或学位后，公司给予一定的学费补贴和奖励。五是想方设法为员工解决后顾之忧，重点解决独生子女的医疗保险问题，让员工全身心投入本职工作。

　　班子是分公司干部队伍的代表，是执行力的源泉，是全体员工的信心和期望所在，要建设一个强大的分公司，实现公司新的跨越，就必须建设一个强有力的领导班子。希望每个班子成员，进一步争当开拓创新、加快发展的表率，争当客观看人、公正做事、严格管理的表率。

　　这次会议开得非常成功，为后来公司的改革和发展奠定了坚实的思想基础。

1.7 成立小组,谋变革

根据调研及大讨论掌握的情况,分公司决定成立由班子成员牵头的四个功能小组,即营销体制改革小组、核保核赔客服创新小组、信息技术攻关小组、内勤业务拓展小组,重点围绕营销体制、核保核赔、客户服务、信息技术、内勤业务推动等方面进行改革突破,目的是提高工作效率和服务水平,加快推动业务发展。

在个险方面,成立区域拓展部,从平安引进优秀人才任总经理,研究制定了《中国太平洋人寿保险股份有限公司深圳分公司区域服务专员管理办法(试行)》(当时分公司的权限真的很大,由于当时的总公司还没有现成的制度,也没有所谓的区域拓展部,所以深圳分公司自己制定了区域拓展"基本法");新设沙井营业部,加快拓展"关外"(当时进出深圳城区还要有"特区通行证"所以才有"关外"与"关内"之分)市场;把深南营业部改制为深南支公司,并设立精英督导区,支持和鼓励营销精英拓展中高端市场;新设中介业务部,进一步加强与经纪公司、代理公司的合作。当时的深圳市场中介业务相对于全国其他城市而言,是比较领先和发达的。

大力拓展个团交叉销售,确保全公司领先地位。深圳公司营销员销售团体意外险的保费总量一直排在太保全公司第一位,作为一家城市型分公司,超越所有省级公司,实属不易。后来我到了广州才被广东超越,广东

险　　峰

分公司成为第一名是应该的。

　　以个险期缴为突破重点,带动团体、银保业务的发展。根据市场同业的发展经验,我们认为:能不能把个险期缴搞上去,关系整个公司的发展信心问题,关系公司能否可持续发展问题。同样,在深圳市场,同业能搞上去,为何我们不能上?如果个险能上,其他渠道也一定能上!

1.8　四五联动，定乾坤

三月发了奖金，半年奖在哪里？当时的分公司财务权限确实大，但所有的费用都要靠分公司自己做出来。费用超支肯定不行的，要被免职或被调离，虽然有时可以向总部先借一点费用预算。面对这样的局面，我认为，要扭转困局，必须要用一场胜利来激发队伍信心，激励团队士气。胜利有时不仅仅是要一个结果，更是一种手段或方法，可以改变原来的思维方式。其实，当时在补发年终奖金时，我就在谋划第二季度怎么打的问题了。某种角度上讲，第一次发钱似乎传递这样的信号：没干活，先给钱。这支队伍战斗力究竟如何，必须在实战中来检验。现在改变为：先干活，再给钱。所以，这个作战方案很重要。

"四五联动"方案的研讨全过程，我全程参与。其实仅从方案本身来看，也没有多少高深技术含量，归结起来两句话：在该投的地方加大投，在该激励的人上加大激励。关键是把握好火候！那个时候还没有大数据分析，但必须把目标定得恰到好处！要让大家感觉赢得非常艰难，但又赢得很有成就感。事实上我们做到了！队伍的热情像打开了的火山口一样，一下子喷涌而出了。四月、五月两个月，刷新了深圳分公司历史上的单月保费记录，两个月实现个险新保2146万元，其中新保期缴1600万元，超过了开门红2005年1～3月个险期缴924万元，比我们确定的目标1500万元还多了100万元！真的可以说，四五联动，打出了志气，打出了信心，打出了威风！一举扭转了分公司个人业务长期萎靡不振的被动局面。为此，我们给每位普通员工再次发放6000元奖金，其他员工按奖励方案及贡献大小逐一兑现。

从此，一个不一般的深圳公司、一个令人自豪的深圳公司、一个令人回味无穷的深圳公司、一个势不可挡的深圳公司慢慢地、悄悄地来到了我们身边！

后来知道，深圳公司发奖金的事流传得很广，在2005年那个年代，那时深圳的房价也只有一万元一平方米，两次人均6000元奖金，在内地是个什么概念？多少人要羡慕我们，多少人要"学习"我们，还有不少人可能还"嫉妒"我们吧。

深圳是个移民城市，春节期间冷冷清清。过年时，员工们还没拿到年终奖金，怎么回老家过年？不是我的前任不知道，也不是没有做好方案，而是我听说因为请示了总部，总部不同意发这年终奖。从总部的角度，不发也是对的，多年业务没有突破，基本的经营费用需要总部支持来维持，发什么年终奖金呢？而我又未经请示连发两次奖金，何以了得？

有一次，集团公司在上海原太平洋保险学院召开各分公司总经理培训会议，时任集团董事长王国良早早已到，他坐在一个课桌式样的讲台前，旁边围着很多兄弟公司的老总，谈笑风生，王董看到我进去，喊了我一声："老钱，听说你发奖金了？"我顿时头皮发麻，心想他怎么知道的？王董停顿了2秒钟，又说了一句："这是经过请示，是我同意的！"当时我还没有搞明白这是啥意思？后来我才慢慢反应过来，心想王董是多么睿智的领导啊，他既肯定了我，又"敲打"了我，同时还警告了在场的其他公司老总，不能简单地学习模仿，要发奖金必须得到批准。

1.9 二零零五，首战必胜

2005年是我到深圳分公司工作的首战之年。按照业内"通行"做法，2005年可以是过渡之年、准备之年，1~3月的开门红已经打完了，大局可能已定。2006年才是我的完整的工作年份，应该发力的年度。然而，我没这么想，更没这么做。在前任打下的基础上，在各位同事的共同努力下，2005年公司实现总保费45003万元，比2004年的41674万元，增长7.98%，改变了多年来总保费负增长的局面，其中个险新保期缴6133万元，同比增长48%，营销渠道销售短期意外险2340万元，同比增长36%，占公司的52%，营销人力1662人，同比增长58%。

2005年12月23日深圳分公司被《深圳商报》评为"最能代表25年深圳形象的深圳名片"。

分公司客户服务部、龙岗支公司分别被总公司命名为太保寿险系统"青年文明号"。

分公司在深圳市首届金融系统职工歌咏比赛中获得"最佳表演奖"。

南山支公司营销督导祝福被授予中国太保寿险系统"青年岗位能手标兵"和中国太保集团"青年岗位能手"的荣誉称号。

可以自豪地说，2005年非常圆满地实现了我自己确定的"首战必胜"的目标。

1.10 第一次集团年度会议分享

2006年1月20日，中国太平洋保险集团公司召开年度工作会议，我们听取了王董事长、霍总及寿险公司金董事长的报告，会议安排产、寿险分公司各派一家分公司在会上做交流汇报。非常荣幸，太保寿险深圳分公司代表寿险总公司进行大会分享，我汇报的题目是"迅速凝聚人心，坚决突破重点，谋求持续发展"。

在我发言之前，我感觉到金董还是有点担心我的，这么大的场面，我能否为寿险公司增光添彩？他一直在鼓励我，还让另外一位老领导不断给我鼓励与打气。情况确实如此，任职深圳分公司总经理一年还没有满，我的语言表达能力在当时确实也没有什么优势，领导们又没有在全公司大会上听过我的发言，担心是正常的。其实，我做了充分的准备，一方面，深圳公司2005年确实做得还很不错；另一方面，这是多么难得的机会，我必须好好抓住。

我首先谈了一点参会体会并表态，认为2005年整个集团公司取得了令人鼓舞的经营业绩，外资参股也取得了历史性的突破；在新的一年，如何抓住战略机遇，实现又好又快发展的思路非常清晰！我们深圳公司的任务就是，在落实中创新、在创新中落实，真抓实干，为实现集团公司提出的战略目标作出深圳公司应有的贡献。

然后，根据会前准备的材料，我比较从容地把深圳公司的基本情况及 2005 年的主要工作做了汇报介绍。最后，还借此机会，对总公司及关心帮助我们深圳分公司的各兄弟分公司表示感谢，并且表示所讲的都是针对深圳分公司的一些做法与想法，"小公司说大话"，不当之处，请多包涵。

1.11 乘势而上，笑傲江湖

在全体同事的共同努力下，深圳公司2006年的业绩同样非常靓丽。

分公司总保费收入54484万元，同比增长21.1%，其中个险新保期缴8824万元，同比增长43.9%，个险新保市场份额10.7%，增长4.2个百分点，短期意外险6762万元，同比增长11.6%，短期意外险市场份额15.2%，增长0.9个百分点。银保业务12966万元，同比增长32.5%，银保市场份额16.6%，增长3.8个百分点。年末营销人力2349人，同比增长41%，13个月继续率91.5%，分公司薪酬总量同比增长19%。

2006年，分公司进一步确立个险工作在公司的主导地位，主要由总经理分管，同时，把"做长期寿险保障的提供者"作为公司的使命；进一步提高支公司经营自主权，完善薪酬激励机制，调动支公司发展业务的积极性。

坚持渠道创新和销售模式创新。一是以孤儿单服务、区域开拓和老客户加保为主的区域拓展被总公司作为试点，全年新增期缴317万元；二是以产品创新、销售渠道创新为特色的电话销售取得了突破，并成功争取为总公司电话销售的试点单位。在总部的支持下，专门设计了适应电话销售的"无忧人生"综合保障计划和"吉祥三保"系列产品。2006年分公司与台湾保险代理公司合作电话销售意外险，全年成功签单9123件，实现保费890多万元。在电话销售外包代理的基础上，探索自建电话销售队伍的新模式，成功启动了与电讯盈科、深圳市邮政局的合作项目。"电话销售"保险工作完全走在了全国太保甚至保险行业的前列。

精耕细作，提升个险专业经营水平。强化支公司组训人员的条线管理，提高分、支公司的协同作战能力；分公司层面成立产品说明会和创业说明会运作小组，集中整个公司资源来策划和组织各项业务推动；在个险管理部专门设立"增员室"，在支公司由专职的组训人员重点抓增员工作，细化增员的三级面试流程和要求，最大限度地提高增员质量。重新扩建培训中心，重点做好新兵训练营等工作；在个险部设立"交叉销售室"，专门指导推动营销团队拓展意外险，并把意外险业务单独列入分公司全年最高荣誉表彰大会的表彰项目，确保营销员销售意外险业务的总量居全国第一。

2006年深圳分公司被深圳市政府授予"深圳市保险创新发展速度领先企业"称号；这个奖牌还是有点含金量的。在深圳市，保险公司会像其他企业一样得到重视与支持。"感动2006"！这是深圳分公司2006年度工作会议主背景，从一个侧面反映出员工们的喜悦心情。

2007年，其实已经有点挑战了，因为已经高速增长2年了，一而再，再而衰？但是，我们乘势而上，取得了又一个胜利：

2007年2月2日《中国太平洋保险报》以"加快核心业务发展，确保内含价值增长，为繁荣深圳保险市场做出积极的贡献"为题，介绍了深圳公司的发展经验。

2007年11月27日深圳分公司被《深圳特区报》评为"2007深圳生活潮流推动者"，是唯一入选的保险公司。

2007年12月7日深圳分公司获得深圳市金融系统业务技术竞赛"寿险礼仪"和"网上保险业务介绍"两个项目的第一名，是唯一一家获得两个"第一"的金融单位。

2007年个险新保期缴在所有城市型分公司中继续排名第一。

险　峰

2007年营销渠道短期意外险销量在所有城市型分公司中继续排名第一。

2007年罗湖支公司营销员方钰获得太平洋寿险总公司个人佣金收入第一名。

自2005年以来，深圳分公司的每一年都不平凡，每一年都很精彩。为什么呢？

因为我们是在深圳这片热土上！

因为我们始终在创新，创新永远是深圳的魂！

因为我们拥有一支年轻、专业、可爱、充满激情、"嗷嗷叫"的铁军！

因为我们：（1）坚持科学发展观，追求持续发展，最核心是始终遵循寿险发展规律；（2）坚持解放思想，探索创新发展，深圳公司的成功就是解放思想的成功；（3）坚持合规经营，确保健康发展，对公司负责，对自己负责，对市场负责；（4）坚持以人为本，实现和谐发展，倡导"员工第一"，要感动客户，首先要感动员工。

1.12　保险的春天真的来了

因为来自内地，我深切感受到深圳市场和内地市场的不同，每当静下心来一个人沉思的时候，我总是按捺不住内心的感慨和激动，不论公司的大会、小会，我总是要讲一句：保险的春天真的来了！总是忍不住要和同事分享这份心情，感慨自己选择了一个蓬勃发展的行业，感慨这个行业将给我们带来难得的发展机遇和空间。

当时深圳市的保险密度为1286.5元，远不及发达国家的水平；保险深度仅为2.16%，还低于全国平均水平，与这座城市高速增长的经济地位很不匹配，深圳保险市场的发展空间和潜力巨大。就在2005年5月，时任中国保监会主席吴定富在深圳调研时也提出"深圳保险业要在全国领先，要向国际成熟保险市场看齐"。之后，保监会和深圳市政府提出共同联手打造深圳保险创新发展试验区，深圳保险业可谓前途无量，大有作为。更为利好的是，那一年，太保寿险总部确立了中心城市发展战略，并于2005年12月19日与美国凯雷投资集团成功合资，太保寿险步入一个崭新的发展阶段，为深圳分公司创新突破发展提供了绝佳的天时、地利、人和之机遇。

2006年，国务院颁布了《国务院关于保险业改革发展的若干意见》，简称"国十条"，之后，广东省政府的"粤九条"、深圳市政府的"深八条"相继出台，保险业健康发展的黄金时期到来了！我们生活在那个时

险　峰

代，生活在深圳这个城市，注定是最幸运的一代！

面对这么难得的历史机遇，我们怎能错过？于是，我们按照"又快又好"的发展要求，着手制定深圳分公司三年发展规划，提出"在全国太平洋寿险系统领先，向深圳先进寿险公司看齐"的三年发展目标。

1.13　寿险公司就是个险公司

根据深圳公司少数老员工的介绍，从2000年底产寿险分业以来，寿险深圳分公司始终徘徊在一个抉择的怪圈中：要规模还是要效益？要速度还是要质量？要短期的数字靓丽还是要长期的稳健发展？在徘徊中、讨论中，慢慢丧失了机遇。我们深圳分公司能不能走出这个怪圈？我们必须理清思路，必须把握寿险的本质，合理配置资源，集中精力和财力把个险期缴业务搞上去。我经常说：市场没有问题，员工没有问题，深圳分公司发展不上去，关键是思路问题、方法问题。基于对市场的判断，我认为，公司要加快发展必须牢牢抓住个险，能不能把个险期缴搞上去，关系到整个公司发展的信心问题，关系到公司能否持续发展乃至生死存亡的大问题！寿险公司首先是个险公司，如果个险能上去，其他渠道业务也一定能上去。这是个大问题！只有坚持正确的公司发展定位，才能把握公司的未来与命运。

古今中外保险公司，只要选择做百年老店的目标，无一例外，都会把期缴业务作为重中之重来谋划发展。寿险公司的经营魅力就像是"滚雪球"，只有耐得住寂寞，才能走得更远更稳。十多年后的今天，大部分市场主体仍在为如何进行业务转型而头疼不已，而作为行业价值转型的标杆，太保寿险已经从容跨入高质量发展的新阶段。

"个险是基础，是寿险的根，个险不牢，地动山摇"，时至今日，我的这句话仍未过时。后来到了总部工作，才进一步认识到寿险公司的复杂性，口气稍作变化：某种意义上讲，寿险公司就是个险公司！

1.14　有效增员是解决个险营销所有问题的关键办法

如果要对 2005～2006 年深圳分公司个险业务取得快速发展的原因进行分析的话，人力增长无疑是最大的驱动因子，两年间营销人力累计增幅达到了 126%，在深圳主要同业中，太保寿险人力增长是最快的。

当时，深圳寿险市场排在前面的主流公司的营销人力都在 4000～5000 人，而太保的人力只有他们的 1/3 左右，我认为人力瓶颈是制约个险发展的重要因素。为此，我们排除杂音，笃定要走人力健康发展之路，旗帜鲜明地提出了"有效增员是解决个险营销所有问题的关键办法"的响亮口号，现在依然被寿险管理层视为必须坚持的一条基本铁律。

其实道理很简单，寿险公司是个传统服务行业，中国又是人口众多的发展中国家，要满足客户需求，必须要匹配相应数量和质量的保险从业人员，更何况，寿险营销制度刚刚引入才十年左右，没有一定的营销人员，谁去走街串巷地卖保单呢？

增员不是简单地把人增进来就行了，那样不可持续，我们提倡有效增员，即要有选材，要有标准，还要有培训，没有人就没有保费，什么样的业务员就做什么样的业务。因此，公司首先抓增员选材，加强培训，建立了培训中心，组建专职、兼职讲师队伍，并引进具有很强实战性的 EMD（寿险管理精髓）培训，帮助营销员建立自己的团队、树立自己的发展愿景，注重规范营销员的销售行为，培养成功的销售习惯，增强营销员自主经营、自我发展的能力。

EMD 的核心逻辑是提升你的增员意愿和动力，假如某个很有潜力的准主任，每月只增 1 人，一年可以增 12 人；如成功增员 50%，共留存 6 人；第二年这 6 人再每月只增 1 人，依此类推，第二年末至少有 36 人；如果再坚持一年呢？这不是传销，这是搭建团队架构模型的理论推演，并且提议坚持三年。真是不算不知道，一算吓一跳。

同时，突出重点，集中优势力量抓好绩优团队建设和绩优业务员的培养，支持精英督导区发展，加强精英俱乐部建设，让有限的资源发挥最大效能。在 2005 年中国太保寿险总公司第十一届（井岗山）群英会上，全系统 65 名个险蓝鲸奖获得者中，深圳独占 12 席！有力地证明了深圳分公司的人均产能也是名列前茅的。当年总公司个险群英会，两位男女主持人均出自深圳分公司"金童玉女"，既说明深圳公司员工的能力，也说明总部对他俩以及深圳分公司的认可。

1.15　优秀的讲师不在培训部

我经常说"什么样的业务员做什么样的业务",以此来强调人员素质和培训的重要性。寿险营销员作为保险公司主要的销售队伍,其技能强弱直接决定了其服务质量与业绩的高低,如何提高销售队伍的服务及销售技能就成了各家寿险公司重点突破的环节。

保险公司一般都有比较完整的培训体系,从入门级到高级培训,课程有新人班、转正班、主管晋升班、经理晋升班、总监班、兼职讲师班、产品通关班、专业服务班、早会主持人班、礼仪班、组织发展班等,种类繁多。

课程的设置固然重要,课程设置后讲师的选择就更为重要,同一个课程由不同的讲师来讲效果差异很大。保险公司讲师的组成,一支是专职的讲师队伍,这一类讲师一般都拥有优秀的专业知识背景,但往往缺乏实战经验;另一支则由营销团队中有实战经验的销售精英和主管组成的兼职讲师队伍,他们最大的优势则是实战经验丰富,离销售队伍更近,更能准确掌握培训对象的需求点。此外,要修炼成保险公司的一名优秀讲师,除了精通保险知识外,还要学习法律、医学、税收,掌握市场动态,更重要的一个环节则是要经过基层团队实战的洗礼方可修成正果。

当时,在旁听了几次专职讲师的课程后,我明显感到培训部现有培训课程设置陈旧,讲师理论脱离实际,授课能力不足,常常是为达成课时目标而非达成培训效果而讲课,而且还存在一种被动培训的现象,支公司送什么人到培训中心来,培训中心就培训什么人。培训中心及老师没有主动出去"招生",也没有权利淘汰一个不合格或不适合做保险的新人。所以我才会在一次员工会上讲:"优秀的讲师不在培训部",这话现在看来是有点过了,当时其实我就想刺激一下培训部。谁知一石激起千层浪,培训部讲师对这个结论很不服气,集体找我谈话,甚至有的人还有要离司的想法。

谈话就安排在新闻大厦旁老博物馆门口的"婷婷茶艺馆",面对讲师们的集体"抗议",我反而有一些欣慰,一支队伍固然有这样那样的不足,但如果还保留对集体荣誉的珍视,还保留有不服输的勇气,就能找到解决问题的方法与路径。

我一开始就讲了我为什么会有这样的观点,主要是我的几个困惑请大家考虑或回答:"当前机构的业绩怎样?目前队伍的状况及收入怎样?主管最大的难题是什么?"当时的培训部更关注这个月他们开设了几个班,每个讲师讲了多少课时,对于培训效果的关注并不太多,对于这些问题也不能准确回答。一个不知道队伍需求的培训又怎么能开发出队伍需要的课程呢?我动员培训讲师先要深入一线,要到队伍中去,先去了解团队的真实情况,理论结合实践才能成长为优秀的讲师。此后我们选拔了优秀的年轻讲师到一线去锻炼。

经过这次的谈判,我与培训部进一步增进了相互的了解,并共同研发课程,使培训内容更贴近一线的需求。培训部最大的转变是除了关注自己的培训课时量,更关注一线的业绩与队伍的成长,培训与一线间实现了更好的融合协同。

1.16 创造没有天花板的舞台

"我是来帮助员工成长的。"这是我 2005 年 4 月 9 日第一次在深圳分公司全体员工大会上讲的语重心长的一句话。2006 年 9 月 16 日，我在参加深圳电视台"深商高峰论坛"节目直播中，进一步强调：作为总经理，我首先要帮助我的同事、下属获得成功，帮他们明确发展方向，为他们创造发展机会，提供成长的舞台和空间，帮助他们发展，帮助他们赚钱，不断在公司成长、发展中实现自己的价值和人生目标。

我坚信，保险是人才的事业，只要有一支优秀的员工队伍，深圳分公司没有理由不加快发展。

在充分了解市场同业、掌握员工队伍状况的基础上，我提出了"三个坚持"的公司发展思路，即坚持发展是第一要务，坚持"稳健经营，以效益为中心"，坚持以人为本。特别是对于"以人为本"，有具体的工作目标：千方百计地调动全体干部员工的积极性和创造性，千方百计地拓展每一位干部员工个人的生存空间和发展空间，千方百计地团结所有的干部员工，建设一个强有力的领导班子，建设一支特别能战斗的员工队伍。2006 年我们把它定位为"感动年"，感动员工、感动客户、感动公司。即倡导员工第一，感动员工。这个"第一"包括三层含义：一是尊重员工意愿，用员工的思维推动公司的改革创新；二是给有潜力的员工以发展的机会和空间，让员工在太保寿险不断成长；三是感动员工，从一点一滴关心员工的生活，努力营造家的氛围。只有感动员工，才能感动客户，只有感动客户，才能赢得市场，最终实现感动公司、感动社会。

2005年5月，分公司开展了科级干部的选拔活动，共有60多人报名，通过竞聘、选拔，先后提拔任用了17名科级干部，通过到支公司挂职锻炼、岗位交流，一支富有能动性和创造性的干部队伍基本形成。这批成长起来的科级干部，大部分正是目前深圳公司中层干部的核心成员。我用人的方法之一就是，坚持品德第一，然后看有无专才或特长，即不求全责备，最后是不同时期、不同岗位有不同要求，即用发展的眼光认识人、了解人，尽量做到不拘一格降人才。

全年引进、提拔了10名中层干部。凌先生从罗湖支公司总经理助理逐步成长为分公司总助，也是我在深圳期间提拔的唯一进班子的干部；破格提拔了方先生、王先生等中层干部；请回已经离开公司的原深圳公司的中层干部、同业公司的班子成员金先生，并直接任命为分公司副总经理，实现了当时非常时髦的"倦鸟归巢"；还引入"鲶鱼"，分别从甘肃平安、南通太保、深圳企业引进了李先生夫妇、宋先生、夏先生等人才，为深圳公司的发展带来了新的活力。

金先生是南开大学保险系毕业的，颇有见解，侃侃而谈，后来还是我的接任者，成了深圳分公司的总经理。

夏诚先生是其中的一个典型，他从浙江大学光电专业毕业，在深圳民营企业工作多年。我是通过太保产险深圳分公司领导的介绍逐渐认识他的，与他第一次见面，是在南山支公司营销督导投资经营的一个茶室里，他最大的特点就是务实。他首先想到的是，假如他来后，没有达到预期的效果，是否会给我带来什么不利影响，而不是他的收入有多少、职位有多高。说实话，我对他的印象非常深刻，对他的表现非常满意。他2005年10月入司后，第一个职位是深圳分公司办公室主任，他对办公室员工思维改变、效率提高，特别是深南支公司等职场的改善做出了重要贡献。后来考虑到他是浙大高才生，不能简单满足于公司行政事务，就先后被任命去南山、宝安支公司做总经理了。夏诚无论在深圳,还是后来到佛山中支总经理、广东分公司副总经理分管银行保险业务,做得都是最优秀的!能吃苦,善于"用脑子干活";也有一点"认死理",他不认同的,哪怕是领导认同也不行。

"干部能上能下"完全应该推行,最关键的是要正面运用。一个干部、一方诸侯也许终究会有离开的那一天,关键是要看,他在任时,能够留下什么?我的宗旨是,要留下一批德才兼备的专业化、年轻化的干部,唯有这样,我们的事业才能可持续发展。

2005年时,深圳公司所采用的还是根植于交通银行的"行员制"工资体系,部门之间、条线之间、业务与后援之间的收入没有太大差异。

所谓活力,就是要让敢做事的人能做事,让能成事的人有回报,只有这样,方可激励干部的热情。深圳分公司打破了收入的均衡分配制度,按机构贡献大小分为大、中、小型机构,按业务贡献、按增长速度核定员工薪酬,考核指标进一步量化,主要以业绩指标、效益指标等硬指标作为评价干部的依据,减少人为的评价因素,在公司内部建立明确的干部评价机制,实行优胜劣汰,把所有人的注意力集中到发展上来。

保险行业,是充分竞争的传统行业,如果简单地用360度打分来衡量评价干部,或者不以结果为导向而是浮在上面到处瞎打听,那是要害死人的。我们确实应该努力做到:让有为的人有位,让吃苦的人吃香。

1.17　客户永远第一

创新是深圳的灵魂，应该没有任何异议。其实，深圳商家的服务也是内地一流的。2005年某一天，我去深南大道南侧的相对还比较高档的商场购物，男性客户在挑选衬衫，服务员为客户打开衬衫的外包装，示意可以试穿。要知道，在大热天，光着膀子试穿衬衫，即便没有决定购买，服务员还是要送到铺口，说一声欢迎下次光临。且每个店铺都一样！此事印象深刻。这在当时的内地商场，是不可想象的事，营业员的脸色可能不会好看吧。

在这样的市场环境下，传统的保险公司如何开展客户服务工作呢？深圳公司推出了"内勤服务外勤，二线服务一线，全员服务客户"制度，倡导"客户永远是对的"理念，在内勤岗位推行"无抗辩投诉"管理，大力简化流程，保证执行到位。创新服务体系，打造"关爱天使——洋洋"特色服务品牌，坚持一切以客户感受良好为标准，助力业务发展。

1.18　早餐的烦恼

来到深圳的第三天，我住进了分公司为前任总经理租赁的那套房子，位置在福田区香榭里小区。这个小区，当时还不太繁华，就在招商银行总行大楼附近，主要是离高速入口比较近。当时每平方米房价1万元左右，现在听说，要近20万元了。大家肯定要问，买了没有？为什么不买？我当时的想法很简单，不管房子好与坏，前任能住，我也能住。我初来乍到，情况不熟，住了再说。更有一个重要的、从来都没有公开说的一个原因：我想我肯定是要离开深圳的，我的家乡是苏州，上有天堂下有苏杭，我们的总公司又在上海。我在深圳肯定是暂时的。说实话，我的家乡观念还是比较重的。

当天晚上，我对送我回宿舍的司机说，公司8：30上班，请他7：30来接我。第二天早上，我6：30起床，7点钟准备吃早餐。深圳的早茶早有耳闻，到外面去吃也蛮好的。结果围绕小区走了一大圈，竟然连一家早餐店也没有找到，一直走了两条街，终于在一个建筑工地附近的转角处看到个流动早餐车，我就买了两个包子，手握两个包子，边吃边等司机来接我（主要是当时附近的配套也没有跟上）。心酸的滋味至今还有回味，差一点留下孤独的眼泪，当时还打了一个电话给远在千里的家人，感觉有点委屈。难道市场经济就这么没有人情味？我一直生活在江南小镇，与精致的小馄饨、小笼包、阳春面的苏州早餐相比，深圳的第一顿早餐不至于如此狼狈吧？毕竟我还是分公司的一把手，在以前哪里需要管这些小事，至少开始几天会有人"照顾"早餐的吧？后来才知道，是我搞错了，我应该事前问清楚早餐如何才有得吃，公司早餐有没有，等等。后来同事们说，深圳是市场化最高的城市，邻里之间、同事之间总保持着尊重与隐私，你的隔壁邻居是谁，大家可能都不知道。

完全理解，这是我当时了解到深圳的又一面。

后来我常说，我们背井离乡，不是来享受的，而是来奋斗的，这也道出了许许多多离开家乡来到深圳的同行人的心声。好在深圳是一个包容性极强的城市，无论你是哪里人，都可以找到自己家乡的饮食。街道上一排走过的人群中可能有湖南人、湖北人、贵州人、河南人，你丝毫不会感觉到本地人对外地人的一点点傲气，不同习俗、不同语言、不同民族、不同省份、不同文化背景的人，在这里都可以找到适合自己生存的土壤。

想起深圳的城市口号"来了就是深圳人"，也许这就是许许多多外来者心声的提炼吧。

1.19　谁说大象不能起舞

一天，我走进办公室，看到办公桌上放了一本书——《谁说大象不能起舞》，这是 IBM 董事长及 CEO 郭士纳撰写的一本自传。1993 年，当郭士纳刚刚接手 IBM 时，这家超大型企业已经变得步履蹒跚，正面临着被拆分的危险，媒体将其描述为"一只脚已经迈进了坟墓"。

在郭士纳掌舵的 9 年间，他通过一系列战略性的调整让一家在国际经济舞台上举足轻重的 IT 企业重振雄风——IBM 持续盈利，股价上涨了 10 倍，成为全球最赚钱的公司之一。在这本书中，他将自己对企业管理、企业文化、企业规模与竞争力、企业转型的种种真知灼见寓于生动的记述当中，2003 年出版后成为当时风靡一时的畅销书。

这件事对我的触动很大，不仅仅是书里的内容，更是从员工送我这本书的含义，让我充分感受到这是员工希望公司发展、渴望公司发展的热切期待，同时，员工们也希望我对公司的未来、对公司的员工要有信心。虽然我不是郭士纳，也没有郭先生那样的能力，但谁说深圳公司这头大象不能起舞？谁说公司不能完成从低谷的崛起？深圳公司一定会腾飞起来。我曾在多个场合提到这件事，虽然至今也不确切知道送书的人是谁，但我从此读懂了员工的心思以及对我个人的期待和鼓励。我知道，来深圳的人都是为着梦想而来，为着成就而来，公司发展的成败关系着背后几百人管理团队及上千名营销人员个人及家庭的幸福，也正是这份责任成为我在深圳加速发展的动力源。

1.20 青藤茶社

在深圳的日子，我是非常忙碌和充实的。我所有的时间，不是在公司，就是在机构。深圳同事能想起跟我在一起的时间，都是比较正式的场合，唯独青藤茶社，是留给深圳公司部分同事最轻松的回忆。

一是因为办公楼的空调是中央空调，物业公司统一管理，每天下午五点半就没空调了，而我的工作时间远不止到五点半，对于深圳人来说没有空调的日子是很难过的。更可怕的是，星期六、星期天也不开空调，作为一个有家难回的新任总经理，面对一个相对困难的分公司，肯定需要加个班或者开个会，后来想尽办法，与物业公司多次沟通，才在我的办公室兼小会议室里装了台空调，保证了基本的办公条件。二是为了换个轻松的地方可以让人畅所欲言，我找到了在我住所附近的青藤茶社，如获至宝，终于可以和其他深圳人一样轻松一下了。青藤茶社坐落在福田区香蜜湖路的原农科中心，如今已改造成为风景宜人的香蜜公园。那里，记录了我办公地点之外的一些重要工作，特别是周末，公司没有空调，可以在茶室开展与部分重要员工的谈心沟通、引进关键人员的见面、重要举措的构思、个别重要问题的讨论，甚至还召开了一些重要的支公司总经理会议，大家边品茶，边思考，边交流。既方便了大家，又增进了友谊和感情。

青藤茶社树荫笼罩、鸟语花香，即使炎炎夏日，也有层层清风、细细透凉，是个清新怡人的好地方。在这里我不仅收获了工作成果，而且还收获了充满战斗情谊的美好回忆。

1.21 构建文化，图长远

如何让寿险营销轻松快乐起来？分公司提出了快乐营销的理念，希望能够给营销伙伴更多的关心和帮助。为此，分公司创办了《快乐营销》杂志，每月2期，搭建公司与销售一线、营销伙伴之间交流、沟通、分享的平台，让营销员在面对市场时，始终保持一种健康快乐的心态、一种源源不断的活力和激情。2006年我们从中国人寿引进了国家一级演员黄个（化名），专门成立了"太平洋艺术团"，开展保险进社区、进工厂的文艺演出，加大品牌宣传，传播保险文化，同时还为营销团队现场直接签单销售，相当于中高端客户联谊会的又一种形式。

让感动成为团队的一种力量。分公司继2006年在全司提出"感动员工"之后，还举办"感动2006"的主题演讲比赛，通过发自肺腑的演讲，展示了寿险营销的魅力，初步形成了感谢客户、感谢公司、感谢家人的和谐氛围。

深圳分公司以前一直延续一种交保证金的制度。凡是公司新员工入司，必须缴纳保证金，有时还要有人担保。目的是确保员工离司时，能够按要求办理离司交接手续，其实质是相互的不信任。为了体现公司对员工的信任，在2005年我就决定取消实行多年的保证金制度，最后的结果是在交接手续方面没有发生任何问题。

深圳的普通市民大部分来自内地"打工仔"，他们的后顾之忧"社保问题"如何解决？这个问题一直没有圆满的方案，原因是多方面的，有的可能是"关系"还在内地原单位，有的可能是"档案"找不到了。有关合同制员工的社保衔接问题逐步解决了，代理制的销售人员呢？这始终是一个不稳定因素。为此，分公司推出"心连心和谐工程"活动，为营销业务部经理试点解决社保问题，让关键营销人员首先感受到太平洋大家庭的温暖。说实话，最终实际也没花多少钱，有的人的社保手续实在没办法衔接上，他也不再有任何意见了。

公司还提出了"同一个理想，同一个追求"的主题文化建设，把公司文化推向新的高潮。同一个理想就是发展，公司要发展，个人也要发展；同一个追求就是追求共好，公司好才能大家好，最终让客户感受好。

我们坚信并坚持：专业致胜，合规致远，文化致强。

1.22　兼任广东分公司总经理

从 2005 年 3 月 3 日到深圳，一年多的时间，我几乎没有过过周末，以全部的精力和热情投入工作中，根本没有时间去买房投资，甚至连香港一次也没去过。说出来，大家可能不相信，香港近在身边，但有生以来，从没去过！总想以后有的是时间和机会，现在集中精力先把深圳公司的事办好。后来听说，有的市民当天往返香港，采购一些品质心仪的商品。

说实话，我当时一开始也确有以后还是要离开深圳之念，只是大家不知道而已。离开有两种方式，是轰轰烈烈地离开，还是灰溜溜地离开？我的性格决定：我要负责任地离开。

正当深圳分公司开始慢慢进入良性循环的时候，正当我认为可以喘一口气的时候，2006 年国庆节前，我又收到新的任命，让我兼任广东分公司党委书记、总经理，由一个城市型公司兼任全广东省的总经理，两个分公司总经理我一起干，这在太保历史上至今也是没有先例的，这足以说明时任公司领导对我的信任，说明对我在深圳分公司的表现是认可的，可能还说明广东分公司也需要我。

2006 年 10 月 8 日我即赴广州上任。那时深圳分公司的干部员工还没有意识到这是我与深圳的一种渐进式的分别方式。经过一年半的同甘共苦、并肩作战，我与深圳的干部员工已是心连心了，他们早已把我当作深圳的一员，对于我到广东的兼任，他们更多的是理解与支持，是自豪与骄傲。他们想，等广东做好了，钱总就可以再回深圳了。他们以为，深圳是我的第一个分公司总经理之地，我是属于深圳的。在宣布会议上，干部们纷纷表示：领导放心，我们会努力把深圳分公司做好，让我没有后顾之忧。

2007年12月23日，深圳分公司召开2008年工作会议，我代表总经理室作了工作报告，也是我以深圳分公司总经理名义作的最后一个工作报告。报告里我提出了新三年"倍增计划"及有关举措，希望保费总量达到12亿元，个险新保期缴突破2.4亿元，月均2000万元。倡导"狼性文化"，在深圳这样的特定市场，必须树立敢打敢冲敢拼、敢说敢做敢为的竞争意识，不断提升公司的"软实力"。

1.23　惜别深圳

众所周知，广东市场更大，广东公司的工作也更繁忙。我一般周四下午回深圳公司，开会、研讨、做方案、定政策、找谈话等，星期天下午回广州。马不停蹄，一份年薪，两个责任，乐此不疲，穿梭在广深高速上。当时的我，非常简单天真，好像其他事情都不用考虑似的。

有时，深圳公司的班子成员、中层干部或驱车去广州汇报、讨论工作，深圳的同事每次去广州，我总是像见到自家人一样亲切，准备好广式的茶点，请他们喝酒吃饭。那时，深圳的干部第一次发现我不再对他们说"找不到不批评你们的理由"，说得更多的是肯定、是鼓励。主要是因为，有一个不太好明说的原因，就是广东公司的员工更加本土化，两者比较更加需要"批评帮助"了，那时深圳公司的全体员工真的已经非常优秀。人与人之间，最怕的就是被比较。

那段时间，我和深圳的同事、战友们不断奔波于广深两地，往往一下车来不及休息就进入工作状态。广深高速路上，留下的是辛苦与劳累，但更多的是我与深圳同事并肩作战的友谊与收获，是甘之如饴的记忆。

多年以后，有人问起，北上广深和南京之间，您对哪个感情更深，我会脱口而出"肯定是深圳"！说心里话，我愿意再做一回深圳分公司的总经理，别无他求。

在兼职一年半之后，2008年3月，我不再兼任两家公司的党委书记和总经理,正式离开深圳,专职广东,距离我2005年3月3日来到深圳,刚好是3年。历史总是这样的巧合,我与3也总是有这样的不解之缘。

虽然都知道天下没有不散的筵席,但面对那场离别的酒席,很多人醉了,很多人哭了。宣布时的干部大会上,我说:"深圳是我的骄傲,深圳是我的自豪!"下面是我离开深圳时的告别信。

再见了,深圳

又是一年春天到,又是草长莺飞时。三年前的今天,我从江南来到岭南,带着总公司领导的期望和重托,带着我对太平洋保险的热爱和执着,带着我对人生的理想和追求。我来了,深圳的热土,深圳的激情,深圳的"太平洋"。我永远不会忘记中层干部见面会上那一张张年轻朝气的脸,那一双双充满希望的眼,你们给我信心、给我勇气、给我力量。因此,我说,保费不是问题,有人就有保费;发展不是问题,有人才就有希望。以人为本成为我三年来一直坚持的发展思路。

我不会忘记,初来乍到那一年,一个月的时间我跑遍了深圳的所有网点,东到大鹏,西到松岗,我感受着营销伙伴的感受,体验着一颗颗不甘沉寂、渴望发展的心,伙伴们的热情和期盼感染着我、激励着我。修订"基本法",完善薪酬制度,开展公司加快发展大讨论,征集合理化建议……深圳市场没有问题,深圳分公司更没有问题,基础好,队伍好,员工敢想敢干,能打能拼,一旦发力,势不可挡。我的判断坚定着我的信念,我的信念坚定着员工的发展信心:发展是硬道理。

三年来,一千多个日日夜夜,我们的心血和汗水在深圳这片热土上已经开花结果:我们找到了发展的突破口,抓住个险,壮大团队,创新渠道,独辟蹊径。营销人力每年增长1000人,期缴业务每年增加2000万元,突破了1亿元。

三年来,我背井离乡,远离亲情,放弃了很多,也失去了很多,但当我看到公司在快速发展,市场地位在提升,各种荣誉接踵而来,我感到无

险　　峰

比欣慰；当我看到身边的干部在成长，我们的队伍在壮大，我感到无比的骄傲和自豪！在这里，我感受到了自身的价值，看到了公司的潜力，深圳给我机会、给我舞台，让我和大家一起成长、一起发展。

　　三年来，我要感谢深圳的每一位同事，你们支持我的工作，理解我的作风，包容我的过失，包涵我的批评，尤其是从2006年10月我同时担任广东分公司总经理，你们更是做了更多繁重而大量的工作，公司能够取得今天的成绩，完全归功于你们，归功于我深圳的好同事、好伙伴。三年来，我在工作中曾批评过很多同事：恨铁不成钢。今天，我要告诉大家，在我心里你们都是合金钢，都是太平洋保险的脊梁。

　　在人生的长河中，三年只是一个小小的片段，白驹过隙，转瞬即逝，但我在深圳的三年，将永远定格在我的事业和生命中。聚散都是缘。我们为事业的梦想而来，为人生的价值而来，我们的目光永远向前，我们的脚步永不停歇，太平洋保险就是我们的家，我们的事业所在，我们都是在为自己而干！

　　经过三年的艰苦努力，我们欣喜地看到，深圳分公司已经跨入了发展的快车道。我完全相信，在金总带领下，在大家的团结奋斗下，深圳分公司的明天更加值得期待！我也真诚欢迎大家到广东分享交流深圳的成功经验。

　　昨天我只身而来，今天当我挥手作别，我的行囊已经装满了深圳的山水人情。此时此刻，我的思绪仿佛又回到了三年前，回到那个让我喜、让我忧、让我留恋、让我梦萦的地方，岁月在这里停驻，语言在此时凝结，唯有春风在倾听、唯有春雨在诉说。

　　再见了，深圳；祝福你，深圳！

储继华

2008年2月25日

深圳之魂

深圳虽地处广东，但在分公司中属于独立于广东外的分公司，相当于我们所熟知的直辖市，两家分公司之间并没有太多的业务往来，分别属于两个保监局监管。分别，对很多人来说，并不是那么容易再相见，那时深圳的员工也不可能知道以后的我会是太平洋寿险总公司的总经理，实际上我与深圳公司的缘分没有句号。

2

保险之基

万丈高楼平地起,一砖一瓦皆根基。

英雄可以不问出处，但平凡之人则不同。那么，我去深圳之前是干嘛的？

我不是保险专业毕业的，我也没有什么保险功底。我的第一个工作单位是江苏省吴江县（以后改为吴江市、苏州市吴江区）财政局。其实1981年7月苏州财经学校毕业分配时，我根本不知道到哪里去工作，也没有找过任何关系帮助或了解，先到了吴江县委组织部报到，然后组织部开介绍信后才知道到财政局工作。在那个年代，我们是"国家干部"，是包分配的。在当时的县级机关里，基本没有大学毕业出来的年轻人（1977年冬季恢复高考，大学生要么还没有毕业，要么还分配不到县级机构）。我的第一份工作，很令人自豪，现在看来也有点不可思议。这份工作对我的一生都产生了重大影响，对我现在从事的保险事业，也有很多帮助。可以说是一砖一瓦皆根基，并且越扎实越好。

保险之基，就是干保险的根基。万丈高楼平地起，地基很重要。俗话有云：横着有多长，竖着有多高。我理解的保险之基，主要是指保险基层、保险基本、保险基础。要攀登险峰，必须先夯实根基。这个"三基"太重要了，每一个保险人必须明白。

支公司是保险公司的最基层机构，能够有机会在支公司工作，对于有保险梦想的人，真的也是三生有幸。它可以让你掌握最一线的情况，了解最基层员工的呼声，了解基本客户究竟需要什么保险产品和保险服务。基层还能够帮助你形成最真实的最接地气的保险经营思想。

保险的基础又是什么？只有国民经济的健康发展、只有广大客户逐步成长，人均可支配收入的增加，保险业才有持续发展之机会，只有根深才能叶茂，源远才能流长，这是保险的本源。保险的基本就是风险管理及其能力，经营风险的保险公司必须首先管控好公司的经营风险，只有这样，才能有机会发挥好社会的稳定器作用。

2.1 办事处开业

1995年10月,时任吴江市委书记沈荣法同志找我谈话,让我去太平洋保险公司工作。说实话,当时我根本不知道保险公司是做啥的,也从来没听说过太平洋保险公司这个单位!但还是服从组织决定,参加了公司的筹建工作。有一点要明确一下,在地市特别是县一级,保险公司与银行、财税等机关部门是一个"级别"的,在干部配置等方面基本没有差别,但越往上差距越大。所以才有市委书记找我进行组织谈话,我到太平洋保险公司属于组织调动,不是我自己选择或者跳槽而来的。

办事处筹建办公室设在吴江市社保局,地处吴江市第一招待所内。吴江市委与苏州太保公司已经商定,吴江市社保局局长调任太平洋保险公司,任吴江办事处经理。这样的干部安排,在当今是不可想象的,同一个城市的社保局局长怎么可能平调至商业保险公司任职总经理呢?1995年10月之前,在吴江社保局内,已经有3～4个人(后来是太保同事)在负责代理苏州太平洋保险业务,所以我成了个保险新兵。

第一次与办事处经理一起去太平洋保险公司苏州分公司,见到了分公司第一任总经理殷浩先生,他原是苏州财政局副局长,倍感亲切,因为我也是从财政出来的。当时,苏州分公司给我们筹建办事处两个支持:预支80万元开办费,一辆2000型桑塔纳轿车,还有就是一个办事处"公章"。其他什么都没有了!这就是企业,要我们自己"找米下锅"。我以前工作单位是政府部门，吃"皇粮"的，现在真的是下海了。殷总除了给我俩讲如何筹建之外，还给我俩的工作进行分工，让我分管业务和财务。这一点，我也非常意外，让我管业务，可以理解。管财务就是管费用，俗称"有财权"，我明显感到经理本人有点不高兴了。后来听说，苏州公司担心办事处经理是镇党委书记出身的行政干部，花钱可能会"太大方"，我是财政、财务出身，年龄只有33岁，又不是"老资格"人员，更便于苏州公司的管控。

经过两个多月的筹建，中国太平洋保险公司吴江办事处终于在1996年1月8日隆重开业了。因为是苏州分公司下设的第一家开业的四级机构，开业典礼非常重视，中国太保总公司原副总经理乔林亲自到场揭牌，吴江市四套班子的领导、人民银行行长等许多政府官员也莅临现场，热闹非凡。

2.2　临危受命

正当我们满腔热情,准备大干一番之时,1996年1月18日,即刚刚开业10天时间,办事处经理因其在社保局当局长时的受贿案暴露而被检察机关抓了,震惊全司!这在当时的历史背景下,对一个支公司的起步发展产生了多么重大的影响!后来得知,其实该案早已暴露,受贿的额度不大,主要是涉及进口空调、彩电等电器设备问题,吴江市有关部门还是考虑比较周全的,也许也不想影响到一家金融机构的如期、正常开业吧。

就是在这样的情况下,我临危受命,临时负责公司的全面工作。说实话,当时班子也只有我一个副经理,没有其他人,自然而然由我负责。直到同年7月我被正式明确为吴江办事处副经理(主持工作)。应该说,我是个意外的"受益者",如果没有这案件,我何时才能主持办事处的工作?这很难说。

2.3 元年大捷

1996年,吴江办事处营业的第一年,最后实际完成各种保费收入1430多万元,完成苏州分公司下达计划的143%,其中各种财产保费收入976.5万元,各种人寿保费收入453.6万元,赔付437.3万元,赔付比例41.5%,可以确定,第一年旗开得胜。

成立之初,在编人员15人,到年底所有员工吃年夜饭时已有21人了。按照吴江经济区域的特点,我们分别设立了盛泽、卢墟(汾湖)、七都和松陵四个展业片区(实际也是东、南、西、北四个区),相应成立了业务一科、业务二科、业务三科和业务四科,配置了四位科长,一开始就形成了无形的赛马机制,当然,还单独设立了人险科。可以说,在产寿分业经营之前,各基层公司肯定是以产险为主的。主要原因是,当时的保险意识还不太高,财产保险相对好做一点,同时可以取得的费用也多,还可以"以赔促保";营销制度还刚刚在分支机构处于萌芽状态。

同时,在业务拓展上突出四个重点:一是利用自己曾在财政局工作并且主要负责全市国有企业财务管理的优势,主攻吴江市最重要的盛泽镇上的国有大中型企业,各个击破,当年财产险保费增加150多万元。这不是简单的一个保费数量问题,更主要的是,从吴江当时最大的工业企业入手,从同业竞争者人保公司撕开了一个口子,极大提振了员工的士气。业务一科科长是吴建国,他是这个策略的主要执行者,后来逐步成长为支公

险　峰

司的副经理、经理，现在他已是中国太保产险苏州分公司班子成员、纪委书记了，曾经获评苏州市五一劳动模范。二是引进了几个有政府、银行、公安背景的重点专业人才，重点突破产险市场。1996年办事处第一年共承保车辆1000多辆，保费收入达450万元，占总保费的31.5%。2010年中国太保产险吴江中心支公司车险保费首次突破1亿元，达到14666万元，2015年首次突破3亿元大关，市场份额曾经超越人保，成为市场老大。三是积极发展保险代理业务，利用他人之优势，弥补自己人力不足的短板，1996年先后发展了信用社、农行、农工部、财政、交行等保险代理点，全年代理业务占比超过50%。四是佣金制业务迈出历史性的第一步。1996年9月开始招募营销人员，短短四个月，当年新增保费就达250多万元，成效显著！在1996年度吴江办事处的年度工作总结中，写下了这么一句话"在明后两年，实现财产、人寿保费平起平坐并不是不可能的！"这样的认识，在当时是非常超前和领先的。这可能就是"命"，我的保险生涯，注定要与寿险分不开的！

开业第一年，还做了三个第一次：第一次在中共吴江市党代会上为全体党代表提供人身意外伤害保险，并在党代会的现场开展保险宣传活动；第一次在《吴江报》上开展太平洋保险知识竞赛活动；第一次在吴江、盛泽两地的公交车上开展太保公司企业形象广告宣传；这些事，现在看来不值得一提。但是在20世纪90年代，在人民保险"一统天下"的情况下，是否暗示了在最基层的保险办事处一颗保险新星将冉冉升起？

1997年7月10日，当时的《中国太平洋保险报》以"艰苦拼搏创基业，励精图治展雄风"为大标题，以"太保吴江办事处以人为本，内抓管理，外拓市场，业务发展势头日益见好"为小标题，全面报道了吴江办事处的情况，并指出"至6月底，保费收入已超过去年全年水平，完成了1997年计划任务的50%以上，约占当地保险市场份额的33%，确实很不容易"。这在当时的情况下，一个办事处的经验能上太保集团公司主办的报纸二版头条，也是非常令人自豪的。

在基层机构，这些方法，用现在的话可以总结成为：关系营销、事件营销、重点营销、品牌营销等。那个年代，我们是为胜利而战，我们是为荣誉而战，我只有一颗朴素的心，要对得起领导的信任。

2.4　职务转正

第一年取得这样的成绩，我这个主持工作的副经理，应该可以转正了吧？没这么简单！后来听说当时的分公司领导层有不同的声音，有人希望吴江市某位副局长过来当经理，吴江市里也有传说，某股份制银行的副行长，对太保办事处这个生机勃勃的新机构也有所青睐。不能由此认为分公司某些领导有私心杂念，好在分公司的"一把手"殷总对我还是认可的，到1997年11月18日苏州分公司终于发文去掉"括号"，我正式当上了保险公司最基层机构办事处的经理、党组书记。这是我在保险行业第一次当上了"总经理"这一职，前后共计2年时间，那年我已经35岁了。后来，吴江市委又组织安排一位吴江市纪检委常委到太保公司担任副经理，班子成员增加至2人。

如今，我们的保险同行们还是比较幸运的，只要你愿意，稍有点成绩、稍有点保费，当个支公司总经理还是相对容易的，有的时候可能因为人才匮乏还会硬拉着你做呢！要知道，在那时，我已在财政局工作近10年，还是企业财务科的科长，1990年又被组织提拔到吴江市纪律检查委员会，任检查员及信访室主任。如果在吴江市内，早已是个副局级干部了，多少公务员在县市一级，到退休也可能混不上个副科级待遇吧！

2.5 制度管理

当时的苏州分公司，按交通银行的管理体制，由上海分公司管理（虽然实际上基本不管），办事处的权限也是相当的大，主要是完成上级公司下达的利润指标，余下都是可由办事处支配的（有点承包的意思），不少机构因此而出了不少经济案件，其实与那个阶段的历史背景分不开，也与每个人政治素养分不开。

作为曾经在财政部门和纪检机关工作多年的我，始终保持清醒头脑，坚持制度管理，狠抓规范化管理不动摇。为此，自主制定了一系列符合办事处业务运作的业务管理制度，基本形成了一套包括《展业承保权限》《理赔工作若干规定》《单证流转内部规定》《无赔款退费支付规定》《员工考勤办法》《驾驶员管理暂行规定》等公司制度，这些制度都是靠自己摸索总结出来的。总分公司没有现成的制度给我们，也没有IT系统，可以说没有任何条件来管控、制约我们，真的是"革命靠自觉了"！回过头来，我现在的工作习惯、对基层业务的点点滴滴了解，都是在那个时候打下的基础。

经过一年多的实践，体会到只有建立健全各类规章制度，才能更有效地规范全体员工的行为，才能调动全体员工的积极性和创造性，才能让一个初创的公司逐步走上轨道。当时筹建一家机构，除了一个牌子和一个印章，苏州分公司还算有钱给了点开办费，其他都要靠自己了。所以，支公司之间的实际运营情况差异还是很大的，有的徘徊不前，有的稳步向前。

2.6　招募营销员

"1995年,中国太保的寿险营销在部分城市试办时,人数不过2000人,业务收入不足3000万元,仅占人身险保费收入比例2%"①。

吴江办事处也已经开始从事个险营销业务了。1996年9月的一天下午,苏州分公司营销部钱经理和"人管"老师②亲临吴江办事处,与我一起在吴都大酒店会议室(办事处成立时租赁的办公地)第一次面试营销员,钱经理非常专业,要求也严格,亲自给每一位应聘人员进行性向测试并打分,还直接确定录用人员,把我完全晾在一边。我有点着急了,把钱经理叫到会议室的外面,问他为何不先听听我的意见?后来才知道,他也不是没有道理。因为吴江办事处起步时的营销业务只是为苏州分公司"代理"或者由苏州公司直接管理。而我只是简单认为,这是吴江公司在招聘人员,吴江公司也是这批营销人员的经营管理的责任单位,作为负责人当然也要发表对应试人员的看法甚至是决定性意见。此事甚小,但体现了我俩都非常负责。

保险行业内比较流行的性向测试,在当时却是比较神秘的,甚至有些教条了。后来知道,这50个测试题目,其实是非常常识性的,没有太多

---

　　① 孔庆伟,李芸. 起于浦江潮,扬帆太平洋:中国太保30年［M］. 上海:上海三联书店,2021.

　　② 这里只是指从事营销员人事管理的人员,不同于人力资源部的人,简称为"人管"老师。

的技术含量。如果数据样本足够大了，可以总结出一些规律性结论。再后来，性向测试不断被颠覆、不断被掌握，甚至被冒名顶替测试。我觉得各层级的多次面谈，特别是支公司总经理最后直接的面谈沟通更有必要，更有利于了解营销员、认识营销员，更有利于提高增员的质量。

后面提到的周建中就是在我手上加入太保的。

2.7 购置大楼

1997年1月30日,梦寐以求的办事处自己的办公大楼终于尘埃落定,签订购置合同,总计建筑面积2306.6平方米,占地面积1282.6平方米,包括独立的供电、供水系统,总价390万元。首付150万元,余款三年付清。办公楼有自己独立的院子和传达室,还建立了职工食堂,请一位员工的家属专职做饭,作为一个支公司建制的保险机构,这是一件非常自豪的实事。

为了购置办公大楼,办事处专门成立了独立法人的"三产"公司:吴江市四海信息服务公司,并与苏州分公司下属的"三产"公司苏州市方圆工贸有限公司联合成为上述房产的实际出资人,全资拥有该大楼的产权证。

"三产"公司资金从何来?一小部分是办事处内部员工"集资",大部分是在当时的费用"财务包干"政策下,办事处省吃俭用省下来的费用结余通过"变通"出来的。这样的做法也许不是最合规,但也是为公司员工创造了一笔集体财产。难道不是吗?如果费用没有结余,全部花完了,谁能说一个不字?实际上,这是为了公司的长远利益而办的一件实事。

2009年,吴江市政府要扩建办事处隔壁的小学,与当时的太保公司负责人协商,最后决定拆迁,政府补偿吴江太保公司现金800万元,另外再给 5 亩土地用于新办公楼的建设。后来由于各种原因，楼没有建成，土地也被收回了，800 万元至今还在三产公司的账上，有点遗憾。其实，苏州太保各支公司都有三产公司，是当时的一大特色，也是特定历史条件下的产物。没有中饱私囊，没有吃光用光，而是为全体员工创造了共同财富。可能有人认为有后遗症，但我不是这么认为的，至少可以成为全体老员工们的部分养老基金的补充，应该取之于民、用之于民。有人认为要并入保险公司财务大账，我也认为不完全合理。一是太保集团整体上市时，已经把三产公司彻底剥离了，现在重新归入保险公司财务大账，如果做营业外收入，要补缴大额所得税；二是这是全体老员工的集体财产，至少应该由工会或员工代表大会决定处理。这 800 万元钱，当时如果买几套商品房，作为公司职工集体宿舍或者职工俱乐部该有多好！这 800 万元，在 2009 年的吴江可以买 8 套商品房，如果当时把这笔钱购置成房产，而现在又不知值多少钱？而简单地放在银行账户上，能够保值已经不容易了。现实是，不做不错，不同的人会有不同的处理结果。只要自己没有私心杂念，一切皆可为。

2.8　支公司成立

1998年7月31日江苏省人民银行下发了《关于中国太平洋保险公司苏州分公司吴江办事处更名为支公司的批复》，吴江太保终于扬眉吐气，以公司的名义开展保险工作。

办事处与支公司的权限、对外的品牌影响是不同的，办事处某种意义上，还是个临时机构的性质，目前保险公司的机构管理序列中已经没有"办事处"这一层级。

经过多方努力与申请，通过了吴江、苏州、江苏省人民银行的层层验收、审批，终于成功更名，成为堂堂正正的金融机构了，为公司持续健康发展办了一件实事。

2.9 产寿险分业

2000年12月，苏州公司开始实行产寿分业经营，我被安排在寿险公司，担任中国太平洋人寿保险公司苏州中心支公司总经理助理、党委委员，第一次专职分管个险营销工作。

我感到非常意外，不太愿意在寿险公司工作。在2000年，寿险业务基础很弱，营销也才刚刚起步，大众的保险意识也不强，茫茫人海，我不知道客户在哪里？不知道卖什么产品？不知道保费在哪里？没有保费，就没有费用，就没有奖金收入，公司怎么开门营业？一片茫然。

产险相对好做一点，费用也宽松许多。公司成立以来，为了获取经营费用，大家的主要精力都放在财产保险的拓展上，特别是对国有企业等大客户、公安交警及银行等代理业务的维护上，而且形成了一定的良性循环，基本可以做到第二年继续承保。虽然有竞争，也只是与"人保公司"抢业务，由于保险公司数量还不多，整体上我们太保还是处于"进攻"的有利地位。所以到寿险公司的人，大家感到非常的不愿意，用当时时髦的话来说，是"光着膀子"走出来的。

另外，还感觉稍有不快的原因是，另外一位也是支公司总经理，被直接提拔为苏州中心支公司副总经理（主持工作），而我只是个总经理助理。如果说没有一点想法，也不是实事求是的。

后来知道，顾越、殷浩等时任南京分公司的主要领导也都在寿险公司，我还能怎么样呢？只有服从，从此开始了我的寿险生涯。

2001年11月16日，中国太保集团公司下发《关于转发中国保监会关于中国太平洋保险公司地市及以下分支机构分设方案的批复的通知》，中国太平洋人寿保险（或财产保险）股份有限公司吴江支公司开始分别经营管理。

产寿分业经营，对公司、对个人都是重大事项。经过广大干部员工的10多年的努力，大部分寿险分支公司的业务规模或者机构领导及员工的收入慢慢都超过了产险对应所在地的公司。其间有两点启示：一是目光要长一点，有多少人在当时能理解产寿分业的重大意义呢？能够预见个险营销会如此蓬勃发展呢？二是得失之间存在辩证关系，凡事不要太计较。如果没有产寿险分业，就不可能有这么多的分公司总经理，就不可能有我的今天。

2.10 三年苏州

2000年，苏州公司当年完成总保费5.06亿元，同比增长16.02%，其中产险保费1.95亿元，同比增长28.26%，寿险保费3.11亿元，同比增长9.47%。其中个险新保4182.99万元，续期业务15785.93万元。由此可知，苏州公司在分业之前产险业务的基础非常扎实。苏州的个险营销自1996年开始推行，相对而言，这方面的基础还算比较好的，但四年以后，个险新保还只有4000多万元啊。这一年，大家的精力可能主要放在分业上了，去哪里做什么岗位，2000年还是"千年"主题。所以，2000年在苏州太保历史上也是"世纪"级的转折点，20年后的今天，苏州产寿两家分公司依然是太保系统内、市场上最优秀的公司。

2001年，是新世纪的第一年，也是分业以后寿险公司专业经营的第一年。这一年，我们第一次召开了"2001年度营销工作动员大会"，以后被同事们命名为"千人大会"，盛况空前！第一次邀请上级公司领导、行业协会领导参会，并在苏州工人文化宫会堂举办，广大员工第一次感受到了营销队伍的活力、潜力和魅力，为苏州公司以后几年的个险发展奠定了营销文化基础。2001年太保寿险苏州公司完成保费收入5.13亿元，同比增长65%，其中个险新保5840万元，同比增长39.6%，营销人力达2700多人。

2002年，由我执掌苏州公司的第一年，这一年的变化还真的不小！

险　峰

公司办公大楼由新市路搬迁到干将路；经保监会批准，在苏州公司共获批136家营销服务部的牌照，牌照就是资源；公司被评为"苏州市文明单位""苏州市爱心集体"等光荣称号；这一年，公司的业务也更加快速发展：完成总保费9.185亿元，同比增长79%，规模保费在全省各中支公司排名中名列第一！苏州当地市场份额25.9%，其中营销新保达12768万元，其中新保年缴5528万元，同比增长70%多，常熟支公司完成保费21436万元，名列全省县级支公司第一名[①]。

这一年，我第一次提出，"增员是解决个险营销所有问题的关键办法"。我们把推动标准化团队建设作为2002年个险工作的一项重要内容来抓，同时在营销团队建立营销员管理委员会，成立营销自律组织，推动自主经营。这一年，我们开始重点发展中心乡镇营业网点，而不是"眉毛胡子一把抓"。

2003年，我们的工作更加有针对性了：在确保新保总量全省第一的前提下，千方百计抓年缴业务，年缴业务是公司持续发展的第一生命线，将传统期缴业务作为一把手工程；重点研究提高60%以上营销员积极性的激励办法，关注在竞赛中没有得到奖励的人员开单留存问题；重点关注优化投产比，确保营销员全部持证上岗；在县级支公司推行收支两条线管理，并分别设立业务支出账户及费用支出账务。

2003年实现保费收入13.01亿元，完成年度计划的108.4%，同比增长41.7%，市场份额为26.2%，其中个险新保期缴6167万元，增长11.6%，当年实际费用结余94.21万元。[②] 公司被苏州市工商局评为"重合同守信用"企业。

2003年10月底，我实际已到太保寿险江苏分公司上班了，虽然还兼任苏州党委书记和总经理，在10月18日的党委会上，我主动明确不再参

---

① 数据来自笔者离任时的审计稽核报告。
② 数据来自当年公司的审计稽核报告。

与2004年的苏州公司的经营管理工作,并将此提议写入党委会纪要。

我是苏州人,从此就离开了生我养我的地方。从此我开始了漫长的"流浪"生活。绝大多数苏州人是不愿意离开苏州的,哪怕是提拔重用到六朝古都的南京。苏州人有小桥流水、小家碧玉、小富即安等思想。即使个人离开了,家也不会搬走。我就是其中的一个。

苏州没山没海,没有自然资源,但苏州人聪慧、务实,苏州人有强烈的发展意识、领先意识和创新意识。

2.11　英雄辈出的年代

太保寿险苏州公司分业后的第一任总经理是王女士，她后来就直接提拔为总公司客户服务部总经理。我是接王总的，实际上我是太保寿险苏州公司的第二任总经理，夏建阳是2004年接我的，老夏水平很高，能力很强，一直干到2018年，创造了任期纪录。

苏州公司的发展、我们每个人的成长，都离不开这个伟大的时代，都离不开苏州社会经济的健康持续发展。

苏州山水环绕、湖江相依，物产丰富、人杰地灵，吴侬软语、人间天堂。范仲淹的"先天下之忧而忧，后天下之乐而乐"、顾炎武的"天下兴亡，匹夫有责"时刻激励着苏州的人们。

苏州人的工作作风：务实、精致、领先。按照原苏州市委书记蓝绍敏的说法"今天再晚也是早，明天再早也是晚""苏州的干部群众血管里流的不是血，是汽油"！

从太保苏州公司走出去，到总公司的干部很多很多，其中在寿险总公司工作过的部门总经理一级的有核保部王京、IT总监顾晓峰、客户服务部王冠珍、财务部肖威、顾问营销部吴坚、姚晓峰、团体业务部景晓燕等，他们个个都是埋头苦干、任劳任怨、专业能力卓越、管理工作精致的优秀人才，还有像刘幼枫、陈洪清等一批优秀专业人才，则长期扎根于苏州公司，不计较个人职务升迁、尽心尽力、默默无闻为公司发展做出自己的贡献。

原苏州分公司个险分管总经理高金星，思路清晰，德才兼备，创造了苏州太保个险历史上新的纪录。后来先后任职太保宁波分公司、常州分公司总经理，又把这两家城市型分公司在高水平上开创新的辉煌。特别在2021~2022年，在兄弟分公司都比较困难的时候，宁波、常州分公司都能稳步发展，成为太保寿险分公司高质量发展的引领者。同时，还涌现出一批优秀的营销高手，例如：

（1）吴江支公司营销总监周建中。1992年7月大专毕业后分配至吴江除尘设备厂工作，任技术主管，工程师。1996年8月应聘至太平洋保险公司吴江支公司工作，历任业务员、业务主任、业务经理，现任资深业务总监。非常合适的机构总经理的苗子，也有过几次机会。入司25年来，个人累计服务客户5300多人次，累计帮助各类客户购买保费9000多万元。他最大的特色是对太保公司、对客户的忠诚，几十年如一日，任劳任怨，风雨无阻，为太保寿险吴江公司的个险发展作出了重要奉献。

（2）常熟支公司营销经理瞿女士，会计师。1997年3月加盟太平洋保险，现任资深经理，RFP美国注册财富策划师，中国中级寿险管理师。1997年以来获得国际龙奖21次、太保最高荣誉蓝鲸奖20次，入围群英会次数全国第一；2003年个人新保保费全国第一，连续多年获得全国件数王，客户数量全国第一；2004年作为苏州保险市场唯一一个"全国保险之星"赴人民大会堂领奖；2011~2019年连续参加MDRT；[①] 2013年被评为太保系统全国个险感动人物；2014年被评为太保系统全国十大诚信典范、全国十大客户经营典范，并获常熟市劳动模范、苏州市"五一劳动奖章"；连续荣获总公司"118个月持续绩优"奖，至2019年10月达成连续绩优156个月；2017年、2018年被中国保险行业协会评为"中国百强

---

① MDRT是百万圆桌会议（the million dollar roundtable）的英文代称，是全球寿险精英的最高级别盛会。

保险营销员"。2011~2019年连续8年荣登苏州高峰会会长。

还有威名远扬的张家港支公司营销总监陈丽红。

太保寿险苏州分公司之所以有今天的"江湖地位",主要得益于一大批优秀内外勤人员的忠诚持续的默默奉献。我一直有一个自以为是的观点,每一位新任苏州产寿分公司总经理,只要总经理自己不"胡来"、不"折腾",苏州公司在系统内部的地位不可撼动。

2.12　走马观灯

2000年12月任太保寿险苏州中心支公司总经理助理；2001年6月任太保寿险苏州中心支公司副总经理；2002年2月任太保寿险苏州中心支公司副总经理（主持工作）；2002年5月8日中国保监会南京特派员办事处36号文核准我任苏州中心支公司总经理的资格，5月16日任党委书记；2002年9月10日总公司83号文任命本人兼任南京分公司党委委员；2003年10月12日任南京分公司党委副书记、纪委书记、副总经理；兼任苏州公司党委书记；2004年3月不再兼任苏州公司党委书记；2005年3月南下深圳。

在江苏分公司工作期间，实际上我的收获很大。第一阶段，统管"两核"部及财务部、办公室等中后台部门；第二阶段，增加了分管银行保险部，一只脚踏进了市场，与江苏各大银行逐步建立了关系；第三阶段，2004年第四季度及2005年开门红期间，由我接管个人业务，开启个人业务的全面整饬工作，狠刹浮夸风气，杜绝虚假业务，树立正常的职场文化、伦理文化，可以毫不夸张地说，起到了"拨乱反正"效果。

那时的江苏分公司，总业务规模还是排在全国首位的。我手上有一份2006年1月19日中国太平洋人寿保险股份有限公司发给各分公司的"2005年综合效益指数（盈利模型）、当年绩效奖励额和标准保费绩效奖励统计表"，此表有点"历史价值"，比较珍贵，可以让大家看看那个年代，太保总公司是如何评价、考核、奖励各分公司的。

由此表可知：

综合效益指数＝保准保费价值指数＋当年经营效益指数－退保效益偏差指数＋续保效益差异指数＋实际上划净资金效益指数。

其中：标准保费价值指数＝标准保费×价值系数；当年经营效益指数＝（团险业务利润＋费用节超）×损益系数。

从32家分公司的综合效益指数排名看，江苏为第1名，深圳为第21名，广东为第25名。当时是按照这个排名，确定各分公司的经营等级，江苏分公司是AAA，深圳是BB，广东是B。

从2005年当年效益绩效奖励统计可知，奖励金额第一名是江苏分公司，主要是费用结余730万元，短险业务、团险业务均有利润。深圳分公司排名第12名，费用结余60万元，广东分公司排名最后，第32名，费用超支4695万元。

从2005年标准保费绩效奖励统计来看，排名第一的是湖北分公司，广东、安徽、辽宁三家分公司因为费用超支严重，标准保费绩效奖励不予发放，2005年上半年已经发放的还要扣回。

从这些情况可知，当时的江苏分公司（苏州、无锡、常州还没有独立为分公司）是比较强大的，这也是我不愿离开的原因吧。深圳与广东的情况对比，从一个侧面反映我接下来要去兼任的广东分公司所处的境况。还有更重要的一点，当时的总部在评价、奖励各分公司时，是比较透明、公开、公正的。

3

广州突破

兵家必争险要地,置之死地而后生。

3.1 广东市场

广东省是经济强省、人口大省、保险大省,有 21 个地市(含深圳),人身险规模一直处于全国领跑状态,2006 年保费收入 323.4 亿元,全国第三,同比增长 18.3%,2007 年 429.2 亿元,全国第一,同比增长 32.7%,广东保险市场历来是兵家必争之地。

广东非常有特色,广东话(粤语)、客家话,但广东话我一句也不会说。广东菜、客家菜,食在广东名不虚传。广东人很务实、实干。广东保险市场当时确实既大又乱,但保险监管力量很强大,保监会有两位副主席都是从广东局提拔上去的。我刚去就听说一句传说:广东是分公司总经理的"坟墓",寿险分公司总经理平均任职时间只有 13 个月,不是因为业务搞不上去被总公司换了,就是由于业务违规被保监会处罚而撤了。

广东的外资保险公司发展比较强大,信诚总部原设在广州,友邦设有广州、佛山等几个分公司,这两家公司的业务当时都超过了太保寿险广东分公司。

2007 年 11 月 29 日《南方周末》刊登了一篇记者葛清等的文章,题目是《保险代理制:亿万财富背后的残酷生存法则》。这篇文章在当时的影响非常巨大,即使现在再读,还是感觉既实在又犀利、无奈。

文章指出:"在这个规模迅速膨胀、人员大进大出的行业,不管黑猫、白猫,能拿到保费就是好猫。如果不做一个彻底的改变,保险行业的生态环境将破坏殆尽","中国现有的190万人寿险保险员,是这个社会上最尴尬的群体……这些人为公司创造了巨额财富,自己却过着朝不保夕的生活。"

"190万人,一个毫无保障的弱势群体,你身边有多少人相信他们?"

"卖保险的人,谁没有遭受过冷遇和耻笑?"

"已经离开寿险营销行业的,还有几个说这个工作好?"

"卖保险的没保险","可以说,中国的寿险营销员是世界上最受剥削的代理人","决定营销员'生死'的基本法,其制定过程基本不让他们参与。而且,基本法可能随时变化"。

"我们是在以牺牲行业形象和行业生态环境为代价,发展保险业","保险公司不会轻易放弃代理人队伍,毕竟他们还在为企业贡献巨额利润"。

在这样的南方市场,工作的难度可想而知。

3.2　广东太保

从广东分公司成立到产寿险分业,我是广东分公司的第七任总经理,分公司总经理是"流水的兵"。

根据我后来离开广东公司时的离任审计报告显示,2006年的广东分公司,年保费收入13.74亿元,市场份额4.23%;分公司内部经营等级为BB,全司排名第20位(比2005年有进步);其中个险新保期缴7660万元,同比增长6.35%,全司营销人力3766人,银保期缴118万元,短期意外险9603万元,同比增长0.43%,全年费用超支2243.3万元,员工平均月收入2613元,同比增长1.5%,其中1~9月个险新保期缴5743万元。

还有什么保费呢?团体直销保费45515万元,银邮渠道43836万元,总的续期保费34782万元。

这是什么样的省公司?是否可以说是一家"三无企业(即没人、没钱、没保费)"?至少可以说与广东保险的大市场是不合拍的。

广东分公司的前任总经理也是从江苏分公司来的,苦干三年,终于如愿回到老家了。客观地说,他为广东公司的发展打下了可贵基础。当时总部为了支持广东公司的发展,从全国抽调了多名干部到广东担任中支总经理,结果由于各种原因,几乎没有一个留下来。前任的前任是山西分公司的总经理过来的,也带了一批山西干部到广东工作。结果是总经理因出车祸离世，其他人也慢慢散了。有的是水土不服；有的武功不够；有的是因为要人没人、要钱没钱而不甘离开。

当时还存在一种怪现象，叫作"穷庙富方丈"，极个别三级机构总经理，不考虑公司及员工"死活"，只管自己的日子好过，只要公司账上有费用余额，先找发票把费用套出来，然后自己慢慢花。应该说广东市场假发票、卖发票的现象在那个年代不是个别现象，红绿灯口推销发票的人也比较多的。再加上用人用工制度的失控，找个亲戚做办公室负责人，找个兄弟当司机，或者开个夫妻老婆店也行，还有什么事不能搞定？但可以肯定，绝大多数机构与员工还是希望公司健康发展，这是主流。

3.3 监管年会

2006年12月28日，广东保监局召开全省年度保险工作会议，我刚到广东工作，肯定要如期参加会议。会议非常隆重，分管领导S副省长莅临并发表重要讲话，保监局H局长做了主题报告，我第一次聆听他的讲话，报告水平真的非同一般，讲得非常到位，同时也初步了解广东省保险业的基本情况。总的感觉是同业很强大，监管更强大。会上就会风问题、迟到问题单独讲了几分钟。我也为自己暗暗地捏把汗，庆幸还好第一次没有迟到，更没有请假。

无巧不成书，深圳保监局同样在这天召开2006年监管工作会议，按照要求分公司总经理必须出席，我真的是分身乏术。广东、深圳是各家保险公司的战略要地，两个公司都需要健康发展，更重要的是监管部门对兼职也有要求。深圳保监局也是正厅级单位，与广东局是平行的。监管部门年度工作会议非同小可，我真的很难。

我原本想在广东这边请假，到深圳参加会议。主要出于两个考虑：一方面，平时的主要时间肯定在广东，深圳已经很少去了，年度会议如再不参加，确实说不过去了；另一方面，想顺便与有关领导、同业公司老总招呼告别一声。后来，我还是放弃了，考虑到深圳局M局长相对熟悉一点，又是专家级领导，肯定会理解我的。请金兆星副总代我参加了深圳监管工作会议。

在这样背景的分公司做总经理，如何把公司带出"沼泽地"走向光明？如何让自己"出污泥而不染"，全身而退？真是一篇大文章。我的第一步棋，就是必须忘记过去所谓的经验，深入基层调查研究，了解掌握第一手真实情况。

3.4　走遍四级机构

广东分公司所辖机构庞大，20个地市中，除了河源市、云浮市至今也没有设立中心支公司外，其他均有中心支公司，再加上番禺、顺德参照地市机构管理，共计20个中心支公司。其实，我工作过的苏州、深圳也不过是一个地市中心支公司而已。但现在广东全省一年的寿险保费收入要超过3000亿元[①]，能坐上广东分公司总经理的宝座，真的是像一方"诸侯"了。

但是，当时太保寿险广东分公司既不大也不强，如果把2006年的保费和销售人员平均分摊到每个四级机构，已经很难想象了，当时共有140多家支公司。

我花了大半年的时间，把所有的四级机构都走了一遍，有的没有通知，突击暗访。广东地域很大，也很有意思。我经常把广州比作一个人的身体，把湛江和汕头比作人的两个手，身体到手指都要500多公里，并且那时两个手之间当时还没有直接的高速路可走，还是要回到广州然后再出发可能更方便一点。我是四级机构出身，必须要到现场看看。

记得有一次去湛江，还去了雷州半岛的徐闻县，该县位于中国大陆最南端，对面就是海口了。徐闻县自古以来为兵家驻防和商旅之要地，故苏东坡曰："四州之人以徐闻为咽喉"，是"汉代海上丝绸之路的始发港"。

[①]　行业数据显示：2020年广东人身险保费收入3052亿元，连续多年稳居全国第一。

全国第 7 次人口普查，徐闻县常住人口 63.3 万人。徐闻对我印象最深的有三个方面：一是那里的海鲜真的好吃，买回来后，水里煮一下，不用放其他任何佐料，直接可以吃了；二是太保徐闻支公司的职场租的是当地工商银行的办公房，条件非常艰苦，超出了我的想象。那里个别业务员有的左右脸的颜色也是不同的，有人说，因为长期在海边，经常对着海的那一侧脸色更深更黑；三是"鱼露"，在路途中间的马路边上吃了中饭，品尝了那里的特产"鱼露"，如你有机会一定要尝尝，鲜、咸、臭…令你终生不忘。据查，鱼露是"潮州菜的调味灵魂"，如果把鱼露从菜中拿掉，菜就做不成了，足见其地位非常高。鱼露的制作大致分为四步，第一在生鱼中加入大量的盐，第二就是"腌制"封存，第三太阳下"翻晒"，第四"取液"。聪明的读者，你应该知道这是什么好东西了吧。

佛山中支下辖的南海支公司，只有一个行政内勤，是个很忠厚的小伙子，每月收入仅仅 800 多元，已经工作 5 年多了，且已结婚。我问他为什么没有离开公司？他说，主要是相信公司一定会改变的！年复一年的相信。南海当时已在全国远近闻名，内地四小龙之一，经济非常发达。但我们的办公场所里没有一部空调，早上 9 点左右，小伙子的衬衣已经湿透了。这样的场景，怎不叫人感动？

中山中支下辖的小榄支公司，走进办公室，昏暗闷热，也没有空调，窗帘是用一条完整的床单挂着，真的是为了遮丑而更丑。我再也忍不住了，第一次与中支梁总见面，就把他骂得"狗血淋头"。从此他每次见到我，就像老鼠见到猫。小榄是什么地方，经济也很发达，离顺德不远。据梁总讲，小榄还是当时总公司潘主席（潘燊昌是总部经营管理委员会的主席，是中国太保寿险第二任总经理）的家乡。我马上打电话给时任总公司金董事长，恳求解决广东公司的空调问题。总部有的部门还坚持要走集团采购流程，我坚决不同意。一方面格力空调就在广东，不在上海；另一方面，担心时间太长，等到空调到位，2007 年的夏天已经过去了。在金董事长的亲切关怀下，140 多台空调在广州直接采购，很快就到位了，从此

险　峰

每个办公室都装上了空调。

　　江门市，是著名的侨乡，开平碉楼，举目皆是，但我们的保险业务一直徘徊不前，我去过的江门支公司，要么与产险公司合在一起办公，要么内外勤加起来只有一个人。个别机构在沿街小铺前，放了一张小桌，桌上放着一块小牌，小牌上写上9个红色大字（太保公司应该是蓝色字体）：中国太平洋保险公司。很像个"算命"小摊。据说为了控制费用，公司电话也没有安装。说得好听一点，是为了服务老客户，实际上溃不成军，丢人现眼。

　　这是在珠三角，还不是在粤西粤北。我的心情非常复杂。一方面感觉怎么会这样子？另一方面感到市场潜力非常大，广东非常有希望，我本人也肯定不会被埋在"坟墓"里的。

3.5 "1+5"策略

面对广东公司的实际情况，如何才能突破困境呢？如何跳出"坟墓"的魔咒？经过再三的思考，我感到还是必须突出重点，要把有限的资源投入最能产出并且能够看得见摸得着、可以管控的市场。千万不能一哄而上，千万不要全面开花，要留点事情给后人来做。如果眉毛胡子一把抓，我的工作结果与其他人不会有什么区别。

于是我提出了"1+5策略"，广州为"1"，佛山、东莞、中山、顺德、番禺为"5"，这是珠三角最发达、最核心的6个城市（区），也是保险资源最丰富的地方。根据广东保监局公布的2010年保险统计报表，广州市、佛山市、东莞市、中山市四个城市2010年合计保费收入占全省的65%，其中，广州市占全省的34.1%，非常明显，这就是我们的主攻方向。我的核心思路就是，1家的保费要战胜5家之和，1要带动5，"1+5"携手共进，共同发展，最终实现广东公司的健康持续发展。与之配套的，实行资源倾斜、特事特办、先行先试等。

当时广东分公司的弱主要弱在广州！主要弱在没有一批克己奉公、冲锋陷阵、有担当有专业的中支总经理！

3.6　不拘一格降人才

首先，我向时任太保寿险公司金董事长点名要了一位大将姜大海，他是总公司个险条线的一位专家领导，原本要被派往四川分公司，被我中途"截胡"，姜总就来广东分公司担任个险分管总了。大海为人忠厚、外柔内刚，是一位难得的班子"好搭档"，为广东公司个险发展作出了重要贡献。

其次，我打了个擦边球，谋划广东分公司自己直接聘任四位总监，确定为分公司班子的主要后备成员。绕过了总公司考察审批等一系列手续与流程，提高了效率，可以马上使用，更主要的是避免了"请神容易送神难"现象。万一没有看准，直接进了分公司班子，就进退两难了。经分公司党委会集体讨论，聘任原深圳公司的夏诚先生为区域总监，财务经理许先生兼运营总监，赵先生为人力资源总监，宋先生为个险营销总监，既解决了班子成员的职数和管理权限，又做到最大限度地调动关键少数人员的积极性，广东分公司班子的全局掌控能力由此进一步提高。

第三，面向社会公开选聘优秀紧缺人才。曾育东就是其中的一个典型，通过多次面试、商谈，最后直接聘任为广东分公司电脑部总经理，他为分公司IT系统脱胎换骨式的变化起到了关键作用。曾育东目前已经离开了太保公司，是宁波"晨道资本"合伙人。

解决了上述关键少数问题后，更主要的要培养年轻人。于是，从2007

年起，与深圳分公司联合每年到全国重点大学校园招聘大学生，统计至2010年底累计招收应届大学生102人，其中大胆、破格使用了一批优秀的大学生，2010年已被使用的有分公司办公室主任助理张世杰、东莞中支个险部总经理周维新、分公司人力资源部薪酬室经理雷江（化名）等，还有王小田（化名）（后任广东分公司个险部总经理、中支总经理）、杨兵（化名）等，真正做到不讲年龄、不讲资历、不讲学历，只看能力，为年轻员工提供充分展示自己的舞台。

试行中心支公司"N-2"的用人策略，引导中支机构用少于编制数量的高素质员工，完成好全部工作任务。就是每个中支要减少2个人，推行减人不减薪；每个中支每年要考核淘汰1~2名"不合适"员工，研究推出了提前退养退休政策。

实施三、四级机构经营等级评定制度，充分调动机构的积极性。全省四级机构总经理统一薪酬管理办法，保证统一的评价标准和奖励力度，经营等级与机构总经理的基本年薪的等级相挂钩，四级机构新保期缴达到一定规模水平，其机构总经理可以享受有关中心支公司总经理的待遇。

设立总经理年度特别荣誉奖，最高一次性奖励5万元，对当年度在业务发展作出特别贡献的个人，在年终公司员工年会上现场宣布并颁奖。一是给予特别惊喜，事前没有人知道；二是接受员工内心评价，这个授奖个人是否值得奖励，把员工年会推向高潮。

这些做法，在当时的太保系统是比较超前的。

3.7 "13481"

广东分公司与深圳分公司的经营管理思路和举措完全不同，分公司对广东的四级机构可谓鞭长莫及，如何推动支公司的个险业务发展呢？希望找到一个"纲举目张"、既简单明了又可操作可衡量的"施工图"，为此，我提出了"13481"。"1"，就是每一个支公司至少有一个"基本法架构"的业务部。不怕你笑话，当时，有一半的支公司没有一个业务部。"3"，就是每个业务部至少有三个业务室，希望至少能够达到基本法考核的业务室的最小数量要求，业务室如果不在同一业务部下面也可以。"4"，每个业务室至少有4个业务员。"8"，每个业务员至少有8个客户。"1"，每个业务部还要有一名准主任。这么简单的"施工图"，为广东公司营销人力发展指明了方向，后来的人力发展效果也非常明显。

日本"经营之圣"之一的稻盛和夫曾说过："现场有神灵""答案永远在现场"。非常有道理！因为我走遍了广东的四级机构后发现，那时有一半的四级机构都没有一个完整的基本法考核定义的"业务部"！其结果是，基本法再好都没有办法发挥其威力，没有办法让"经理们"获得源源不断的基本法收入。所以，个险工作的一切重点就是从帮助基层机构成功构建一个基本法的业务部着手，于是我才构思提出了"13481"的人力发展的基本架构要求。

3.8 除弊革新

广东分公司出台"六个统一",全省人力资源实现高度集中管理。分公司出台了《用人用工统一管理办法》《薪酬管理办法》《员工福利管理办法》《员工人事档案统一管理办法》《员工培训管理办法》等,严格推行员工定编、定岗、定责,第一次在全省范围内实现员工薪酬发放、干部聘用任免、员工晋升、岗位变动离职、合同签订等由分公司统一集中管理。一句话,中心支公司及以下没有增加、录用员工的权利,最大限度地保证了员工素质的提高及人力成本的管控。

出台这些办法并不难。以前为何没有这些制度呢?我认为不是不想做,也不是没有能力做到。分公司人力资源改革的突破口是人力资源部自身的改革。要选拔思想活跃、学习能力强又敢于担当的年轻干部担任人力资源部经理,前提必须要妥善安排好"几朝元老"的老经理,改革肯定要动一部分人的"奶酪"。让出"位置"不影响"票子",这是没有办法之下的办法。

之后还推行《亲属回避制度》,分公司下发了(2010)269号文件,解决"夫妻、老婆店"等问题。

强势推行财务集中管理,控制财务风险。全省财务经理实行分公司委派制,由分公司直接管理、考核、奖惩。会计核算、资金收付等均由分公司集中处理,对外收付直接到对方账户,坚决推行零现金管理,最大限度地降低公司财务风险。

全面推行分公司集中采购制度。

把方便留给中支机构，把麻烦留给分公司。通过人、财、物的分公司管控，从体制机制上化解了风险隐患，解放生产力。其实中支机构的主要职责就是销售与服务，他们没有必要也去搞资源配置、制度设计等。

我还提倡建立"无边界"组织，推行"我是首问责任人；请您主动公开工作职责与流程；请您先为他人提供服务、先为他人想一想；请您再主动学习一次；请主动参加跨部门的协同、培训会；请主动联合其他部门一起到基层机构、一起解决问题；请您再简单一点……"，这些举措，即使在目前有的机构还是需要推行的。

3.9　山雨欲来

2008年1月10日广东保监局将《关于推动中国太平洋人寿保险公司广东分公司改革发展有关意见的函》直接发给了太保寿险总公司，主要提出要尽快解决我的兼任广东、深圳两家分公司总经理的问题。一方面说明我没有处理好与监管机关的关系；另一方面说明广东太重要了，广东的保险市场确实非常大，足够我"喝一壶的"。此事对我是有影响的，我的感觉也不太好。到了2008年3月，我才不再兼任深圳公司总经理和党委书记，说明总部主要领导非常睿智和从容，让我完整履行了3年深圳公司总经理的任期。客观地说，无论对公司还是我个人而言，一份年薪两份责任，还有可能顾此失彼，不再兼任两家分公司总经理是正确的。

2007年广东分公司总保费同比增长24.5%，2008年同比增长66.2%。之后，2009年上半年也遇到了业务发展的暂时困难，总部对广东分公司也有杂音了。我在半年会上大放厥词，骂为"五个负增长一个不要脸"，就是五项重要指标同比都负增长，全省营销员销售短期意外险的保费总量还比不过深圳分公司，是否感觉到没有脸面？后来找到了原因，主要是连续2年的高速增长，大家有所自满和松懈，一而再、再而衰了。还有就是2008年金融危机的影响，企业经济状况暂时困难了。经过研究，我们对症下药，7、8、9三个月强势拉了起来，最终当年总保费同比增长5.2%，核心业务个险新保期缴同比增长38.5%。

3.10　广州突破

广州,别称羊城、花城,是国家中心城市,是粤港澳大湾区的核心城市之一,常住人口1500万人,2019年地区生产总值2.3万亿元。2010年广州市原保费收入420.4亿元,同比增长28.4%,比深圳361亿元还多了近60亿元。2017年全市原保费收入达1127亿元,规模之大,发展之快,令多少省级分公司汗颜。

广东分公司的突破路径在哪里?是走农村包围城市的"成功"老路,还是迎难而上走中心城市"突破"新路?我们已经制定了"1+5策略",关键是如何执行到位问题。

第一,启用关键销售人物。

2007年,从信诚公司引进雷强总监,白手起家,设立越秀支公司,开展自我经营、自我管理的试点工作,成效显著。雷强是当时广州乃至广东分公司个险发展的典型标杆,因为雷强的成功,激活了广东个险原有队伍,也引起同业的关注。

2007年,把从事文字秘书工作的沈湘卿从办公室调任电话销售部总经理。沈湘卿是个才女,可以说是"通晓历史,文采了得,心直口快,敢说敢做",如果使用得当,肯定也是一匹黑马。她是广东分公司我前两任总经理的秘书,我建议她转行做业务。她负责广东电销期间,通过与台湾公司合作,电销业务搞得风生水起,连续保持全国太保系统第一名,2011

年电销标保达到10亿元，在广东市场、太保系统排名双第一。

2008年，把张卫荣从组训调入区域拓展部任副总经理，后来主持部门工作，张总非常实干、虔诚，每天都要做祷告，用真心凝聚团队，很有特色，是一位难得实干型人才。

2008年，还从新华保险公司引进优秀人才姜方栋任总经理，专门组建银保业务发展部，先在广州市试行银保渠道销售期缴产品，一举成功。广州当年实现银保新保期缴6867万元，后来推广至其他各中心支公司，全省完成新保期缴1.3亿元，实现了历史性的突破。发展部下属的张群业务部，2010年新保期缴突破亿元大关，达到11200万元！创造奇迹。张群业务部，被时任集团董事长高董题名为"天下第一部"。题词照片刊登在《太平洋保险报》的头版头条。

第二，推动多元经营。

电话销售、银保期缴、区域拓展、交叉销售、服务营销、中介代理等各种销售方式全部用上，市场这么大，只要实际结果是好的（见下表），为什么不能全部为我所用？

2010年广州核心业务新保期缴完成4.4亿元，同比增长104.4%，核心业务占分公司的比例为44%，广州总保费收入15.8亿元，同比增长72.9%，占分公司的31.4%。当年广州中支全国机构评级排名第2，效果明显。

单位：万元

项目	2007年	2008年	2009年	2010年
广州银保期缴	74	6867	14068	29016
电销新保期缴		602	3394	5766
广州区拓期缴		270	827	1463
粤秀支公司	19	595	993	2414

资料来源：太平洋寿险广东分公司业务报表。

险　　峰

广州突破的标志，不仅是保费规模，还体现在费用收支平衡，市场占比提高1.31个百分点，更主要的是激发了其他中心支公司的发展的信心，由此推动了整个公司业务的发展。2010年全省银保期缴达66973万元，同比增长106%。

3.11　遵义会议

2010年7月,广东分公司半年度工作会议历史上第一次在广东省外的遵义市召开。

为什么会不远千里到遵义去开会呢?2009年分公司开始是"五个负增长一个不要脸",最后强势反转,但这样的局面不能再出现了,所以希望通过学习遵义会议精神来进一步统一大家的思想。

我的报告题目是:《发扬遵义精神,狠抓队伍建设,用队伍发展实现业务的可持续发展》。

我首先介绍了有关遵义会议的背景以及遵义会议的重要意义。遵义会议在极端危急的历史关头召开,确立了毛泽东在红军和中央的领导地位,挽救了党、挽救了红军、挽救了中国革命,在中国共产党和红军的历史上,是一个生死攸关的转折点,屡遭挫折的红军从此有了从胜利走向胜利的保证。

遵义会议给公司的启示有:公司上半年业务发展达到历史最高水平,为我们赢得了"休整"的机会,我们要腾出手来抓基础管理、抓队伍建设,确保广东分公司在新的起点上保持科学发展、持续发展、健康发展,从胜利走向新的胜利;解放思想,实事求是,自主决策,推陈出新。公司站在新的发展起点上,老办法老经验不能解决所有新问题,需要公司中层以上干部戒骄戒躁,创新实干;我们强调要顾全大局,团结一切可以团结的人，调动一切必须调动的积极力量，圆满实现全年各项任务目标，团结就是胜利！坚持就是胜利！

我在会上还提出了：中支老总是做领导还是领袖？如何让自己的魅力四射？如何凝聚班子成员、助人成功？如何提高领导力等。我们认为，领导靠职位，领袖靠魅力。"真正的领导不是来自头衔，也不局限于某某职位，而是来自言行以及影响别人的方式"；要牢牢地吸引下属追随你，时刻"无言地推销"你自己；要协助成员自我实现，人人想拥有自己的天空，人人想要展现自己的才华；要强化目标管理，要克服"没有目标只有指标、不知道为谁干、当一天和尚撞一天钟"等现象，愿景是以终为始；要提升持续的学习能力，放大格局，自我学习，防止本领恐慌。

这次会议非常成功，大家交换了思想，拉近了距离，达到了开会的目的。这次会议实际上是以会代训，大家形成了一个共识：千方百计提高员工的收入，努力提高自己驾驭公司的能力。

晚上大家欢聚一堂，人人喝"土酒"。要知道广东人不善于喝白酒，好多人也没有喝过正宗的"土酒"，那天晚上男男女女老老少少都喝了，都说这是真酒。要的就是这个感觉，即使假的也成真了！在这里，我还要感谢当时贵州分公司的盛情款待，我们为了少麻烦兄弟公司，没有惊动他们。他们是闻风而来，还带来了"土酒"。非常感动，友谊天长地久。

3.12 董事长莅临广州

2010年11月18日,时任中国太保集团公司董事长高国富先生亲临广东调研,听取广东产寿险分公司的汇报,汇报会安排在产险公司会议室,产寿险分公司班子成员及主要部门总均参加了,这是高董第一次来广东听取我们的汇报,大家都非常高兴、重视,也有点紧张。事后知道,这也是我职业生涯中最重要的一次汇报。

我代表寿险班子,把广东分公司这几年来的变化,特别是2010年"广州突破"的效果(见下表)一一做了汇报。

指标	2007年 数值	2007年 同比(%)	2008年 数值	2008年 同比(%)	2009年 数值	2009年 同比(%)	2010年 数值	2010年 同比(%)
总保费收入(亿元)	17.1	24.5	28.5	66.2	30	5.2	50.3	67.9
个险新保期缴(亿元)	1.3	74.8	1.9	44.7	2.7	38.3	3.7	39.6
银邮期缴(亿元)	0.02	53.4	1.3	7030.9	3.2	150.7	6.7	106.9
短期意外险(亿元)	0.97	1.2	1.03	5.8	1.2	17.2	1.27	5.5
月人均收入(元)	3857	47.6	4120	6.8	4363	5.9	4923	12.8
营销人力(人)	6259	66.2	6736	7.6	8807	30.7	10661	21

这是在2006年总保费13.7亿元,个险期缴0.76亿元,10月底的营

销总人力只有1864人的基础上发展起来的。2006年费用超支2243万元，2010年1~10月费用结余2757万元，人均收入翻一番。

其间，重点汇报了广州突破的情况，提出了要把握个险营销规律，重点做好"五个研究"，即研究客户、研究市场、研究同业、研究产品、研究队伍，打破传统做法，实现城区突破，把集团公司提出的"聚焦营销渠道，聚焦期缴业务"的战略思想落实落地。

现场的气氛明显让大家感觉到高董对广东分公司寿险的工作是满意的。这种生机勃勃的良好局面与当时太保寿险面临的挑战完全是"两个世界"。后来才知道，2010年太保寿险总保费878.7亿元，新华是916.8亿元，其中个险新保太保是90.8亿元，新华已是104.2亿元，太保寿险的江湖地位已经受到严重的挑战了。

由此推算，2010年广东分公司总保费收入占全公司业务的比重已达5.7%，这可能是最高占比了。分公司总标保排名全公司第4位，虽然这是广东分公司至今的最高排名，但说实话，在我内心广东分公司必须干到排名第一，这是我的一个遗憾。

从此以后，在陆家嘴总部，"广州突破"成为热点话题之一。其实，高董来广东调研之前，太保寿险的金董事长已经来过一次广东了，如果没有金董的推荐，也许高董不一定马上就来广东。虽然我不是千里马，但两位董事长却是最为难得的伯乐。

3.13　总经理如何管个险？

2010年12月，总公司召开分公司总经理会议，寿险公司新领导指定要我讲讲"总经理如何管个险？"这是个命题作业。我非常忐忑不安，我讲了四个方面。

一是总经理为何要分管个险？因为寿险公司某种意义上就是个险公司，分公司的主要职责就是销售和客户服务。作为总经理要主动履职，是"跟我上"还是"给我上"？总经理分管个险，是广东公司特定时期班子分工的需要，也是广东市场需要雷厉风行的老总等。

二是总经理如何管个险？我的做法是四个定：定规划、定思路（实际上就是统一思想，把握营销规律）、定政策（财务政策、考核政策、薪酬政策）、定方案（主要的作战方案要亲自策划、商定）；五个抓：抓队伍、抓重点（个险重点老三篇为增员、培训、追踪，新三篇是准主管、准客户、准产品）、抓收入（主管最感兴趣的不是保费而是收入，FYC＝FYP）[①]、抓环境（营销无小事，需要营造良好的个险发展环境，推动快乐营销，个险发展，人人有责）、抓落实（总分公司各项制度的落实、执行能力的提升、深入四级机构检查调研）。

三是总经理分管个险的利弊。我认为总经理自己直接分管个险是有利有弊的。利：效率较高，能够及时了解一线动态，内外勤信心足，有利于

---

① FYC是指新保保费的佣金收入，FYP是指新保保费收入。

发挥公司整体优势；弊：可能不够专业，可能没有退路，可能忙不过来。如果你有一位优秀、专业的分管总、协管总，你是世界上至少是保险业最幸福的人！

四是总经理管个险要注意的方面。注意分工与授权，说到必须做到，处理好今天与明天的关系（没有远谋必有近忧）、做好五个研究，即研究客户、市场、同业、产品、新情况。

最后还顺便介绍一下广州突破的情况及2011年的奋斗目标。

会后，从领导及兄弟公司的反应看，大家还是比较认可的。

会上我是不安的。我不安在哪里呢？因为我不知道领导的意图是什么，也不知道后来还有竞聘个险分管总之事，还有就是有点班门弄斧，比我懂个险、比广东做得好的老总大有人在，而且各司的分管总都视频参会。所以我非常小心、谦虚，我认为总经理管个险，可以做但不太好说，我的观点只是广东公司的一点领悟与小结，每家公司处于不同阶段，应该各自因地制宜等。

实际上，领导是把我放在火炉上"烤烤"看看。

3.14 参加竞聘

2011年1月21日,收到集团公司"关于参加寿险公司经营班子副职成员公开选聘相关测试的通知",主要分三个环节,在线性向测试90分钟内完成,公文测试90分钟内完成,面试时间55分钟。我报名参加了个险分管副总的竞聘。

我非常重视这次难得的机会,认真准备竞聘材料,请同事们提供其他分公司的基本情况,请广东分公司办公室新来的大学生小杨帮助执笔,她是保险专业的本科、硕士毕业,理解能力很强,材料整理得令人满意。我的主要观点有:

1. 全力以赴提升制约发展的三大指标。我提出了价值增长模型:新保期缴=举绩人力×人均长险件数×件均长险保费。

如何提升举绩人力?前提是要加快总举绩人力的发展,关键是培训突破,重点做好新人入司"第一课"岗前培训,良好的开始是成功的一半。如何提高人均长险件数呢?关键是提升活动量!试点推行"旬经营"(强化过程管理),完善活动量工具,深化客户经营,建立以件数为基本内容的荣誉推动体系。如何提高件均长险保费呢?重点突破城区业务,开发中高端市场,建立与之相匹配的理财规划师队伍,完善绩优队伍的支持体系等。

2. 努力完善组织营销,帮助营销员提高收入。太保公司最大的优势就是各级机构具有强大的组织推动能力,要处理好发挥组织能力与坚持营销员自主经营的辩证关系,抓FYC就是抓FYP,但销售队伍的感觉是不一样的。

3. 千方百计突破四项重点工作。一是千方百计强化个险条线干部队伍建设,重点解决组训、讲师、人管、四级机构经理培训培养及职业规划;二是千方百计抓好主管队伍建设这个"牛鼻子",强化晋升文化,推行"1+1架构"增员,实施新人留存工程;三是努力推动三级、四级机构的突破,培育核心增长点,突破中心城市;四是狠抓基础管理工作,让基础管理成为公司可持续发展的保证,坚持走内涵式发展之路。出勤率约等于举绩率,活动量约等于人均件数。设立部分中心城市"营销培训中心"等。

最后我还提出了绩效承诺目标及相关条件,总部相关部门的架构要调整完善,营造良好的个险发展环境;预算投入按新保期缴的比例关系进行预算管控;用人导向引导干事导向,我每年可以直接淘汰一名分管总、每年可以提拔两名分管总,报党委同意后执行。总薪酬的10%额度由条线统一分配等。

同时还表明了我的风格:本人是一个实战型、实干型的选手,没有假大空,坚持结果导向,坚持把握本质特征,比较崇拜"李云龙",也希望成为半个李云龙!两强相遇,勇者胜!做到对公司负责,也对自己负责,如果达不到目标就辞职,这并不是负责任的办法。同时还提出,假如我竞聘成功,我愿意把我的竞聘PPT转发至个分公司,并迅速组织调研、论证,迅速实施。

参加个险分管总的竞聘人数很多,有兄弟分公司的总经理,还有总部原来两位分管领导及总公司个险部总经理等。其实,竞争还是很激烈的。竞聘完后,主要领导还电话征求我意见,问我是否可以考虑分管团险方向。我信心满满,我说只考虑个险方向。最后,我竞聘成功了。我衷心感谢发现我、扶持我的高董事长和金董事长!没有他们的支持帮助,也就没有我的今天。

  事后，有个参与竞聘的同事还要看我的竞聘材料，想了解一下我究竟如何写的。说实话，材料肯定是下了功夫的，但主要肯定不是靠一篇材料取胜的。我也没有到上海找领导汇报思想，沟通关系，我们"君臣"双方光明磊落。正因为此，我才要拼命工作，才要更对得起"伯乐"的赏识。

  通过这次竞聘材料的收集与思考，我对今后的工作充满信心。因为通过数据整理意外发现，湖北分公司的人均件数是全司最高的，但件均保费又是全司最低的，上海分公司的件均保费是全司最高的，但人均件数是最低的，营销人力还没有1000人，我知道了我们今后的突破点在哪里。

3.15　意外收获

从 2006 年 10 月兼任广东分公司总经理到 2011 年 3 月离开广东，这 5 年多的时间里，我对广东有了很多新的了解，也认识了好多广东朋友，终生难忘。

在广东期间，我认识了部队方面的老乡，通过军民共建，第一次练习手枪、自动步枪、机枪等武器实弹射击；基本尝吃了全部粤菜、茶餐，从此养成了只喝普洱茶的习惯；无论是南华寺、丹霞山、乳源大峡谷，还是孙中山故居、黄埔军校、叶剑英故居、虎门炮台、开平碉楼等都实地考察学习，对客家文化有了进一步理解。

另外的两个收获是：获得中欧国际工商学院工商管理硕士（EMBA）；学会了打高尔夫球。

2008 年由总公司全额出资，选送一批分公司总经理上 EMBA。我们通过考试、面试顺利进入中欧国际工商学院学习，有的同事上了复旦、上海交大的 EMBA。当时的中欧非常热门，不是你有钱想去就能进去的，虽然学费已经接近 40 万元，但还是淘汰了一部分人员。学习管理也非常严格，每门课程都要进行当场考试。

中欧国际工商学院是由中国政府与欧洲联盟于 1994 年 11 月 8 日联合创立的一所非营利性的中外合作高等管理教育机构，EMBA 课程在 2021 年《金融时报》EMBA 全球排名第 2 位，连续 12 年在《金融时报》

EMBA全球排名中跻身前20强。中欧是中国最国际化的商学院,是国际最中国化的商学院。中欧的使命是培养兼具中国深度和全球广度、积极承担社会责任的领导者,成为全球最受尊敬的国际商学院。

两年的学习期间,我们聆听了吴敬琏、许小年、杨国安、许定波、丁远、忻榕、易中天等一大批著名的教授学者(排名不分先后)的课程与讲座,并认识了一批来自各行各业的中欧同学。

特别有启发的是被誉为世界华人杰出管理大师之一的杨国安教授的人力资源管理课程,既有理论,更有实践意义。我回到广东分公司,还专门召开中支总经理和人力资源部经理会议,我不是在培训,更不是在上课,而是在动员!会上我重点介绍了"杨三角"理论。其核心观点是:企业成功=战略×组织能力。

战略不等于执行,一流的战略,三流的执行;三流的战略,一流的执行,其结果是完全不同的。企业如何建立所需要的组织能力?杨教授提出了他的"杨三角"(见下图):

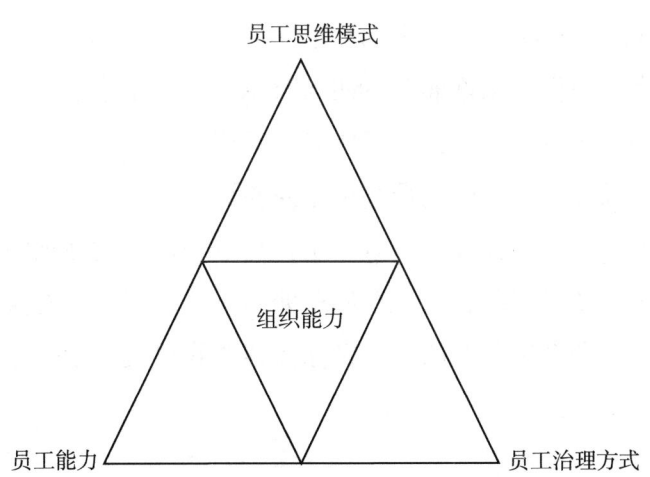

资料来源:杨国安. 组织能力的杨三角:企业持续成功的秘诀[M]. 北京:机械工业出版社,2021.

险　　峰

　　员工思维模式主要解决员工愿不愿意问题，员工能力主要解决员工会不会问题，员工治理方式主要解决公司容不容许问题。核心结论，员工是竞争优势的源头！

　　这个课程，涉及如何确定合适的战略、如何提高核心领导力？为什么要进行员工满意度调查、员工能力模型建设与落地、低绩效人员要不要淘汰、员工思维模式如何改变、无边界组织的建立等，非常实用。

　　我所在的同学小组是赫赫有名的金融组，都是来自银行、证券、保险、基金、银联等机构，我们2010年的毕业论文是有关太阳能光伏产业方面的研究（非常遗憾的是，我没有在光伏产业方面进行跟进与投资。2022年中国的光伏产业已经领跑世界，也是股票市场最热门的赛道）。为了撰写论文，我们小组还特意飞兰州，从兰州自驾至敦煌，实地考察沿线光伏发电企业，现在看来，课题选择是比较热门与超前的。当然，我们也因此欣赏游览了一路好风光，在武威吃中饭，晚上住在酒泉，然后到了莫高窟、鸣沙山、月牙泉。这是我唯一一次自驾1000多公里，飞驰在大漠戈壁上，一路上基本没有遇到车，更没有行人，我们每人轮流体验时速近200公里的感觉，落日余晖，畅快之至。

　　直至现在，我们大家都非常感谢当时总公司金董事长的远见卓识，让我们终身受益。不仅为我们提供了所有的费用支持，更主要的是让我们拓宽了视野，增长了才能。公司最终也是受益者。

　　说到学会了打高尔夫球。当时广东打高尔夫球是比较盛行的，广东也是国内高尔夫球场最多的省份。在广东期间，分公司按照有关行业协会的安排，承办了一场金融行业的高尔夫球比赛。我也慢慢学会了一些基本动作，偶尔以球会友。

4

攀登险峰

三十功名尘与土，八千里路云和月。

2011年3月,我终于如愿以偿,来到魔都上海。离开江苏南京时,我曾对一位苏州财政系统的老朋友说过一句大话:五年以后上海见!现在看来,人生真的还是要有个小目标,万一实现了呢。

上海,传承红色基因,是中国共产党的诞生地;上海,多元、开放、精致,是千万年轻人梦寐以求的地方,也是冒险家的乐园;上海,是长三角的龙头,也是世界特大城市的明珠。

一个农民出身的、长期在基层工作、从来也没有在世界500强的总部工作过的我,如何才能在上海站稳脚跟呢?刚开始时,感觉不太适应。

首先感到总分公司落差大。在分公司工作,感觉我是一方"诸侯","天高皇帝远",一般的事情我说了就算。也有兄弟们曾经开玩笑地说,分公司总经理是:想什么时候开会就什么时候开会,想什么时候发钱就什么时候发钱,一个字:"爽"!到了总公司,虽然是分管销售的副总经理,但却是"三无"人员:无专职司机开车、无专职人员做工作秘书、无"招待活动"费用。总公司严格执行"八项规定",营造风清气正大环境。

其次感到工作落地难。概括起来当时的总部有"三多一空"。一是会议多,开会就是工作,并且可以不注重会议有没有效果。周例会、月度分析会、专题会、片区会、座谈会、经委会、董事会、党委会等,有的会议主要就是走"流程",如果流程没错,即使结果不怎么样,也不能怎么样。二是材料多,各种汇报、总结、分析材料,对上、对下的应有尽有,国际国内、宏观经济、行业内外各种背景分析更是天马行空。如果哪位善于做PPT,最终可能会得到重用或表扬。三是圈子多,人际关系复杂。老公在这部门,老婆在那部门,即使不是部门总经理,能量、消息也不可小瞧。还有就是来自同一个城市、同一家分公司的老乡同事,定期见个面、吃个饭,可以通报消息甚至可以"商定"公司大事了。"一空"就是工作举措悬空落地难,一方面可能总部的举措长期以来缺乏针对性,另一方面因为总公司与分公司两级管理体制，可以各唱各的调。总公司远离市场、远离客户，原则指导为主；分公司承担完成业务指标这个最刚性的任务，还有人事考核、财务资源等权利，所以总分的博弈、总分的关系处理又显得很重要了。

我是带兵打仗的人，也是非常重视结果导向的人，如何适应总部环境，又如何展开工作呢？

4.1 2011：蓄势待发

4.1.1 2010年的太保寿险

我来到了太保寿险总公司，肯定先要换个角度了解一下这个公司的基本情况。

根据2010年中国太保的年报，当年的太保寿险还是相当优秀的。太保寿险总保费收入达878.73亿元，同比增长41.7%，市场占比8.8%，同比增加0.5个百分点，一年新业务价值61亿元，同比增长22%。

2010年营销渠道保费收入355.25亿元，同比增长20.1%，其中新保期缴收入83.9亿元，同比增长21.9%，续期业务收入264.47亿元，同比增长20.1%，银保渠道保费收入482.01亿元，同比增长63.3%，其中趸交业务326.3亿元，同比增长48.1%。

营销人力28万人，同比增长10.2%，人均首年保费2863元，同比增长10.2%，每月人均新单件数1.1件，13个月继续率92%，同比增加4.9个百分点。

公司年报指出，本公司坚持优化业务结构，大力发展保障型和长期储蓄型业务，本公司营销渠道关注队伍结构和产能提升，推进销售模式从"产品导向"向"客户需求导向"转变。太保寿险获《亚洲保险评论》"2010年度亚洲最佳寿险公司"奖。据说也是大陆第一家保险公司获此大奖。

应该说2010年的太保寿险，在金董事长及经委会潘主席的领导及此前的事业积累下，公司经营成效是非常显著的。营销渠道保费占比40.4%，提升的空间很大，这也是与当时的市场及同业公司情况基本一致的。

如果与新华保险一比较，情况可能有变化了。根据新华保险的招股说明书，2010年其总保费收入达916.8亿元，同比增长41%，其中营销渠道新保保费104.2亿元，同比增长36.8%，营销新保期缴95.25亿元，也超越了太保寿险。续期业务达519.3亿元，同比增长45%，一年新业务价值率为17.9%，太保寿险是11.3%。新华保险在其招股书面书中明确指出，它的市场份额为8.9%，已经是中国寿险业第三位了。这也许就是为什么太保寿险要率先转型发展的原因之一吧。

此时摆在太保寿险面前的有两大挑战：一是何时重回行业老三？二是要不要，乃至如何转变增长方式，如何走高质量可持续发展之路？一句话，必须实现规模与价值的统一和持续发展。

4.1.2　前三封邮件

2011年3月25日，我开始启用总公司OA账号，标志着起航新的征程。

收到的第一个邮件你肯定能猜到，是总公司办公室文书给我的，是OA账号密码。

第二个邮件是班子同事约吃饭，并且是去他家里吃饭，有点惊喜，有点意外。总分公司就是不一样的，总公司不需要直接面向客户和业务员，更多面对的是同事间的关系。说实话，我当时还没有完全意识到，更没有因此在后来的岁月里，注意与各路人马建立起自己的核心"朋友圈"。

第三个邮件是时任常州分公司个险部吴经理发我的，是对"广州友邦培训中心"的介绍，图文并茂，非常感动。我是从广东来的，其实我也知道广州友邦的实力以及他们是如何重视、运作培训中心的,我还私下访问过广州友邦的培训中心。吴经理的良苦用心是在提醒我:培训很重要的,是分公司的希望所在,是寿险营销的关键之举。

颇有意思的是,十年以后的 2021 年,原中国友邦的蔡先生来太保寿险公司担任总经理了。是巧合,也是缘分。

4.1.3 第一次参加年报路演

2011 年 3 月 27 日,来总公司上班的第二天,马上跟随集团高国富董事长带领的上市公司年报路演团队飞抵香港,下榻四季酒店。我真的是一片茫然,不知道接下来要干吗、如何干?由于行程匆忙及总部衔接问题,我的名片也没来得及印制。晚饭由香港子公司安排在米其林餐厅,席间闲谈时,领导安排香港资产公司帮我印制了我在总公司的第一张名片。名片没有完全按照公司统一的格式,且是繁体中文,有点另类,但印象深刻,也符合我的性格,很是喜欢。

这次路演,对我的个险生涯影响深远。虽然我只是个"学徒",是第一次聆听全球重要机构投资者的主要关切。没有人与你客套,要喝水自己动手,可能还是凉的,除非是有中国背景的分析师,可能会问一下喝咖啡还是茶;没有人把你当老总更不会把你当领导,我们的任务是回答他们的提问和关切,还要体现我们公司的战略和意图,目的是希望他们成为公司 H 股的长期投资者。投资者最为关心的是个险业务的发展,寿险公司的营销人力、人均产能、产品策略、继续率、举绩率、城区业务占比、中高端客户开发等,每次一小时左右的问答,大部分时间都在回答、讨论个险业务发展方面的问题。中国太保是 2009 年 12 月 23 日在香港上市的,2011 年实际上是第一次 H 股年报路演,各方都比较重视。后来我才慢慢明白,高老板为何要安排我参加路演了。代理人业务的发展真的非常重要。

4.1.4 行业大环境

2011年是国家"十二五"规划的第一年,也是中国太保建司20周年。

2011年开始寿险业进入十年黄金发展期!这是当时行业的基本判断,现在来看,是多么的前瞻和伟大。

2011年央行在2010年加息两次的基础上又加了三次息,五年期定期存款利息达5.5%,这对当时的寿险产品的定价及销售产生了深远影响。

2010年12月中国保险行业情况通报会上,时任中国保监会主席吴定富同志指出了"三个着力",即保险监管将着力防范化解风险,着力规范保险市场,着力保护被保险人利益。2010年11月保监会下发了90号文件《中国银监会关于进一步加强商业银行代理保险业务合规销售与风险办理的通知》,禁止保险业务员驻银行网点销售保险产品,推行"1+3"网点合作模式,即商业银行每个网点原则上只能与不超过3家保险公司开展合作,这对银保业务产生了重大影响!2011年3月保监会下发了10号文件关于印发《商业银行代理保险业务监管指引》的通知,推动银保业务的转型,即从高柜、驻点模式,逐步转向产品说明会、财富管理、理财中心等多元化发展,寿险公司的合规监管以银行保险为重点。在这样的行业大背景下,太保寿险的发展可以说是挑战与机遇共存,因为当时的银保业务的占比还比较大的。

4.1.5 "两个聚焦"

2011年4月11日寿险公司召开经营管理委员会,审议2010年度寿险公司总经理工作报告,从报告中得知:

2010年个险新保期缴83.9亿元,同比增长20.9%;银保期缴84.7亿元,同比增长46.5%,银保期缴的总量超过了个险期缴的总量。2010年新业务边际利润率个险渠道为45.4%,银保渠道为4%,新业务价值占比个险渠道为68.9%,银保达26.7%,也就是说利润率比较高的个险渠道业务发展空间很巨大。2010年一线成本支出个险渠道为52.8亿元,同比增长14.3%;银保渠道为39.5亿元,同比增长46.6%。整个公司一线成本的资源配置中,个险渠道占比为44%,银保渠道为33%;也就是说,利润率比较高的个险渠道,业务发展相对比较慢的原因之一,可能就是财务资源配置的重点性不够突出。银保渠道的销售费用,期缴业务部分为16.19亿元,同比增长57.4%;趸缴业务部分为17.8亿元,同比增长48.8%。

可以这么说,那时的银保业务,好像是早上七八点钟刚刚升起的太阳,更没有后来发展成为所谓的"鸡肋"。但是"靠砸费用、低利润、渠道没有话语权、违规支付手续费"等隐患已经比较明显了,并且还不是个别公司的个别现象。

在这种历史背景下,集团高国富董事长根据监管政策导向与公司实际情况,率先提出"两个聚焦",即"聚焦营销、聚焦期缴",是非常前瞻和有魄力的,太保寿险的发展历史会记住这"两个聚焦"。再结合资本市场关注重点,后来逐步发展成为"去银保化"、做强"大个险"的发展策略,为中国太保寿险及其个险业务持续健康快速发展指明了方向。

4.1.6 "小六子"之难

2011年3月,经过笔试、面试及市场化选聘,曾经是中国寿险市场排名第三、老三家寿险公司之一的中国太平洋人寿保险股份有限公司的新一届领导班子产生了:

党委书记、董事长、总经理;

党委委员、副总经理一,原班子成员,分管市场、产品、机构、客户资源等；

党委委员、副总经理二，原班子成员，分管财务、投资、精算等；

党委委员、副总经理三，原班子成员，分管银保业务、团体业务工作；

党委委员、副总经理四，原班子成员，分管党委、纪检、工会等；

党委委员、副总经理五，分管运营、核保核赔、IT等；

党委委员、副总经理六，分管个人业务销售工作；

党委委员、副总经理七，分管合规与风险管理；

党委委员、人力资源总监八，分管人力资源及协管干部人事工作。

集团公司还专门给了一个寿险公司班子成员在公开场合、会议座位排序的联系函，分别涉及党委委员的排名和公司领导的综合排名，党委成员还有上海分公司的一名领导。在副总的综合排名中我是排名第六，我就自喻为"小六子"，自始至终，我的邮件地址后面的代码就是006。

为什么我要如此具体公布出来这份班子成员的分工和排序呢？其实，我想说明的是，作为"小六子"的我，当时的工作开展还是有点难度的。

其一，初来乍到，总部的运作与人脉不完全清楚，有点"两眼摸黑"。其二，党委会上，原则上我是第六位发言的，有关"三重一大"或其他公司经营决策等事项的讨论，我肯定都表示同意或支持的，必须维护党委的团结与权威。因为轮到我发言时，基本已经有定论了，作为"小六子"也不合适再提出新的主张。当然，按规定，会前也是有通气的。其三，这样排序和职能分工，与个险业务在公司的重要性可能是不匹配的，与如何坚决落实集团提出的"两个聚焦"的战略也可能是不完全匹配的。只有权责利相匹配，才有可能实现像优秀同业一样把个险营销的价值贡献占比提升至90%左右的目标。

中国太保，是特大型国有企业。在国企总部要做成一件事，要经过多少轮沟通？多少次会议和签报？最终的结果或方案虽通过或达成共识了，但可能已经不是人们最初想要的方案了，当然也肯定不是最优方案，而是相互"妥协"的方案。我们班子成员又是推行"市场化1+2选聘"的，也就是说第一年考核不合格，第二年可以不再签订聘任协议。因此，个险工作重大举措事实上不完全是由我个人能决定的，而个险工作的最终结果可能又要我个人来承担的！稍一不慎，我自己的一世"英名"也就灰飞烟灭了。在这样的规则下，个险工作要取得突破性发展是非常艰难的。

我对这分工和排序没有任何意见，凡事总有个先来后到。但对以后我的工作风格形成和大家对我的感受产生了很大影响。因为集团公司主要的考核指标是个险新保期缴及个险新业务价值增速要跑赢上市同业平均水平，这是一个活指标，我又是这个指标的主要责任人，追踪、述职、考核都是针对我的。没有资源配套，这活不好干，巧妇难为无米之炊。

在这样的大背景下，"小六子"走马上阵了。为了不辜负集团主要领导的期望，不辜负投资者的信任，更为了对自己负责，再难也要干！没有条件，创造条件也要上。20世纪80年代，苏南乡镇企业有句名言：遇到绿灯快快走，遇到红灯绕道走。我也没有其他更好的办法，只能坚持以结果为导向，一切工作以此为标准。没有新官上任三把火，也没有随波逐流混到哪里算哪里。我坚持顺势而为，坚持稳中求进，坚持营销规律，坚持突出重点，坚持结果导向。

4.1.7 启用年轻人

总公司经营班子到位后，主要是调整总部组织架构和全体中层干部选聘上岗。所有工作要在2011年5月~8月完成的。

根据公司规划，个险条线共设三个一级部门，分别是个险业务管理部、城区个险督导部、县域个险督导部。两个督导部分别还有两个个险销售总监白小明及阳新云具体分管。说实话，这架构不是我主导确定的，我们参加竞聘时，这架构已经公布出来了。但提供了一个非常重要的信号，当时的太保寿险已经开始重视城区业务的发展了，至少在思想上已经开始重视中心城市的突破了。

还有一个情况需要说明，在2011年之前，总公司个险条线的部门架构中，还设立了五个"督导区"，分别是东部督导区、南部督导区、西部督导区、北部督导区和中部督导区，每个督导区分别设立了"督导长"，其"督导长"分别是张志坚、陈恩泽、关海涛、姜大海和潘涌等，他们几个都曾是分公司总经理，都为太保个险发展作出了重要贡献。这个可能是在规划个险架构时，设立城区个险督导部、县域个险督导部的来由吧。我有一个习惯，把总公司各阶段的架构调整后部门员工通讯录都留一份，方便联系找人，那时应该还没有微信。十年以后，这些纸质的通讯录、相当于当时的电话簿，现在成为历史的见证。

个险业务管理部只有部门总经理一个编制，下面单独设立五个二级部门，分别是个险企划部、营销员管理部、个险培训部、个险保费部和区拓管理部。这是个险条线的核心，肯定由我自己直接分管。两个督导部下面没有设二级部门，其职能比较简单，就是督导分公司的个险业务进度。

架构确定以后，干部在哪里？

我到了上海，利用年报路演和其他重要会议的机会，第一个出差的地方就是去东湖边上，与时任分公司总经理助理T聊聊，看看是否可以成为总公司个险部总经理的候选人之一。

在这之前，我与T有过一次接触。T曾到广州帮助上过一次个险方面的培训课，我坐在后排听了几句，感觉T有激情，也有专业，自我、自信意识也比较强。

我当时选择候选人的两个条件是：希望是苏浙沪一带人，因为这一带人渴望发展的思路是基本一致的；希望是年轻人，虽然年轻人有企图心甚至有点野心，如果发挥得好，可以走得更远。事实上，其他金融系统的行长、总经理，包括几任财政部部长，苏浙沪人占比也是比较高的。

T出生1973年，分公司总经理助理，12级，还不是分公司党委成员，这在太保系统内也是非常少见的。后来的竞聘肯定是符合预期，并经总公司党委会集体讨论决定,聘为总公司个险部总经理,15级(这是太保公司内部干部职级,一般情况下,分公司总经理为15级,副总经理为14或13级,总经理助理为12级),大家都感觉T是一步登天,从12级直接跳到15级。这也是太保历史上前无古人、后无来者的案例了!

我去分公司的第二站应该是河南分公司。想与时任分公司副总经理、党委委员陈灵(化名)见个面,聊上几句。陈灵更加年轻,是1977年出生的,14级。后来被聘为城区个险督导部总经理,15级。当时,我有点搞错了,以为陈灵是河南人,后来才知道实际是江西人。

其实陈灵更有思想内涵。竞聘到岗后,每个中层干部都要签署《个人改变承诺书》,陈灵在其认为需要改变思维方式和行为习惯处写道:"从每次谈到问题时只说问题,到每次谈到问题时同时谈解决方案,从谈概念到多用数据说话",这样的认识在2011年应是可贵与深刻的。陈灵后来担任顾问营销部总经理、集团A08转型项目第一任项目经理、集团转型办主任、湖南分公司总经理等职。我一直有一种遗憾,当时为什么没有把T与陈灵的岗位换一下呢?如果一开始就是陈灵担任个险部总经理,局面会是怎样的?

县域个险督导部总经理是潘先生,原新疆分公司总经理、党委书记。

其他部门副总及二级部总经理也在我的主导下全部到位了。寿险总公司二级部总经理助理及以上全司共计93个职位编制,其中个险条线仅仅18个,占比19.4%。这是非常精炼的总部个险核心管理团队,同时大概也说明当时的个险地位还真的不高。其中的几位得力干将不得不说的:一位是个险企划部方总经理,另一位是营销员管理部高总经理,如果没有他俩的鼎力支持,也没有中国太保个险的昨天。

方总1979年出生,他原是分公司个险部总经理,早在2007年就应总公司之邀来到了上海总部。他熟悉IT,又在分公司工作多年,非常熟悉个险业务。他工作细致、认真负责,更善于沟通,所以个险条线对财务、精算、两核(核保核赔)、IT等条线部门的沟通我都请他负责,也是企划部的职能所在。后来第二轮架构调整时，个险企划部升格为一级部，统管产品、客户经营、绩优推动、业务分析、预算管理、科技个险等工作，他可以说是个险条线的内管家。

高总1975年出生，复旦大学毕业，原是总公司派到分公司的交流干部，曾担任分公司个险部总经理，我到广东分公司时，他已是广东分公司总经理助理，主要分管个险业务。高总是太保个险基本法专家，他最大的优点是逻辑严密，条理清楚，吃苦耐劳，工作认真，有咬文嚼字的能力。个险条线主要文件的文字把关，我主要都请他负责审核定稿的。

这两位都是先于我到总公司工作，都曾是我在分公司时的同事，他俩比较了解我的做法，更主要的是已经知道并经受过了我的风格与"考验"。这是人和，更是缘分。再加上前面提拔的两位"70后"年轻干部（在2011年都是35岁左右），强大的太保个险总部已经基本成型！

后来，还有几位颇具实力、年轻化、专业化的个险人才分别担任部门总经理，如吴坚、冯金涛、王秋生、朱敏、王政权等，逐步把个险市场、顾问营销、培训部等部门发展壮大，办出了太保特色。

更为重要的，总公司一大批属于第二梯队的个险专业的年轻干部正在茁壮成长，如胡程、常超、王秀美、吴波、王珏、刘振中等。

这是一支令人骄傲的个险专业化、年轻化的精锐队伍，非常有模有样，从根本上保证了中国太保个险从此以后必定会被刮目相看。

4.1.8 "认知唤醒"

由于架构调整及人员调配，更主要的还要做一些基层调研了解，所以直到5个月后才开个险条线全体员工大会。说是"认知唤醒"或者"思想启蒙"，我可能有点自不量力，实际就是统一思想，更像"安民告示"，因为总部个险还是人才济济的，只是没有人让他们的"潜意识"适当发挥出来而已。

险　　峰

2011年8月26日总部个险条线第一次召开全体员工大会，借用上海分公司的会议室。首先由两位销售总监白总、阳总分别传达了公司半年度会议精神、宣导个险条线合理化建议的奖励方案，最后是本人的首次讲话，我谈了五个方面的主要观点：

一是明确个险发展目标。2011～2013年每年个险新保增长30%；个险市场份额排名第三；个险条线的干部员工的价值进一步得到体现，希望员工的收入有所增长；要建立强大的总公司个险条线，逐步建立条块并行、以条为主的管理体制。

二是准确把握寿险规律。坚持五个聚焦：聚焦城区业务，锁定发展"主战场"；聚焦健康人力，完善健康内涵，加快队伍建设；聚焦十年期缴，明确产品结构重点；聚焦平台支持，研究客户经营及技术平台；聚焦基础管理，加强晨会经营，突破培训瓶颈。

把握个险发展的本质，坚定不移地推动人力发展和产能提升的"双轮驱动"，我认为平安个险超越主要对手的发展路径也就是体现在公式：保费 = 月均人力 × 人均件数 × 件均保费，并要求把这三个关键指标分解落实到三、四级机构。

寿险转型就是要坚持可持续的价值增长和增长方式的转变，关注两个核心指标，就是新业务价值增速和投产比优化要好于上市同业公司平均水平。

三是核心干部是关键。所有的事都是人才干出来的；不拘一格用人才；在价值观上要志同道合；用人的主要标准就是德能勤绩的全面考量；信任每一位员工，充分调动每位员工的积极性和创造性；大器可能晚成，这次没有竞聘成功的以后还有很多机会；防止出现比职级、比收入、拉关系而不比能力和贡献的现象。

四是个险条线要形成自己的文化和特色。从现在开始，拥有不一样的精彩；敢想会做，打造创新型、学习型的团队文化；建议公共场合不抽烟，形成规范的会议制度和良好的工作氛围；因为个险条线全部工作人员都在吴淞路 400 号 20 层、21 层办公，远离陆家嘴太保总部大楼，有点"世外桃源"之感。

五是要改进工作方法。坚持实事求是的原则，不唯上、不唯书、只唯实；坚持一级对一级负责；要对分公司保持声音一致；要学会抓重点工作，提高工作效率。

这些内容，既像就职演讲又是工作纲领，是我对个险工作的核心思考。最大的特点之一就是提出了要建立强大的个险总部！火车跑得快，全靠车头带。只有总部强大了，分支机构才能逐步地强大起来，才能纲举目张。平安的成功或者之所以领先于我司，核心的原因就是总部的强大与专业，这也是我长期在分公司工作的感受。为什么各个分公司可以各自为政？为什么分公司可以不按照总部的要求做，好像只要有保费这个结果就可以了？难道每个分公司都要设计基本法或者研发产品？就是因为总部不够强大和专业，这样的效率与效果肯定是不理想的。

通过这次员工大会，我把大家的思想最大限度地统一到核心工作的突破上来，最后实现公司价值与个人价值的统一。

4.1.9 温水煮青蛙

我在开展具体工作时，坚持两不：一是不搞形象工程，更不搞兴师动众、劳民伤财的瞎折腾，一切都以实际效果出发；二是不简单点评以往，更不否定过去的人和事，一切向前看。我每次会议都会讲，我是站在巨人的肩膀上的，我们如果能够取得一点成绩，都是在前任领导和同事打下的基础上获得的。这是事实，谁也不能改变的。

但是，我要求个险条线的干部员工要转变思想观念、转变传统习惯，做到与时俱进。我强调：如果每月改变 5%，20 个月就可以达 100%，再宽松一点，希望用两年的时间来旧貌换新颜。我们没有搞疾风暴雨式的改革，希望在不知不觉、潜移默化中，实现稳中求变、稳中求进。

险　　峰

　　我每月要参加总公司个险条线召开的月度视频业务分析会，还要作"公司领导讲话"，确实有点考验的。一是因为不能不讲。新来乍到的分管领导，怎么能不讲话呢？更何况会议平台是传递自己经营思路的主要手段。二是因为不能乱讲。如果我瞎讲，没人理你的，也没有任何效果，还会陷入"以前你如何评论总部的，现在分公司也会如何评价你"的怪圈。三是因为每月要讲，每次讲的还要不一样吧。公司以前有个习惯做法，就是要把公司领导的讲话材料印发全司。这还如何了得？更不能随便讲，也不能纸上谈兵。白纸黑字的文件，是统一各分公司思想、为机构指明工作方向的指挥棒。

　　每次发言材料，都是我自己"拼凑合成"的，更有点文不成章。我的讲话都不会长篇大论，但都观点鲜明、重点突出，言简意赅。口头讲话好讲，写成文字稿下发还得继续斟酌完善。

　　2011年8月26日我在8月的月度会上提出严格"基本法"考核，对连续三个月销售业绩挂零的营销员，由总公司系统直接清退，其实质是强化营销"基本法"核心导向，严肃考核。

　　后来有个专题统计分析数据，在2011年3月至2012年2月期间，全司"业务挂零"人员共有12.6万人，考核清退了10万人，因为各种理由被保护留下了2.6万人。当时我们定了一条规矩，各分公司必须严格执行"基本法"，各种理由（如病产假等）申请保护的人员最高不超过20%。分析显示，这2.6万人中，后来一年内有期缴开单记录的人员只有29%。再次说明，三个月内没有成功承保一件保单的销售人员，一定是有原因的，实施考核清退也是有一定道理的，因为很难有"起死回生"的可能。

　　2011年9月27日我在9月的月度会上提出要重新分配费用资源，全部人力发展费用预算，70%由总公司集中统一制定政策并承担，30%部分由各分公司自定补充方案。这是重大政策调整，也是为建设一个强大的总部作了财务方面的准备。同时总部的责任更加重大，因为你掌握了资源，你制定的人力政策必须既照顾重点又能兼顾一般，做到切实可行。

就这样，主要通过每次会议或者专题讨论，让大部分总部个险干部特别各分支机构知道我是怎么想的、为什么要这样做，日积月累，慢慢地大家的思想逐步得到统一，更主要的是各自的专业水准也在与日俱增，我的工作风格也逐步形成并强化。

4.1.10 改版《太平洋营销》

太保集团公司有一本面向全国分支机构和内外勤人员的杂志《太平洋营销》，原由集团宣传部统一编辑发行。在高董的支持下，《太平洋营销》转交给个险条线负责编辑管理与发行，由我担任编委主任。这是历史性的机遇和改变，从此28万营销大军有了自己的交流平台和工具。在2011年，还没有微信，更没有抖音，这个平台是多么的重要！

近期电视播出的《觉醒年代》，著名革命家陈独秀创办《青年杂志》，唤醒、警告青年思想觉悟、思想革命，青年人的觉醒，中国才有希望。道理是一样的，我们总部的主要会议信息、主要个险经营举措特别是与全体营销员密切相关的方案、产品、培训都在《太平洋营销》上发布、宣导。改变了以前重点刊登集团、总公司领导讲话文稿以及公司整体情况介绍等不痛不痒的内容的状况，彻底做到围绕"个险营销"来做文章。

千万不要小看《太平洋营销》这本杂志的威力和魅力。在黄革老师的努力下，编辑部干得风生水起。黄革自己写得一手好文章，还擅长拍照与策划，《太平洋营销》发行量节节上升，很快突破3万册。他很会利用"封面人物"这栏目，让业绩排名全司前列的优秀总监、优秀经理轮流上"封面人物"。经过化妆美容，美女穿上旗袍，男生穿上西服系好领带，选好角度一拍，效果非常好。总监们如果自己上了"封面人物"，还会自己掏钱买上几十、几百本，去送客户、朋友，感觉非常风光。除了对她们的业绩起到了推动作用外，还会让二、三线城市的销售精英们的衣着、审美、自信等方面的认知有所改变。其实她（他）们原本也很美，也很上镜，只是很少有这样的机会。这样，销售精英们在中高端客户面前更加自信了。个别时候，客户也被邀请作为访谈嘉宾，上了世界500强中国太保的杂志。

如果分公司有重要活动，可以单独为他们增加一个专刊，主要介绍该分公司的经验与活动，更主要的是，我们自己办杂志以后，其内容更加贴近市场、贴近工作实战、贴近营销伙伴。好多销售高手纷纷来稿，介绍自己的成功经验。一瞬间，黄革及杂志成为营销伙伴和分公司的"抢手货"。非常感谢国家一级演员出身的黄革老师的辛勤付出。

4.1.11 基层调研

2011年除了开会、出国路演之外，想尽办法、挤出时间到主要分公司去走走、看看、听听。原来我主要在分公司工作，也没有太多的"横向"与其他分公司做交流互动，现在是站在总公司的角度来与其他分公司沟通交流，真的是"屁股指挥大脑"，同一个人，岗位不同，想法就不同，但与兄弟们的关系一直是比较融洽的。主要是因为，我敢于讲真话，直面问题，不兜圈子，同时我本来也没有"架子"，能够摆正自己的位置，说实话开始还有点"担心"各位诸侯是否能够认同并接受鄙人。实际上，各分公司总经理都很有水平，都想把本职工作做好，帮我出了好多建议和意见，所以大家的配合自然也是比较到位的。

这么几年下来，全公司所有的分公司肯定都去过了。每次去分公司，只要时间允许，肯定会选择去1~2家中支公司现场看看，而且还要点名几家四级机构去听听。

太保四级机构有非常接地气的个险人才，这是太保寿险战无不胜的宝贵资源。我有一次分别去了湖北、浙江的两家四级机构，感觉当时的机构经理口才非常好，可以"出口成章"，非常了得。我背后建议分公司要提拔重用。我的依据是，如果一个人想都没有想到，怎么能够做得到？想都没有想到，怎么能够说得出来？口才、表达能力强的人，至少其思维是清晰的、逻辑是比较严密的。

还有一次分别去了天津和贵州两家四级机构，当时的职场条件非常欠缺，男女卫生间是"共用"的，并且厕所门也关不住，感觉很不好。如果客户也来"体验"一下呢？可能是我的要求高了，因为当时这两个机构的业务发展还是非常健康的。在没有疫情的时期，大家去饭店吃饭聚会肯定比较多的，对饭店的管理及卫生情况，我有一个自己的内心评价标准，就是去卫生间时注意看看就可以了。有的饭店的卫生间很温馨很清洁，这个地方都能管理得井井有条，其厨房间一定也不会太差的吧。

有一次我与两位总公司的同事下午飞兰州，空姐已经说准备降落了，我们也看到了机场了，但突然飞机发出强烈的轰鸣声，飞机被重新拉升起来，直冲云霄，过了几分钟，机长广播说，由于雷电原因，要备降银川机场。到了银川机场，机组告知要等待雷电结束后继续飞兰州。我与同事们商议，准备在银川下飞机，因为宁夏分公司正好我还没有去过，这是"老天爷"的安排，不能违背"天意"。说实话，我们下了飞机，拿了行李，地勤人员还把我们带进了机场派出所，不准我们马上离开，说是要等待飞机安全降落兰州机场后方能离开。我们完全傻了！最后在我们反复做工作之下，他们也感觉到我们并不像什么"坏人"，让我们留下了联系电话后，放我们离开了。第二天，甘肃分公司总经理、分管总经理亲自驱车来到了银川，非常令人感动。然而，对宁夏分公司来说，非常抱歉，我们有点太"突然"了。

出差调研，除了要听取各方面的汇报之外，还要发表"讲话"，还要应酬、拍照，其实也是比较辛苦的。当然收获更多，掌握了第一手情况，每家公司都不一样，都有各自的实际情况！同时，也与分支机构的老总们加强了沟通与交流，增进了友谊。

险　峰

4.1.12　牵挂广东

2011年3月我离开广东分公司时，由我推荐、总公司党委决议通过由广东分公司时任副总经理陈小平（化名）担任副总经理（主持工作）、党委副书记，总部领导还要求我再兼任广东分公司的党委书记。当时的广东分公司班子成员还有黄智勇、夏诚、许先生、赵先生等。

我认为，他们都比较年轻、专业，都非常积极肯干，应该给他们更多的历练、发展机会。如果马上从外地找一个不熟悉广东公司、广东市场的领导来领导广东分公司，可能效果体现出来的速度会更慢一些。

说实话，我虽然兼任分公司党委书记，但我已经把自己的全部精力放在总部的工作上了。一方面我相信广东班子有这个能力，另一方面我也没有什么更好的选择，肯定是不能耽搁总部工作。

2011年7月15~16日我应邀参加广东分公司在番禺召开的半年度工作会议，当我步入大会场时，他们竟然全体起立鼓掌欢迎，令我非常意外也非常感动，但我也微微感到一点点不祥之兆。这是我离开四个月后第一次回广东。

2011年10月12日，广东分公司财务总监发来邮件，认为广东分公司现在非常艰难，29日他又发来分析报告，指出费用收支平衡的压力很大。2011年度广东公司个险标保在全公司排名第8位，还是符合预期的，也是非常不容易的。

这一年，假如我主动多去几次广东分公司，开诚布公地把面临的困难讨论研究清楚，然后把大的基调定下来，要么分公司费用超支一点，要么分公司业务发展速度降一下，也许就彻底解脱出来了。然而这一年，我对广东公司重点关心不够，这是我深感内疚的地方。

虽然还兼任党委书记，但也没有现场参加过有关会议，有关重大事项需要讨论决定，陈总会事前与我电话沟通联系。说实话，期间从深圳引进了两位中层干部，我都支持同意的，但从内心讲是有点担心的，主要担忧与原有干部的关系处理，是否能够形成 1+1>2 的结果？

时至今日，有的同事说，要接任我干过的分公司是比较难的，无论是深圳、广东还是总公司，因为我的风格比较特别与分明，可能有点"王道"，也更有点"霸道"。在保险公司或分支机构，要做到业务持续发展、品质不断提高、费用收支略有结余，干部队伍总体得力，不是很容易能够"兼得"的。其实，保险行业也是有周期的，每位总经理的风格也不完全相同，运气也很重要。

4.1.13　第一次年度会议

2011 年 11 月 28~29 日，总公司召开了 2012 年度个险工作会议，也是我到了总公司后第一次主持召开的一次非常重要的会议，主要是总结 2011 年工作，全面部署 2012 年度工作，其核心还是进一步统一思想，强化个险条线的组织指挥体系。

从此以后，我们每年都在 11 月底、最晚 12 月初召开下一年度个险工作会议。虽然本年度还没有完全收官，但大局已定。更主要的是把下一年度的总公司"大政方针"提前通报给分公司，各分公司可以根据总部的资源和政策、任务目标，分解落实到各中支及四级机构，彻底改变了以前年度在 3~4 月甚至 5 月才开当年年度会议的传统习惯。我们是企业，市场如战场，总部的政策举措既要有针对性，更要有时效性，才能赢得市场的主动权。

我报告的题目是"同心协力，双轮驱动，为实现个险价值'行业领先'而努力奋斗"，第一次系统阐述了公司个险发展的基本思路，提出了"2012 年个险工作纲要"，就是坚持一个"中心"，实施"双轮驱动"，抓好"三基"，配套"四个支持"。

在会上，进一步就我们面临的形势与任务进行分析宣导和动员，明确指出，太保个险发展的机遇大于挑战：假如市场上只有一张保单，为什么它不能属于太保？假如整个市场是负增长，为什么太保不能正增长？转型的关键，是干部员工的思想观念的转变。要突破固有的局限，敢想、敢做、敢担当。越是困难的时刻，越是考验个险条线的干部，也是干部快速成长、脱颖而出的机会。

因为，我们的保费基数还不大……其实，个险没有什么高科技的东西，只要思想统一了，方法总比困难多。

在会上，我第一次提出了"四级机构强则太保强"、保费续期服务专员必须在确保继续率持续优化的前提下尽量多做新保、各分公司分管总年度考核时要考核"营销一线成本率"等核心观点和举措，并为实现"互信、专业、共好"个险干部价值信念而努力。

会议小结时，针对各分公司讨论时提出的各种问题和关切，我在会上公开回答了10个主要问题，把会议推向了新的高潮。这是一次务实的会议，这是一次思想大统一的会议，这是一次成功的会议，为太保个险今后的发展、为我本人在个险条线的"权威"奠定了基础。

作为一家全国性保险机构，各分支机构之间千差万别，各自有各自的困难与情况，他们的合理关切必须得到回应或满足。我始终认为，只要总公司是坚持实事求是的、坚持市场法则的、坚持结果导向的，分支机构关心的任何问题都可以得到解决。晚解决还不如早点解决。

4.1.14 首破百亿

2011年11月18日，是一个值得记住的日子，太保个险新保保费收入历史上首次突破100亿元，个险新保期缴重新夺回行业第三，可能是我运气好吧！太保寿险的个人营销业务已经开展十多年了。2011年是太保公司成立20周年，这也可能是20周年最好的礼物了。

虽然，2011年的开门红政策与方案在我到来之前就已经确定了，但经过大家的努力，2011年终于圆满收官，同时也为2012年发展奠定坚实的基础，更为重要的是赢得了主动权。

根据中国太保2011年报显示，2011年营销渠道保费收入428.18亿元，同比增长21.3%；新保业务收入首次突破百亿元，为108.26亿元，同比增长21%；营销渠道新保期缴100.65亿元，同比增长21.9%；营销人员年末29.2万人，同比增长4.3%；月人均首年保费3199元，同比增长11.7%。

寿险公司实现保费收入932.03亿元，同比增长6.1%，2011年中国寿险行业规模保费同比增长5.1%，太保寿险公司一年新业务价值67.14亿元，同比增长10.1%。

2011这一年虽然很忙，好像也没做什么特别大的事情，但结果还是比较理想的，特别是人均产能的提升速度还高于人力增长的速度，既提前完成了当年任务目标，又为下一年的发展埋下伏笔。可以说，经过近一年的工作，我对中国太保个险发展充满信心，我的个险分管总经理的位置也基本坐稳了。

4.2　2012：责任担当

"2012年是中国寿险市场形势严峻、挑战巨大、经营十分艰难的一年。中国经济增速出现回落，资本市场持续低迷，寿险行业增速大幅放缓，公司承保业务与投资收益均遇到前所未有的巨大挑战"。这是中国最大寿险公司中国人寿公开发布的2012年度业绩报告中杨明生董事长致辞的一段开场白，言下之意，2012年的日子是不好过的。

2012年又是我在总公司工作的第一个完整年份，这是非常重要的一年，而2011年个人业务增速已经超过20%，2012年怎么办呢？

我重点推动了这么几件事。这些事，虽然不一定当年马上见成效，但是，方向肯定是正确的。我们不能只图今天，不谋明天，短期行为是经不起历史的检验，更做不了时间的朋友。

2012年，我正好50岁，到退休还要干整整十年。当时根本没有想到以后我真的会做总经理，更没有想到我以后还会离开寿险公司。想到的只是，来日方长，必须处理好今天与明天的关系，既要完成今年的考核任务，又要为以后的可持续发展打点基础。我认为这就是一种责任与担当。

还有一点非常重要，同样都是抓个险营销，总公司与分公司的侧重点肯定是不同的，总公司必须突出战略高度、长远角度，必须前瞻性、全局性地去思考问题与谋篇布局。

4.2.1 坚定不移推进营销员管理体制改革

2012年9月14日,原中国保监会①发布了《关于坚定不移推进保险营销员管理体制改革的意见》,这是寿险行业的一件重大事件。这是在2010年中国保监会《关于改革完善保险营销员管理体制的意见》基础上,进一步解放思想、转变观念的结果。

文件指出,现行保险营销员管理体制关系不顺、管理粗放、队伍不稳、素质不高等问题日益突出,不适应保险行业转变发展方式的需要,不适应经济社会协调发展的时代要求,不适应消费者多样化的保险需求。这些内容真的是一针见血,切中要害。

文件提出了相应的主要任务和政策措施:(1)鼓励探索保险营销新模式、新渠道;(2)强化保险公司对营销员的管控责任;(3)提升保险营销队伍素质;(4)改善保险营销员的待遇和保障;(5)建立规范的保险营销激励制度;(6)持续深入开展总结和研究工作。该意见提出了"逐步实现保险销售专业化、职业化","鼓励创新,用健康增量逐步稀释问题存量","用5年左右的时间,新模式、新渠道的市场比重有较大幅度的提升","保险公司应当建立科学的管理制度,逐步减少营销队伍的层级",等等。

既给我们营销工作指明了方向,为克服行业发展遇到的暂时困难树立了信心和决心,又给予了具体方法指导,要求先行先试,由点到面,逐步推广。

唯一有所遗憾的是,十年以后,文件指出的问题还是或多或少地存在,营销员渠道的改革或者转型任重而道远。

---

① 2018年4月,中国银保监会设立,中国银监会和中国保监会成为历史。

4.2.2 城区突破

通过系统分析太保公司的客户资源以及营销人员的人均产能情况后，我们得出了一个重要结论：太保公司必须尽早占领各中心城市，必须努力提高中心城市的业务占比，全力开拓中高端客户市场。太保寿险的营销员体制改革，就此选择了最重要、最有难度的城区业务突破为入口。

可以自豪地说，太保公司对开拓中心城市业务、开拓中高端客户的认识和行动是非常早的，也是非常正确的。因为2012年中国人均GDP还不到1万美元，还没有像2021年整个社会都在关注中高端客户的购买力，都在想掏中高端客户口袋里的钱。2011年太保个人业务当年新保保费收入中城区（主要指地级市主城区及城市型分公司）业务占比为33.5%，从这一角度说明太保公司依然是以县城市场为主的保险公司。县域及乡镇客户确实比较容易开拓，但客均保费、客均价值比较低，进一步的加保潜力并不一定大，服务成本也比较高。开拓中高端客户，就是要提高营销员的人均产能，探索高质量发展的路径和方法。

2011年总公司设立城区个险督导部、县域个险督导部，分别对城区、县域业务进行推动督导，实际效果是有点"远水救不了近火"。那时各分公司、中心支公司没有相应的组织架构，并且还只有一个分管总经理，所以比较难成气候。但这个探索的勇气值得肯定。

在太保寿险公司召开的个人业务2012年度工作会上，我提出了"2012年是城区业务发展年"的倡议，明确总分公司各自的责任，总公司负责12个城市分公司及26个省会城市的投入及发展责任，各分公司负责各中心支公司所在城市的投入和发展责任。会议还明确了业务发展目标，就是通过强化市场对标与自我对标，各城市的市场份额要提高1~3个百分点，各公司的城区业务占整个个险业务的比重要提高3~5个百分点，就是说必须加快城区业务的发展速度。

集团公司也召开了"寿险公司城区个人业务突破专题会议",会议听取了我代表寿险公司的汇报,会议提出重点区域要重点突破、重点投入,多种业务模式可以并重,客户资源特别是产寿险公司的客户资源要共享等意见。

2012年2月21日总公司下发了文件《关于加快城区个险业务发展的若干意见》,明确指出城区个险业务发展的指导思想是:要遵循营销规律,坚持价值导向,围绕"两个聚焦",全面推进"以客户需求为导向"战略转型,培育和提升城区个险业务价值的可持续增长能力。要着力解决城区个险业务发展中的"四个不相适应",即管理能力与可持续发展要求不相适应,产品研发和服务能力与城区目标客户的真实需求不相适应,销售队伍与目标客户不相适应,资源配置能力与加快城区业务发展要求不相适应。为此,提出了实施城区个险业务发展的六项原则举措。按我原来的本意,要学习中央做法,要以2012年1号文件下达。没有办法,这个事已经超出了我的能力范围,最终没有办成功。

之后,还分别配套下发了城市人力发展政策和财务预算及考核指标。

可以说,当时对城区业务突破发展的思想是统一的,其影响也是深远的。常州分公司也因此逐步成为常州市场份额第一,曾经超越了中国人寿常州分公司,成为太保城区业务突破发展的标杆,当时的总经理还获评为江苏省劳动模范。

但是,不可否认,太保寿险公司的城区业务发展问题,至今还没有得到彻底的解决,个别计划单列市分公司还在"死亡线"上挣扎,个别一线城市城区业务空心化问题至今还比较严重。有人说,太保公司往往"起个大早,赶个晚集"。我认为,城区业务要取得根本性的突破,除了要坚持给予持续的投入外,公司董事会、经营层必须真正转变经营思路,能够耐得住寂寞,不要被当前业务指标的增减而左右。

还有一个重要问题往往被忽略了,那就是全体营销人员的销售行为与考核也要作相应的调整。假如营销员同样卖两件保单,是在市中心找客户买还是到村里找客户买？这个难度是完全不一样的。公司不能像营销人员一样，简单看结果，有奶就是娘，而是要在制度上体现差别，进行牵引。在高价值产品的销售、客户服务和对市场的敏感度上，营销团队具有不可替代的作用，而建立一支良好素质的城区团队非一日之功。营销人员的销售能力的提升也需要一个长期渐进的过程，如果其开始阶段的收入没有一定的支持和保障，他们可能还没有等到"突破"的这一天，营销员已经"阵亡"散落了。所以，全体内外勤都要统一思想和行动，步调一致才能取得胜利。

在谋划城区突破和起草文件的过程中，城区督导部陈灵的能力得到了进一步的展示，这也是一种收获，但明显感觉其潜力还没有完全发挥出来。

4.2.3 "金玉兰"转型项目

2012年，太保集团转型1.0的大幕已经徐徐展开，轰轰烈烈，前所未有。太保的转型是"预见"与"被迫"相结合，前瞻提出了"以客户需求为导向"，重点明确"关注客户需求、改善客户界面、提升客户体验"三大目标，为公司持续健康发展奠定了基础。

集团公司下发了12号文件，印发了"2012年集团重点工作要点"，明确了组织推动2012年转型项目，其中包括指定我为项目负责人的"I08中高端客户业务模式"（对集团公司是I08项目，对各试点分公司是"金玉兰"转型项目）。I08项目历时5年，集团每年有投入、有考核，跨公司、跨条线，影响深远。可以说，为太保寿险公司个人业务发展新模式进行了有益的探索，为外勤队伍成长提供了新的机会，为个险干部发展赢得了新的市场口碑与市场价值，也赢得了同业的尊重。

I08项目2012年4月25日正式启动。项目由麦肯锡一起参与顶层设计，反复论证，集团党委讨论批准后试行。时任麦肯锡全球资深董事石磊、麦肯锡全球董事陈蕾等很多专家给予了支持与帮助，非常感谢。

I08 项目负责人一直由我直接担任，第一任项目经理是陈灵（表面上看是一种平衡，实际上希望他有更多的发挥机会），现任某同业保险集团子公司总经理，第二任项目经理是吴健（化名），后任太保集团转型办公室主任。参与人员还有常超、宋安鑫、郝铭波、朱永军、苗学军、喻芬、阮伟、沈宏、徐俊、刘飞仰……个个都鼎鼎有名，令多少个险同仁及同业艳羡又动容。

2012 年 7 月 16 日，收到原常州分公司总经理的邮件，申请开展 I08 中高端客户模式的试点工作，从此第一批试点公司确定为武汉和常州两个城市。有着 20 多年个险从业经历的阮伟经过分公司推荐、总部的面试确认后，具体负责组建常州团队。

白玉兰是上海市的市花，受此启发，我们为 I08 项目取了个响亮的名字"金玉兰"，隐含洁白、纯洁、高雅之意。后来"金玉兰"成功申请为注册商标，也是太保集团历史上第一个注册商标。

"金玉兰"的核心价值观是什么呢？我们用什么来招揽人才、统一思想，激励大家一往直前的自豪与勇气呢？虽反复讨论，总觉得不到位。有一次，我在飞机上，无意之中，看到国内一所著名大学 EMBA 的核心愿景就是"和而不同"，我恍然大悟！"金玉兰"与传统营销的本质区别就是"和而不同"，两者都是做销售，都是要把保单卖给客户，其中 70% 的内涵、本质可能是相同的，30% 的方式方法可能是不同的。此所谓"君子和而不同也"。从此，和而不同，成为所有金玉兰人的核心价值观，大家非常认同与自豪。

如何才能做到真正的高素质、高产能、高留存、高满意度呢？2012 年我带队考察日本索尼人寿及韩国三星保险公司，启发非常大。索尼人寿最大的特点就产能非常高，月人均保单件数达 6~8 件，非常厉害，超出我们的想象。后来，我们就设法与索尼人寿的专家合作，引入他们整套的培训体系和动作规范。当时的市场上，理财规划师、保险规划师等概念比较广泛，有点换汤不换药了。我把它定位为"人生规划师"，我认为只有从人生规划入手，才能构建财富、健康、家庭、养老、传承等一个完整体系，才能做到"和而不同"。

该项目最核心的就是要精准定位中高端客户的目标客群，要精确把握目标客群的价值主张，然后才是匹配相应的队伍、产品、服务、品牌等设计模式。我们当时定位于"阳光青年、小康之家、精英才俊、家大业大"四类客群。

有关的基本法设计也是最头痛的事情。其最大的特色是如何"和而不同"？如何最大限度地调动销售队伍的积极性？什么时候可以做到项目的盈亏平衡？这些都是绕不过去的。

金玉兰基本法的主要特点是：在用工制度方面，试行员工制，所有人员都由公司即项目团队负责招聘，销售人员之间没有"血缘"关系；在组织架构上推行扁平化、精英化；在职责考核上坚持团队管理与业务销售相分离，坚持专业管理与专业销售，对管理人员主要考核团队成员的留存，对业务人员主要考核产能及业务品质；在薪酬设计方面，初期实行底薪制，并逐年降低，成熟期主要推行销售提成制；在鼓励长期留存方面，赋能高效培训，树立长期从业愿景，推行长期激励与养老制度来保证长期利益等。这些做法，十年以后，个别寿险公司才开始探索与试行。

2015年太保集团公布的年报中，专门介绍了"金玉兰"项目的队伍情况。年报显示：常州"金玉兰"团队从起步之初，就要求应聘对象必须获得本科及以上学历，具备3年以上工作经历和较丰富的人脉及社会资源。团队首场招聘会收到简历1271份，几经筛选后进入面试的97人，最终录用的54人，录用比例不足5%，这其中不乏来自证券、银行及海归等高端金融人才。这是"金玉兰"团队第一次在集团年报中向投资者、向社会公开发布的信息。2016年年报还介绍了上海分公司"金玉兰"团队的情况。

我们创新开发了中高端客户专属保障型产品"守护安康""长顺保"，

并且明确只能在金玉兰队伍中销售。在中高端客户经营方面,我们联合福布斯共同发布《中国太保——中国中高端富裕人群财富白皮书》,联合网球大师及中网协、高尔夫俱乐部打造中高端客户经营平台,使我们的金玉兰团队拥有了一些优秀的专业人才,这是传统营销无可比拟的。

如要确保项目试行的成功,还要处理好三个方面。第一是项目预算投入的保证,没有投入就没有产出,没有投入就不可能真正做到"和而不同"。金玉兰试行初期的年度总预算达到1.9亿元,如果不是集团转型项目,这是很难想象的。第二是项目团队成员建设问题,如果依赖临时借调,待遇也没有跟上,是找不到优秀人才的。项目成员的能力与境界决定了项目未来的一切,只有项目团队是最优秀的,项目团队成员感觉是最好的,才能找到最优秀的"金玉兰"团队成员,才能在客户面前有更加优秀的表现。第三是试点机构能否严格按照总部项目组的意见要求执行,关系到项目的生死存亡的问题!一旦动作变形,项目前功尽弃。试点项目所在分公司背负市场竞争、业绩指标及成本考核的多重压力,他们始终具有短期化完成保费目标的环境与冲动。所以,试点机构的项目负责人必须由总部项目组直接考核,试点机构的试点费用不计入分公司费用大盘的投入产出比考核。

太保集团高董曾说过:做好转型这件事,一分靠战略,九分抓落实。中国公司的传统文化恰恰是长于宏观思维,短于落实执行,尤其对细节部分的关注比较缺失。

确实如此。"金玉兰"项目的成功,陈灵起到了重要作用。因为他在城区业务发展规划方面的优秀表现,作为转型项目负责人的我,就指定他为第一任项目经理。在他的带领下项目团队,克服白手起家的各种困难,充分与麦肯锡专家的沟通交流甚至争论,逐步明确了目标客群及其价值主张,还与财经条线进行多轮讨论,才赢得了"基本法"有力度的突破,真的非常辛苦大家。那是一个激情燃烧的岁月,也是我们引以自傲的年代。

险　峰

个险业务发展模式的转型与突破,也是各家同业公司朝思暮想的事情,希望上述的实践给大家有所启发。

"金玉兰"的曾经辉煌

武汉"金玉兰"在全省四级机构中标保排名第一,项目总经理就是喻芬女士。

2014年5月7日迎来了中国太平洋保险资本市场开放日活动,太保集团的外部董事、证券机构投资者、证券分析师云集常州"金玉兰"职场,与"金玉兰"成员展开了深入的交流互动,我也到现场介绍项目、回答投资者的提问。中金公司的一位客户还现场通过"金玉兰"人生规划师购买了"守护安康"保险产品。后来还迎来了常州市市长亲临职场考察指导。

太原"金玉兰"结合太原文化特色,研发出"文化营销"独门武功,每个业务部都有自己的特色与专长;还有上海分公司金玉兰、浙江分公司金玉兰、广东分公司金玉兰,等等。

I08项目严格增员选才,坚持"4A"选才标准,坚持"五步三关"招聘流程,收到了良好的效果。以2014年为例,从46052份简历中筛选出1497人参加复试,录用676人,至2014年底,全司共有人生规划师887人。其中本科及以上占66%;24~30岁的占60%;男性占比58%;过往年收入6万元以上的占比65%;非保险经历的"白板"占比67%,这是一支非常专业、非常有朝气、非常有梦想的保险新军。关键绩效指标(key performance indicators, KPI)比较如下:

长险举绩比率:金玉兰70%,营销队伍40.3%;人均长险件数:金玉兰1.99件,营销队伍0.88件;13个月留存比率:金玉兰66.1%,营销队伍36%。

集团转型领导小组会议认为:I08项目实现了三点突破,即队伍建设的突破、客户认知的突破、销售管理的突破。2015年被评为太保集团优秀转型项目、优秀项目经理。

太保寿险湖北分公司武汉金玉兰项目部总经理喻芬，被同业公司领导亲自召见，高薪聘用，被提拔为泰康分公司班子成员。常州分公司个险业务市场份额曾经位居市场第一位，也是少数的以分公司为单位的市场份额第一的太保分公司，这与常州金玉兰的率先发展也是分不开的。

"转型让中国太保拓展中高端客户和中小企业客户等新领域，公司通过建立'金玉兰'高素质、年轻化销售队伍，实现中心城市点上突破，加快在城区开拓中高端个人客户"。中国太保三十周年纪念的书中有这么一段话，也是时任集团总裁霍总介绍的。

"金玉兰"也有遗憾。随着集团转型1.0的圆满收官及转型2.0的开始，14个城市的金玉兰队伍慢慢就烟消云散了。或断奶断供，或被顾问营销合并，或被同业高薪挖角。匪夷所思，难道还有比"金玉兰"更好的方式方法吗？

曾经的金玉兰们，只要你现在开心就行了。

4.2.4 "三个卖"

个险营销的核心就是如何经营客户，就是如何把"保单"这张纸、这份合同卖给客户？这是天下第一难做的销售工作。它销售的是无形商品，它卖出去的是公司的承诺与信誉。

"三个卖"就是指"卖给更多的客户""卖给更好的客户""卖给客户更多"，如何才能做到呢？2012年5月8日，我第一次对分支机构公开宣导这"三个卖"。卖给更多的客户，就是客户数量越多越好；卖给更好的客户，就是要卖给中高端客户；卖给客户更多，就是不是卖一张保单给客户，而是要卖多张保单给她，持续地加保，持续地挖掘老客户的加保潜力。这"三个卖"含义深刻，言简意赅。这"三个卖"不是我发明的，而是我在一次培训学习中的偶然收获。

险　　峰

为了配合这"三个卖",我就在思考谋划是否值得建立相对独立的三支队伍,通过三个不同的"基本法"来经营这三支队伍呢?因为太保公司已经有营销队伍,还有续收队伍,并且正在建设区拓队伍。更主要的原因是,中国有14亿多人,需要保险服务的对象太多太多了。我们不抓住机遇发展队伍,保险公司的数量在不断增加,主要同业的队伍发展也是咄咄逼人。

在我的推动下,2012年6月4日太保寿险公司第四届董事会第8次会议审议通过了个险架构的改革方案,个险条线由2011年的个险管理部、城区个险督导部、县域个险督导部改变为传统营销部、顾问营销部及服务营销部,这是历史性的变革。从此太保个险经营翻开了三支队伍、三个"基本法"、三个部门独立经营管理的新篇章。这是太保寿险最独有的销售管理模式,而且一统到底,分支机构也是如此,其他同业都不是这样的。这也是太保个险新保期缴及新业务价值增速能够持续领先上市同业的主要原因之一吧。

用三支队伍来经营不同的客户群体,这也是一种客户的分类分群经营与服务。传统营销队伍,是太保的基础队伍,它主要分布在三、四线城市及县域机构,主要服务于广大的大众客户;顾问营销队伍是太保的未来与希望,主要面向中高端客户,它主要分布在一、二线城市的成熟社区,主要在社区内逐步拓展业务,做社区客户身边的保险顾问。顾问营销这支队伍的成长,需要时间的沉淀和一定的资源支持,他(她)们是在建立自己的保险根据地,社区线下门店是最初的支撑模式。如果说传统营销是游击战,那么顾问营销就是阵地战。服务营销队伍主要在续期收费队伍上发展而来的,开始时要对客户进行上门收费服务,为何不顺便做加保服务呢?后来自动缴费以后主要是"孤儿单"、满期给付、保单变更等服务的机会,这支队伍留存率最高。营销队伍最大的成本就是队伍的流失,增员、面试、培训,最后一年不到就流失了。

原来个险新保业务全部是由传统营销部承担完成的,广大的续期保费服务人员是不考核新保保费的，区域拓展队伍也刚刚探索起步。经过几年的能力，传统营销队伍所产生的新保保费占比逐步降低至接近70%，服务营销与顾问营销所获得的新保保费收入占比逐步提高至接近30%，这是多么大的变化！

并且，服务营销队伍最稳定，留存率最高，他们也希望通过服务老客户来加保新保，主要是可以明显提高个人收入，所以我才概括提出"在确保继续率持续优化的前提下，尽量多做新保"，对公司、对客户、对销售人员实现多赢局面。顾问营销队伍素质最高，平均年龄最轻，是公司最有希望的队伍，其人均产能也是最高的。因为他们主要是在中心城市，主要是开拓中高端客户。每年的超百万元以上的大单、大客户主要出自顾问营销渠道。

"三"是个神奇的数字，三点可以确定一个平面，三支队伍支撑太保个人业务的持续健康发展的大局，他们相互竞争、相互学习、取长补短。当然也有人有不同意见，认为成本比较高等。简单看，三支队伍、三个部门来管理，好像成本支出是多了。最理想化的是，同样的业务与结果，只有一支队伍、一个部门来管理，当然是最好的。但是，销售条线的内部机制是否得到优化了？成本支出多了，产出更多了，投产比还是优化的。

后来逐步完善，把这三个部门定位为前台销售部门，产品研发、企划、培训等由中台销售支持部门实施统一管理。

可以说，三支队伍各有特色，非常适合中国特有文化。"合养一头牛不如独养一只狗"，一个家庭如果只有一个独生子女，如何教育管理？如果是兄弟姐妹有三个，内部的竞争机制自然而然形成了。

4.2.5　专业推动

2012年5月30日公司设计并推广"新人成长线"七大基础培训动作，提出"固变分离+差异化费用比率"分支机构财务预算管理机制，针对全司外勤人员人均培训费用仅416元的窘境，推出人均培训费用支出增长目标，并通过"个险培训保障指标"和"个险培训效果指标"实施考核挂钩，鼓励分公司增加培训费用投入。这些举措主要是想提高各分支机构对新人培训的积极性、持续性、针对性、有效性。

当年还在山东分公司召开全司"13481"推动工作现场会议，向全司推广我在广东时推出的四级机构营销业务部发展核心举措。

第一次全公司统一续期管理业务"基本法"，第一次在全公司实行"区拓业务"四个统一，等等。

在2012年春季第一次推出全司统一的"PCAAS"增员计划："PCAAS"增员最主要的内容是要推动差异化增员策略，为增员质量提升，新增留存改善，优化队伍结构提供经营导向和政策支持。基本解决了"谁去增""到哪里去增""增什么人""如何增"等问题。具体含义是：

P：production 产能，根据不同的产能设计差异化的增员方案，产能越高，奖励单价越大。

C：city 城区，就是对城区与县域实施差异化的政策，鼓励在核心城区增员。

A：activity 举绩，就是对增员主体的举绩件数试行差异化，长险件数越多，奖励越多。

A：age 年龄，就是要对年龄太小或者太大的人员要进行限制，给予差异化的政策。

S：subject 主管，就是要鼓励主管自己直接增员，因为主管增员的质量一般较高。

这样的增员方法，主要是要解决增员的有效性问题，与所谓的"人海战术"有明显的区别，这在2012年度实施这样比较专业的举措，在寿险同业中还具有独特的领先水平。这个"PCAAS"增员方法，连续推动了几年，为太保寿险个险发展提供了专业的增员工具。

持续执行"双轮驱动"的个险经营策略。所谓"双轮驱动"，就是指营销人力健康发展，人均产能持续提升，用公式表示：

$$个险新保 = 举绩人力 \times 举绩人力人均产能$$

这是个险营销核心发展模型或逻辑，但是实际工作中很难得到正确的理解，更难以持续坚持。举例说明，假设新保保费1000万元，有如下几条路径：

（1）一个人做1000万元，产能最高，风险太大；（2）10个每人做100万元，非常理想状态；（3）100人每人做10万元，大部分优秀的公司目前的状态；（4）1000人每人销1万元，标准的人海战术。

关键是这个1000万元保费每年还要持续增长的，我们究竟如何组织实施？选择哪一条发展路径？第（1）、第（4）显然不是第一选择。第（4）路径，因为收入不高，留不住队伍；第（1）路径是想"一口饭吃成个胖子"，欲速则不达。搞定一个大客户，可以坐吃几年，但客户变了或者被同业抢走了，就"鸡飞蛋打"。最现实稳健的还是第三条路径，并力争持续提高产能。

太保寿险持续追求的是人力健康发展，产能持续提升，希望通过产能增长的速度快于健康人力增长的速度。这样的组织销售策略，说起来容易，坚持几年并持续推动实际是很难的。对公司内部管理而言，要与绩效考核导向、资源配置方案、IT系统支持，特别是保证分支机构动作不能走样等密切关联；对外勤营销人员来说，要通过强化培训、提升能力、客户资源支持、基本法牵引等配套执行。

4.2.6　推广新疆经验

无数事实证明，榜样的力量是巨大的。2012年8月18日总公司在新疆分公司召开省会城市中心支公司业务发展现场推广会，我们只邀请十几家分公司的分管总到乌鲁木齐中支现场学习考察，然后再通过视频会议总结推广，反响强烈。凭什么要推广乌鲁木齐市中心支公司的个险发展经验？无论从经济发展还是从人口规模、市场保费总量，乌中支公司都没有条件排名前列。但在当时，新疆分公司的个险发展特别是乌鲁木齐中支的发展确实优秀，时任分管老总是邓岗，既老成稳重又年轻专业，综合能力比较强，个险工作做得有声有色。

我认为新疆分公司的经验主要是：一是打造干部梯队，实际上就是打造干部成长线。新疆分公司的干部成长路径是从外勤团队到四级机构，再到三级机构，最后到分公司班子成员，2012年新疆分公司的8家中心支公司中，有6家中支总经理是来自外勤队伍的。二是创新组织发展，这是新疆分公司的最大的亮点。一般而言，组织发展就是按照"基本法"的架构和要求去增员，而新疆分公司的组织发展是以外勤团队的裂变来保证机构裂变的成功。通常新筹机构的方式是白手起家、从零开始，而他们的做法是选择最优秀的团队和主管独立出去成立新机构，买断"基本法"利益，这样新、老机构均有"造血"功能，很大程度上提高了机构裂变的成功率。三是传承营销文化，"十六年如一日"，坚持到底就一定会胜利。做到机构领导变了，营销模式不会变，营销动作也不会变！这是新疆分公司几代人共同努力的成果。那时的新疆分公司非常辉煌，有点领跑太保公司个险业务发展的感觉。在一个特别区域、特殊时期，创造了特别辉煌的业绩，也成就一大批分公司总经理走出新疆，来到大江南北，如朱剑（化名）、王广建（化名）、潘涌、于云、邓刚、章弘良（化名）等，在太保寿险公司历史上也许是"后无来者"了。

2012年9月3日浙江分公司分管总上报"新疆交流会后杭州中支行动方案和改进措施"，动作很快。我要求各分支机构要"学思想、学方法，不找理由、不找借口，找差距"，结合自身实际，努力开创太保个险业务发展新局面。

4.2.7 中国健康教育与健康促进大会

2012年11月14日我们参加了由国家卫计委主办的"第五届中国健康

教育和健康促进大会"。这是太保寿险另辟蹊径、积极与中国健康教育中心、卫生部新闻宣传中心合作的结果。前后合作三年，费用投入不多，但是效果非常好。在太保主要城市公司创造性地设立"居民健康教育课堂"，开展"太平洋健康素养宣传员"培训，设立"太平洋—中国健康教育奖"，对全国各地在健康教育、健康促进方面做出贡献的先进个人进行奖励与表彰。

太保寿险苏州分公司与苏州市卫生局联合开展"健康苏州"行动，分别获得联合国世界卫生组织"健康单位奖"和北京第五届中国健康教育与健康促进大会"最佳合作奖"。

这些活动的展开，不仅体现了公司的社会责任，增加了公司品牌的美誉度，还推动了公司主业发展，增加了营销员拜见客户的理由。如果因此客户们的身体更加健康了，保险赔付也许可以减少了，真是一举多得！

这是借力开展客户经营的经典案例之一，这是一个非常好的机会与平台。在2012年是非常超前的举措与想法，保险公司完全应该主动参与健康教育、健康预防、健康干预等领域的事业。卫计委有关方面的司长、主任都是各方面的权威专家与领导，又非常平易近人，我明显感觉我们保险公司的视野、格局还需要进一步拓展，外面的世界真的很美丽。

这个项目后来没有持续做下去，实在可惜了。三年只有几百万元的预算投入，我个人认为即使一年3000万元也要干，这是利国利民、利司利营销员的好事。

4.2.8 广东之忧

2012年5月，陈小平不再主持广东分公司的总经理工作，先在分公司协助工作，后来调到总公司任服务营销部副总经理，我也不再兼任党委书记了。陈小平为人诚实，工作任劳任怨，后来分别担任了总公司服务营销部总经理，无锡分公司、福建分公司总经理。

险　峰

作为兵家必争之地的广东分公司，总经理调整是正常之举。

我离开广东后，广东个险发展的压力越来越大。除了基数较高外，另外一个原因，我认为是没有选定一位合适分管个险的经理，这主要是我的责任。

2012年2月3日，广州营业部分管个人业务的副总刘柳发来邮件，他对广州营业部一年来的工作进行了反思，并对2012年开门红的负增长进行了自我检讨。广州是当时广东分公司最主要、最强大的中支公司，如果2012年广州营业部的开门红业绩也负增长了，广东分公司的日子肯定更加难过了。非常遗憾，刘柳的来信，没有引起我的足够重视。刘柳是2011年太保集团公司优秀共产党员，还专程到上海做了精彩分享，他现在的困惑与难度，已经说明问题的严重性了。

后来，分公司人员还有点异动，分公司副总经理夏诚无奈地离开了广东分公司、离开了保险行业。开始是任交通银行总行信用卡部的总经理，后来是南方基金公司的重要部门负责人。他的离职，对太保寿险广东公司而言是一种损失，同时也再一次证明，是金子在哪里都能发光！

外勤资深人士雷强也是度日如年，坚持不下去了。几年后，我去广东出差，广东分公司新一任总经理请我吃饭，我希望请雷总一起过来见个面。他到来后，一个大男人当场号啕大哭一场，连喝了几杯红酒，那个委屈与伤心啊，真的令人难忘！后来他早早离开饭桌回家去了。他走了几分钟，我突然感觉不对劲，不放心这样的"醉人"独自离开，坚持要请广东分公司的工作人员出去追寻他，果然他还躺在路边。我们都是平常之人，我们每个人都有缺点，他可能后来也做了什么不合适的事情，但是，在那个年代，他对广东公司个险发展的贡献与榜样作用永远不可被抹杀。

广东分公司的每一任总经理都是不容易的，至少在主观上，人人都想把分公司做强做大。从2012年算起，到2022年这十年间，目前已经是换了五任总经理了，广东分公司目前的核心指标怎么样？员工们的内心感觉怎么样？我还是有点放心不下。广东作为中国寿险市场最大的省份，是兵家必争的主战场，分公司总经理的相对稳定，可能更有利于分公司的健康发展，也对总公司的选人用人提出了更高的要求。

4.2.9　2012年年报成绩单

根据四大上市公司2012年年报公开披露的数据显示：

中国人寿：2012年个险渠道新保保费377.62亿元，同比下降2.47%；平安寿险：2012年个人业务新保保费392.88亿元，同比下降14.3%；太保寿险：2012年个人业务新保保费117.5亿元，同比上升8.6%；新华人寿：2012年个人业务新保保费101.31亿元，同比上升3.8%。

太保寿险一年新业务价值同比上升5.2%，新业务价值率提高4.2个百分点，营销渠道新业务价值占比达78.7%，同比提升3个百分点。营销员年末29.5万人，增加0.3万人，人均首年保费3575元，同比增长11.7%。

另据中国平安2012年年报所示，2012年中国寿险市场份额为：中国人寿32.4%，平安寿险12.9%，新华人寿9.8%，太保寿险9.4%，人民人寿6.4%，泰康人寿6.2%，其他公司22.9%。虽然总保费太保寿险还排列第四，但个险新保已经超越新华，排列第三。其中新保期缴达109.8亿元，同比增长9.1%。2012年确实不简单，四大上市险企的个人核心渠道业务已经分道扬镳了。

我认为：太保寿险的个险业务已经像早上六七点钟的太阳冉冉升起！

4.3　2013：相信保险

至关重要又非常艰难的 2012 年已经顺利过去了，实现了个险新保费增速明显领先上市同业水平，但 2013 年可能更不轻松。某上市险企年报说"2013 年仍是一个未知年"，非常直白。

根据中国保监会 2013 年一季度寿险市场形势分析座谈会传出的信息，"寿险业真正开始进入寒冬期"，因为"业务增长乏力，2011 年以来行业新单负增长已经持续两年了，今年预计仍是负增长"。

然而央视财经频道 2012 年 5 月的一项调查结果显示，在家庭计划购买的 10 项商品或服务中，保险紧随家电、汽车之后，排名第三，说明越来越多的人开始意识到保险的重要性了。这又给处于寒冬期的保险业带来一丝春意。

4.3.1　"太保好声音"

2013 年 5 月，太保寿险举办"太保好声音"活动，我应邀参加，我演讲的主题就是"相信保险"。当时如果有抖音直播的话，我应该也早已上抖音直播了。

我讲的是自己在 1996 年购买保险的故事，题目就是"相信保险"。

1996 年 11 月，我在吴江支公司工作，个险营销才刚刚起步，我购买了人生长河中的第一份商业寿险保单。公司推出两款长期寿险产品,一款叫"太平洋保险卡",另一款叫"太平洋少儿终身平安保险"。全部是为我儿子购买的,当时我儿子才5岁。购买以后的感觉真爽,感到我儿子从此有了保障,可以高枕无忧了。

"太平洋保险卡"是一款长期意外险,只需一次缴费200元,保险期间可达70周岁,保险金额8000元,如果当年有赔付,第二年保额自动恢复至8000元,期满还可以拿回本金。投保手续又非常简单,可以说是"一卡在手、终身拥有"。在当时的情况下,非常适合单位集体购买,类似发奖金、搞员工福利。个人购买,相当于现在发个微信红包200元。

"少儿终身平安保险"每份360元,10年缴,分别可领取高中教育金、大学教育金、满期金、婚嫁金及退休后每月360元的养老金,非常具有吸引力。

保险的真谛就是"我帮人人,人人帮我",是"今日作明日的准备",身为父母预备儿女的未来,这是真爱。保险就是一份信任,一份对公司的信任,一份对销售人员的信任,一份对国家、社会的信任。保险不能帮助人们逃离风险,却可以让人们在遇到风险的时候更加从容,让生、老、病、死变得更加有尊严。

相信保险,它一定会成为你的生活必需品;相信保险,不要买少买晚了;相信保险,请开始行动吧。

相信保险,除了可以购买保险产品之外,还可以一起来销售保险,为社会大众提供保险服务。它不仅是卖出一张保单,它卖出的是一份责任,它卖出的更是一颗爱心,是对普通大众一份奉献。保险是爱的事业,保险卖的是一份信仰。如果说生命的价值是尊严,保险就是维护你的尊严和让你的幸福生活不至于全然崩塌的最后底线。

因为相信,起步之初的淘宝,每天几千万笔的交易,不见面、没付钱、可以先发货。

因为相信,38岁的钱冰可以和63岁紫金矿业的老板陈景河结婚!相信爱情，28岁的翁帆可以嫁给82岁的杨振宁，用事实谱写爱情童话故事，他们都是相信爱情的典范。

我们更相信"相信"的力量！

保险是现代社会一项伟大发明。2016年7月8日，在上海世博中心举办的第一届上海国际保险节暨2015年度保险名家颁奖典礼上，余秋雨老师作为首席演讲贵宾，对中国保险业的作用论述，可谓石破天惊。他认为，保险业改变了中华文化！中国文化有很多很多的优点，但也有一些根本的缺陷。在中国古代，一个优秀的人物只要对上对朝廷、对下对家庭，古人说起来就是忠孝两全，但实际上在朝廷和家庭之间有辽阔的公共空间，现在遇到的很多问题都和中华文化在公共空间里面的苍白密切相关，保险业恰恰填补了公共空间这么一个非常重要的文化问题。在古代社会，上靠皇帝下靠家庭，无法想象会接受社会上素昧平生的人用合法合规的方式解决困难！现在这个问题被保险行业解决了。这是我所看到的对保险业的最高评价。

4.3.2 改变自己

闻名世界的威斯特敏斯特大教堂地下室有一块无名墓碑，每一个到过的人，都会被上面的碑文深深的震撼：

当我年轻的时候，我的想象力从来没有受到过限制，我梦想改变这个世界。当我成熟以后，发现我不能改变这个世界，我将目光缩短了些，决定只改变我的国家。当我进入暮年后，我发现我不能改变我的国家，我最后的愿望仅仅是改变一下我的家庭。但是，这也不可能。当我躺在床上，行将就木时，我突然意识到：如果一开始我仅仅去改变我自己，然后作为一个榜样，我可能改变我的家庭；在我家人的帮助和鼓励下，我可能为国家做些事情。然后谁知道呢？我甚至可能改变这个世界。

有人说这是一篇人生的教义，有人说这是灵魂的自省。当年轻的曼德拉看到这篇碑文时，声称自己找到了改变南非甚至整个世界的金钥匙。要想改变世界，你必须从改变你自己开始！要想撬起世界，你必须把支点选在自己的心灵！改变自己，从现在做起！

这是我在厦门营销精英峰会上的一番讲话，主要是勉励各位精英要树立理想目标，从自己做起，从现在做起，改变自己，一切皆有可能。个险营销是世界上最难的"销售"，没有一点心灵鸡汤，有时确实很难坚持下去。

保险行业的整体形势我们无力改变，我们只有通过改变自己，种好自己的责任田，最终也是为行业发展做贡献。有的时候，即使身为公司总经理，也不一定能够改变公司所有不合适的事情，也只能用自己的实际行动来慢慢感化我们的员工。

4.3.3　第一届组织发展表彰大会

经过精心的谋划与准备，中国太保寿险第一届组织发展表彰大会在遵义隆重举行。针对100位"组织发展能手"和33位新晋升总监以及专门设置的"增员王""育成王""组织收入王"进行了隆重表彰。这是太保历史上，也可能是保险行业第一次对增员活动、对人力发展、对营销组织建设举办公开表彰大会，并参照MDRT及太保营销群英会的方式进行，极大地鼓舞广大基层组织和人员开展健康人力、健康组织的发展积极性，会上宣读了《组织发展宣言》。

对这次会议，我是非常重视的。从开始的酝酿策划、方案推动到会议地址及具体流程，我都亲自参与。第一届组织发展表彰大会，本身就很有意义、很有新意。并且总公司推出的举措与活动，不在于多而在于精，必须成为一种成功的活动示范和精神激励。我出席并颁奖，还受邀发表讲话。

险　　峰

我第一次公开向营销精英们宣导"中国太保个险梦"：

（1）太保个险新保保费何时能够成为行业第 2 名？

（2）太保寿险用了 16 年时间，在 2011 年个险新保保费首次突破百亿大关，那么第二个新保百亿要用多少年？

（3）能否连续 5 年（2011 年、2012 年已经领先）新保增速保持上市同业领先？

（4）党的十八大报告要求 2020 年全面建成小康社会，作为小康社会的一员，我们营销员的收入何时可以实现翻一番？

我希望我们大家一起携手努力，共同实现公司、个人伟大的发展之梦。

其实，这个"中国太保个险梦"的要求是非常高的，既有总量指标也有速度指标，既要与自己比还要与同业比，既有公司发展指标更有营销员的个人收入指标。如何实现？唯一的路径是加快营销队伍与营销组织的健康发展！这就是为什么我们千里迢迢要到遵义来召开组织发展表彰大会的初心与使命。

遵义会议，是中国红军、中国共产党的历史转折点，我们也希望通过在遵义召开第一届营销组织发展表彰大会，进一步推动我们的营销组织发展。事实也如此，我们的营销大军年末人力从 2013 年 33.2 万人，持续增长为 2014 年的 40.8 万人、2015 年的 56 万人、2016 年的 73.1 万人、2017 年的 85 万人，真的是势不可挡。

现在看来，太保寿险紧紧抓住了"人口红利"的重大发展先机，顺势而为，实现营销队伍的健康发展。有了队伍，方有业务，这是当时行业的共识。没有营销员队伍，谁去做业务呢？这是非常简单的道理。

时至 2022 年，业界普遍认为那个时期的寿险公司主要依靠"人海战术"来获取业务，我不完全认同。推动队伍健康发展，推动营销组织壮大成长，不能说明一定就是"人海战术"。起步阶段的"人海战术"并没有错，错的是十年后、二十年后还在搞"人海战术"。

4.3.4 六脉神剑

如何平稳、顺利度过保险行业的"寒冬期"呢？我们认为唯有练好自己"看家"武功。六脉神剑，出自金庸武侠小说《天龙八部》，乃是大理段氏的最高武学，由大理开国皇帝段思平所创。六脉神剑，名为剑法，实质并非剑法，却与剑法类似。有质无形，是一套将剑意转化为剑气的高深武学，出剑时剑气急如电闪，迅猛绝伦；以气走剑杀人于无形，堪称剑中无敌。

我们这里的"六脉神剑"，只是借用其名而已。

在2013年度个险工作会议，我的主题报告的题目是"坚持价值增长，优化投入产出，开创太保特色的个险发展之路"，其中重点讲述了2013年的工作纲要，就是打造"六脉神剑"，坚持"三大法宝"。这既是2013年的工作要求，也是太保寿险个险工作系统规划与部署，希望通过强身健体来"抱团过冬"。

神剑之一：五子登科

简单而言，就是五种营销模式协调发展，互不替代，各有千秋。

传统营销模式：适者生存，有点"游牧"特色。中国人多地广，需要覆盖面。

顾问营销模式：在特定中心城市的区域内深耕细作，有"驻点"特色，成为区域首席保险顾问。

服务营销模式：通过服务老客户，实现"加保"与"转介绍"。

精确营销模式：通过大数据分析，进一步提高"成交"概率。实际是一种技术工具。

组织营销模式：就是公司搭台、营销员唱戏，以产品说明会为主要载体。

神剑之二：PCAAS 增员

我们把 PCAAS 增员体系纳入 IT 系统，进行系统考核兑现，防止人为调节，做到公平、高效、持续。在 2013 年全司就推出 PCAAS 增员系统，在业内还是走在前列的。

神剑之三：城区突破

全面、持续推进城区突破，通过政策支持、模式创新、队伍建设、长效机制等方式进一步提升突破的效果。城区突破的关键是，机制突破、思想突破、文化突破，而不是简单的投入突破。城区中高端客户经营服务永远在路上。

神剑之四：绩优先锋

在 2012 年，我们就对营销队伍情况进行大数据分析，结果令人惊讶。

(1) 占比 12.4% 的"绩优人力"贡献了 67.5% 的业务；(2) 2011 年的公司蓝鲸协会会员，13 个月留存率为 95.6%；2011 年的绩优人力 13 个月留存率为 85.3%，而整个公司的 13 个月留存率只有 30.2%；(3) 绩优人力的持续率不高，2012 年 1~10 月达成 1 次绩优人力及以上的为 129038 人，达成 2 次及以上的为 75770 人，其他 3 次、4 次、5 次、6 次、7 次、8 次、9 次、10 次分别为 46711 人、29031 人、18059 人、11248 人、6889 人、4263 人、2608 人、1501 人。其实这样的分布状况是非常正常的，也是必然的。而且我可以断言，10 年以后的 2022 年的分布情况也许没有变得更好。

因此，我们的对策是：建立健全总、分公司"绩优"体系建设，分别成立顶尖绩优组织（百万俱乐部、群英会）、持续绩优组织（蓝鲸协会）、行业绩优组织（MDRT、华大会）、团队绩优组织（蓝海俱乐部）、以"个人系列"绩优体系带动绩优人力提升，以"团队系列"绩优体系提升业务主管经营水平。

调整分公司人力发展政策，提高分公司依据"绩优人力达成情况和增长情况"取得财务费用的力度。为调动业务部经理的积极性，给予达到一定标准的业务部经理"社保补贴"及奖励。组织内部交流活动，设立"高手论坛"，期待复制成功，发挥"绩优人力"的先锋模范作用。

神剑之五：管理为本

全司上下坚决聚焦四项基础管理动作：差勤管理、早会管理、活动管理、培训管理。第一次在全司统一出勤标准，并纳入IT系统考核挂钩；第一次统一全司早会流程，建立全司早会资源网，及时提供权威资讯，举办全司早会大赛；第一次统一全司各层级每周拜访量监控标准，明确营销主管每月10日之前长险举绩率作为分公司基础管理考核指标之一，要求各级主管带头开单举绩；第一次开展专兼职讲师分级授权授课，提高培训质量。

神剑之六：文化引领

逐步形成太保特色的营销文化，包括晋升文化、绩优文化、服务文化、学习文化等。当时市场上有一种感觉，就是认为友邦与平安的营销员从外表上看显得比较专业，太保的人员偏向于综合型。我们必须用实际行动打破这样的惯性思维。

中国共产党在中国革命中战胜敌人取得胜利的三大法宝是"统一战线、武装斗争、党的建设"，而中国太保个险要在行业"寒冬期"取得持续健康发展，同样必须坚守"三大法宝"，那就是：坚持客户经营、坚持科技赋能、坚持机制创新。

我始终认为，明天的方向比今天的成就更重要！

4.3.5 费率改革

2013年8月2日，中国保监会发布了《关于普通型人身保险费率政策改革有关事项的通知》，热议已久的寿险费率市场化改革方案终于获得国务院批准，并且自8月5日起实施。这是寿险行业的重大改革举措，对寿险公司经营管理将产生重大而深远的影响！

此次改革并非简单费率放开。其基本思路是放开前端，管住后端。即放开定价，但通过准备金评估利率调控合理定价，同时完善总精算师管理、产品报批报备管理等配套制度。其目的就是将此轮改革作为加速寿险业转型并推动寿险行业增长自底部复苏的关键措施。

各寿险公司立即在原有准备的基础上，进一步开展政策解读、对策研究以及统一向下宣导口径。主要是做好产品切换报批准备，以及如何防止存量业务退保风险。太保寿险的策略是一贯的，就是整体采取稳健应对策略，继续坚持价值增长的导向不动摇。

我们欣慰地看到，虽然保监姓"监"，但在行业发展关键时刻，特别是连续30多个月的寿险新单负增长的寒冬时期，监管机关还是以最大的勇气和魄力推动费率市场化改革实施，这也是顺应时代发展的大势之举。

由此我们更加相信国家，相信行业，相信保险。

事实上，2013年初以来，各家寿险公司开发"开门红"产品已经蠢蠢欲动了。太平公司的"太平稳赢一号两全保险"、平安公司的"平安财富至尊两全保险"，其产品特点就是高现金价值、高流动性，低利润率、低佣金率。目的也是比较简单，为了满足城市中高端客户需求，为了稳住绩优队伍的收入。太保寿险也不例外，实施跟进策略，随后推出了相应的新产品，同时推出了严格的销售管理举措，防止销售误导，防止"套利"行为。

4.3.6　奖励蜗牛

一年的业务节奏非常紧张而精彩，一季度肯定是打"开门红"，然后是"630"双过半、八九月决战金秋、年尾收官之战。后来，广大的客户朋友都知道了，有的还会关心地问一句，"开门红"还缺多少保费？此时是我们保险人最开心的时候。不是因为客户可能马上要为你签单，而是一种认同和尊重！

为了保证2013年6月30日目标任务的达成，所有分公司又一次都冲刺到凌晨。

2011年"630"冲刺，2012年"630"冲刺，2013年第三个"630"冲刺了，能行吗？

每次冲刺，都相应提高了明年对应的业务基数，有的同事调侃说，就相当于每次为自己脖子上多套了一根绳索。如果不冲，今天就不行了。可能要被追踪、要被扣罚奖金、要被谈心谈话，甚至要被免职。周而复始，无穷无尽。这就是营销！非个险人员是很难理解的。

具有国家一级演员职称的黄革，也参与到了"630"冲刺的大潮中，他被分公司一线将士的精神深深感动了，专门为此写了篇报告文学《扬眉剑出鞘》——写在个险条线2013年"630"收官之时。文章非常精彩，如是战争时期，可抵"三个师的兵力"。我们没有更好的办法，已经持续保持"冲刺"姿态三年了，简单依靠"奖金"激励已经非常"疲劳"了，边际效用递减。

2013年确实是非常困难的一年，大家都非常努力了，可惜我们手上的"子弹"已经不多了，怎么办？

在策划"开门红"分公司之间对抗奖励时，我出了个"馊主意"：在"开门红"期间，两家分公司之间的对抗，对获胜公司或者达成目标任务的公司肯定是有隆重奖励的。但还要防止出现"躺平"、放弃"奖金"的现象。为此，方案规定如果"连输"三场（每个月对抗一次），并且符合其他特定条件的分公司，将给予"蜗牛"奖励，意思是表示该分公司的业务进度像"蜗牛"一样慢。出发点是为了"罚懒"，出了点"新招、怪招"。也许是我们"多虑"了，实际上可能没有一家分公司会自动"躺平"，即使有也是分公司可能想要调整一下业务节奏。

最终的效果还是非常好的，大家"玩"得也有点"乐趣"。后来听说一个小插曲，由于发放或者寄送这个"蜗牛"时，总公司的人员考虑欠妥，分公司的人员也不含糊，直接把这个"蜗牛"送到了分公司总经理的办公桌上，弄得那位老总很"不开心"。

其实，我们没有其他特别意思，但要的就是这种感觉。营销策划专家叶茂中有一著名观点：没有好创意就去死！个险企划也要有这种胆识和气魄。

在启动大会上还特别说明"蜗牛"大多是褒义的，其营养价值特别高。个险营销就是这样苦中作乐、自娱自乐、乐此不疲。

4.3.7 2013年年报成绩单

中国太保2013年度的年报封面关键词是："转型之路"。

2013年，我们固守本源，坚持"专注保险主业、价值持续增长"的发展战略，不断完善市场策略，积极推进"以客户需求为导向"的转型项目落地，公司业务发展实现了稳中有进，进中有质。

在年报前导部分重点介绍了太保寿险江苏分公司南京中心支公司营业区营销总监卢小美，小美加入公司18年（至今还在公司服务），积累客户4000多人。小美在展业中始终坚持从风险保障的角度出发，把最合适的产品推荐给客户。在公司年报里，重点介绍某一位营销员还是第一次。

2013年太保寿险公司业务收入951.01亿元，同比增长1.8%，其中：营销渠道实现保费收入579.52亿元，同比增长13.6%，其中新保保费收入 129.76 亿元，同比增长 10.4%，近三年复合增长率达到 13.2%；营销渠道新业务价值 61.6 亿元，同比增长 10.8%，新业务价值占比达到 82.2%，同比提升 3.5 个百分点，新业务价值率 44.6%；营销员月均人力 28.6 万人，同比增长 4.4%，营销员月人均产能 3795 元，同比增长 6.2%。

太保寿险在 2013 年中国保险业年度风云榜评选中，获得国内寿险公司中唯一一项"年度杰出人身险公司"大奖，"守护安康"产品获得"年度最具创新性产品"奖。

因为相信保险，我们才能共渡难关；因为相信保险，我们的营销队伍才能蓬勃发展；因为相信保险，我才会相信公司、相信领导，相信人间自有公道，以至于"入戏"太深，不能自拔。

4.4　2014：新三年、新思路、新辉煌

2014年是寿险公司新班子三年聘期的第一年。个人业务条线的"领导班子"由原来的一位副总经理加两位总监，调整为一位副总经理加两位总经理助理了。原先的两位总监，一位提拔为副总经理了，一位到分公司兼任总经理。当然，我还是原来的我。两位总经理助理是换届时新提拔聘任的，新人会带来新气象。

经过前三年的发展，太保寿险怎样才能继续实现新业务价值持续健康发展呢？无论是集团主要领导还是我们这些主要的执行者，都在思考这个重大问题。

4.4.1　学习三中全会决定

2013年11月12日中共十八届三中全会通过的《中共中央关于全面深化改革若干重大问题的决定》指出，经济体制改革是全面深化改革的重点，其核心问题是如何处理好政府与市场的关系，使市场在资源配置中起决定性作用和更好地发挥政府作用。党的十八届三中全会的影响非常深远，首次定义了市场在资源配置中的"决定性作用"，要求加强顶层设计和"摸着石头过河"相结合等精神对我司个险发展也产生了重大且又潜移默化的影响。这是我们个险发展面临的新背景。

2013年11月23日我们在云南召开了2014年度个险工作会议，我的主题报告就是"新三年、新思路、新辉煌——率先打造个人客户经营新模式"。

作为主管销售的副总经理，对三中全会的核心观点如获至宝！必须进行集中学习并学会在实际工作中应用。言下之意，就是公司财务资源配置要提高市场化水平。我们并不是为了争夺更多的公司资源，而是为了进一步统一思想，为个险发展创造更合适的生态环境。

公司的财务费用资源总量是有限的，最简单的配置方法就是在尊重历史现实的基础上，采用基数法加适当的调整因素。这种方法不是不可以，但是中心城市如何突破？必须要给予超前的战略投入，有的投入还不一定马上就有预期的产出。在这些方面，个险销售条线与财务条线往往是有不同看法的，现在终于有机会形成共识了。

个险业务发展表面上看好像是个简单的、专业的业务问题，实际上，也要学习研究国家的宏观经济背景与政策，把握好大趋势，乘势而上。

新的三年，要以新的发展思路，再创新的辉煌。"新"在哪里呢？

4.4.2 中国太保个险新梦想

经过前三年的发展，又遇《中共中央关于全面深化改革若干重大问题的决定》的公布，我们应该站在更高的格局来审视、规划中国太保个险发展。因此，这是我第一次向全司内勤管理人员公开宣导个险条线的"新梦想"，以此愿景来鼓舞全体个险将士的士气，更主要的是为了统一全司全体管理人员的思想。核心的内容就是三条：

（1）太保个险新保保费能不能市场排名第二？

（2）太保个险新保期缴金额第一个100亿元用了16年的时间才实现，第二个100亿元要多长时间？能否在2016年实现？

（3）太保30万营销大军的人均收入何时翻一番？

要知道当时的实际情况是，中国人寿与中国平安谁是第一已经争得非常激烈，我司与他俩的差距还很大。

这个新梦想，实际上就是主动、公开地亮出自己的底牌，挑战自己的极限。可能有人认为这是在说"大话"，也许我们真的也做不到，但我们必须努力拼搏。这是"新三年"的一种新姿态、新勇气。作为一个分管销售的副总，必须要有点新"激情"，必须要有敢于"亮剑"的精气神。

实际情况是 2015 年太保就实现了第二个 100 亿元目标，前后只用了四年时间。

4.4.3 "东方红"新产品

要实现公司的愿景目标，卖什么产品就显得非常关键了。

为了确保 2014 年的"开门红"能够继续领跑上市同业，我们谋划一款新产品"东方红"，这名字是我构想和决定的。为什么叫"东方红"呢？当时我的想法是，中国人寿的总部在北京，平安人寿的总部在深圳，中国太保的总部在上海，简单地从地域上看就已经形成了三足鼎立之势。而上海就屹立在中国的东方，东方红、太阳升，东方红、中国红。"东方红"的名字已经家喻户晓，又非常大气，"东方红"的名字只有中国太保使用才是最贴切的。从此，我司的产品命名拓宽了新的空间，也摆脱了咬文嚼字的俗气。

为了能使"东方红"产品一炮打响，能够实现从黄埔江畔到天山脚下"一片红"、红遍全中国，我们参照实体企业的有形产品上市模式，首次策划了寿险无形产品上市新产品发布会。

2014 年 1 月 26 日"看见东方"财经论坛暨太平洋寿险新产品发布会在上海金茂大厦金茂君悦宴会厅隆重举行。我们邀请了上海著名主持人袁鸣担任论坛主持人，邀请了上海财大教授等作为主讲嘉宾，通过现场和视频形式同步直播，向全司各分支机构和销售人员、广大客户第一时间分享全部内容,效果超过我们的预期,实际销售35亿元,比我们的预期目标还多了5亿元。会后,我们邀请了零点调研公司进行上市评估,结果还是比较满意的。

这次发布会,是我一手策划和决定的,但我没有上台露脸,我时刻遵守我的原则:做事高调,做人低调。发布会由公司常务副总经理主持,董事长致辞,个险部经理进行产品解读,还邀请太保资产管理公司副总经理参与了"财富升级"论坛讨论。作为主管销售的副总经理,不管如何都可以"表现一番",但我还是把机会都留给了其他同事。只要结果满意,其他什么都不重要了。

4.4.4 同业交流新启发

要追赶甚至超越对手,首先必须了解对手,通过学习对手方能取长补短。

2014年2月26日我带领总部个险条线5个部门总经理及时任深圳分公司总经理马欣一起拜访了平安人寿深圳总部,时任平安人寿的总经理柳志坚亲自接待并在深圳丽思卡尔顿酒店宴请了我们同行人员。这次平安之行,是我带队第一次向同业学习,对我们的启发非常大,我要求5位部门总经理回到上海写了"学习心得",现在再翻出来看看他们发我的心得材料,还是看得出,当时两个公司确实差距很大,此次学习令大家都很兴奋。

这次平安学习,平安公司也非常重视,时任公司副总经理余宏(后来任平安人寿总经理)及分管财务的副总都参加交流会。这次平安学习,实际上是我们对平安人寿的回访。因为我在上海已经接待了柳总及平安企划部的方总,已经就个险发展的热点问题、共同关心的问题进行了较为充分的沟通交流。从一个侧面反映了中国太保个险发展的重大变化,已经得到了市场主要同行的关注和认同。

这在以前是不可想象的。市场曾经主要认为太保寿险是个团险公司，太保寿险的团体业务确实比较强大，长期排在市场第二的位置，这也是与各分支机构总经理及其成员来自政府背景比较多的原因有关。团体业务主要关注当前的费用及利润，个人业务主要关注的是公司长期价值，两者的经营思维与模式不尽相同。

2014年3月6日由董事长带领我及财务副总、总精算师等一行四人拜访了友邦中国总部，时任友邦中国的总裁蔡强、副总裁张晓宇等人接待了我们，就保险公司的经营管理进行了友好的交流。友邦公司的专业能力及产品加保策略方案给我留下深刻印象。

这是我唯一一次走进友邦中国总部，虽然出访过多家外资保险公司，但这次在友邦的感受完全不同。无论是经营理念、公司文化、职场环境，还是员工状态及其职业发展规划等与太保这样的传统国企差异真的太大了。我认为其最大的特色是专业、简单、高效，可以少受外部干扰，并保持自身定力。

我们还参观了外滩友邦总部大楼，楼顶上有一个精心设计的可以开聚餐会的露天阳台，更可以鸟瞰黄浦江以及浦东陆家嘴金融中心全貌。友邦老总介绍说，公司可以为销售精英在阳台上举行生日Party以及客户联谊会活动。我在想，老外真的很有"腔调"与魄力，太保公司何时能够重回外滩？

2017年张晓宇掌舵友邦中国后，我们在机构管理、人力发展、产品精算等方面也有了更多的交流。

4.4.5 "大个险"新架构

2014年4月24日太保集团第七届董事会第五次会议提出了寿险"大个险"发展新战略。

无独有偶，2014年4月25日中国人寿印发了《关于下发个险战略性投入实施方案的通知》，文件指出："通过个险战略性投入，实现对标主要竞争对手的'双领先'，即个险渠道新单期缴保费、个险人力规模领先主要竞争对手，稳固个险渠道对行业的引领作用，巩固市场竞争地位。这既是当前的目标，更是公司未来长远的发展目标。"这个通知力度很大，也比较完整，正文有11页，还有两个附件，可谓英雄所见略同。

2014年6月4日太保集团召开关于寿险架构改革的讨论会，会上寿险公司抛出了一个方案，其中把个险条线改为个人业务中心，下设四个部门，并且把三个销售部门合三为一。此会没有通过该方案。

2014年6月9日集团第二次召开寿险架构改革讨论会，个险条线提出了自己的方案，前台部门根据"三个卖"及目前的三支队伍的现状，设立三个销售部门，统领三支队伍，进一步提高总部的专业化经营水平。中台设立三个部门，分别是个险市场部、个险企划部、个险培训部，对个险共性问题实施专业化、一体化的有效支撑。从此太保寿险个险条线有了六个一级部门的最强大的组织架构。

这次架构调整还有一个重大变化，就是把公司个险产品开发的职能前置到个险市场部，原来产品开发人员分别配置在精算部和战略企划部的，这次人随岗变，这部分专业人员也全部前置到个险条线。除此之外，原属于公司战略企划部的职能范围的分支机构管理职能也划转到个险市场部。还有就是总公司培训部统管三支队伍的基础培训工作。

这样的架构调整是非常有力度的，销售条线主管产品销售，公司卖什么产品，直至研发什么产品，必须让听得见炮声的人来决策！分支机构的开设与经营效果的评价考核，也应由承担核心考核指标的个险条线来主导，因为三、四级机构主要的业务已经是个人业务了！

在转型1.0期间，考核寿险公司的主要指标就是新业务价值增速领先上市同业平均水平，所以把产品研发、机构管理的职能前置到个险条线是完全正确的，也不用担心销售部门会故意去推动"薄利多销"的策略，因为这个新业务价值增速领先同业的要求是每年都要考核的，不是"一锤子买卖"。

这次架构调整,是个险条线与有关部门长期"斗争"、博弈的结果,更是集团主要领导高瞻远瞩、大力打造"大个险"战略的结果。这样的架构,为公司个人业务的突破发展奠定了基础,在寿险行业也是很少见的。

2014年7月2日寿险第五届董事会通过免去郑云佛(化名)常务副总职务,另有任用。后来又有新的常务副总产生,当然不是我啦,虽然我也报了名。纯属巧合,无论是太保集团,还是太保寿险公司,多少年来,几乎所有被任命为"常务"副总经理的人,没有一个最后能够当上总经理的。这可能是太保的又一特色吧。

4.4.6 打造个人客户经营新模式

"得客户者得天下",企业经营颠扑不破的法则。

2014年太保个险进一步集中资源打造个人客户经营模式升级版,第一次明确了"升级"的内涵以及衡量标准。我们认为,"升级"主要体现在客均价值的提升、客户满意度的提升、客户经营成本的可控、客户经营平台的响应速度及友好程度、客户信息真实性及完整性的提高等。与此同时,我们探索明确对应的衡量指标,分别是客均保费、老客户加保率、获客成本、活跃客户数量、13个以上字段信息等。

我们还对各渠道的主要职能、目标作了进一步的规定。传统个险渠道主要负责新客户的开拓,提高获取新客户的能力;服务营销渠道主要负责老客户的加保,落实"A65311"作业新模式,提高老客户的开发效率;顾问营销渠道主要负责特定社区内的客户经营,打造"区域首席保险顾问",筹建20个客户经营便利门店,实现社区内的客户经营长期化;I08项目主要负责中高端客户经营的探索,建立1000人"人生规划师"队伍,构建中高端客户经营新模式。

这些话讲讲很简单，实际做起来非常复杂。专门在服务营销部下面单独设立"客户经营部"，专注客户需求研发和技术支持等工作，确保操作流程标准化，做到可复制、易推广，能够满足新老客户不同特征及差异化需求。

服务营销条线的续期服务专员是太保寿险三支队伍中专业素质最强、队伍留存率最高、人均产能持续高位的队伍，他们最有条件来率先实施客户经营新模式。

在2011年哈尔滨召开的全公司续期业务专题会上，我首次提出了"在确保继续率持续优化的前提下，尽量多做新保"的核心要求。因为在当时，全司所有专员，只负责对老客户催收续期缴费，不考核不鼓励拓展新保业务。多么可惜的事！一方面可能客户有这需求，另一方面专员也有这能力、也想提高自己的收入。主要的反对声实际上是来自内部管理层面，表面上是担心做了新保而忽视了续期收费工作，影响13个月、25个月继续率，根本上是担心从此以后每年会下达新保业务考核指标，多一事不如少一事。

最后，在我的强势推动下，全司第一次统一了续期业务"基本法"，全司第一次下达并统一考核新保业务。实际的结果是非常理想的，续期服务条线一年的新保总量马上超过了最大分公司的新保总量！无形之中，新增了一家最大的分公司。全体专员的收入也有了很大的提高。

2014年之后我们重点打造个人客户经营新模式，全司统一推广"A65311"模式，2014年3月5日服务营销渠道"A65311"个人客户经营新模式启动会隆重召开。

A65311新模式的主要内容是：（1）A 提升新客户开拓的方法。利用Absorb（吸引）、Agree（接受）、Attention（关注）、Acknowledge（认可）等四步骤，拓宽新客户首次开拓的方法；（2）6是指6个（以上）客户经营触点。一年内至少接触客户6次，一般每两个月见一次面，包含3个规定必须的动作（生日祝贺、保单检视、回访）和3个根据各自实情的自选动作;(3) 5 是指 5 个营销关键动作。客户面访过程中实施 5 个营销关键动作:信息收集、需求分析、提交计划书、签单促成、单证递送及寻找下一次拜访机会;(4) 3 是指 3 次转介绍。在服务过程中创造至少三次转介绍的机会;(5) 1 是指 1 次长险加保,力争达到每一个客户加保 1 张长险保单;(6) 1 是指 1 次老客户增员,力争每 10 个客户实现 1 个有效增员。

我们把"A65311"新模式嵌入系统,纳入培训教材,并且作为"基本法"的考核内容。这模式至今还在延续运用,令人自豪的是,2021 年 5 月 13 日,太保集团公司成立 30 周年表彰大会上,"A65311"新模式被评为 30 年 30 件大事之一,非常意外!同时也很无奈,太保个险值得弘扬的岂止是 A65311?!

我们前进的驱动力来自我们打动客户的渴望,而不是来自领先竞争对手的热忱。

4.4.7 培训工作新探索

大家都知道,教育训练的重要性!保险公司的培训也一样,但说起来很重要,干起来都不要。说实话,太保寿险的个险培训问题一直是没有得到彻底解决的,无论与优秀同业相比,还是与广大营销伙伴的期望值相比,分支机构的意见肯定是大的。在我分管个险工作的 8 年时间里,曾经调换了四位培训部总经理。其根本的原因,不在于他们不努力与否,也不在于他们的能力高或低,而在于公司领导是否支持与认同,有关资源是否支持到位。以一组数据为证:总公司培训部直至 2019 年只有 13 名员工,长期要应对 70 万~80 万营销人员、300 多个中心支公司的各种培训,怎么能够应付得了?我在 2005 年深圳分公司工作期间,当时的友邦深圳分公司培训部就有 40 多名员工。为什么不能增加培训部的人员数量呢?这是一个"世纪之谜"了。如果说我的个险生涯有什么做得不到位的地方或者有什么遗憾,就是没有从根本上加强并改变培训工作,非常对不起这些优秀的培训讲师，对不起全体营销伙伴。

即使在这种状况下，我们培训部的同事们还是坚持了一系列的新探索：为了弥补专职讲师的不足，我们实施建设"万人训练师"，把所有的营销主管建设培养成为最优秀的兼职讲师；在2014年就构建了"早会资源网"、实施"八点半工程"，在全司统一每周一次的八点半大早会，权威发布财经资讯等，还开设了培训"微课堂"；试点分公司"培训总监"制度，享受分公司总经理助理职级有关待遇，既解决了分公司班子成员职数限制问题，同时也起到了调动有关优秀培训部经理的积极性；比较可惜的是只在两家分公司推行。筹建中国太保讲师团，分别成立人力发展、产品训练、客户经营三个讲师分团，三个分团长也是由分公司分管总及江苏分公司卢小美来担任。

2017年进一步加强了与LIMRA & LOMA①的合作，在公司全体组训人员引入LOMA的教育培训项目与课程，目的是想不断提高组训人员的专业水平。

2017年还与"中领国际管理咨询公司"开展"五年学习项目"首次合作，还探索举办了"最佳实践案例萃取"研讨班。

所有培训方面的举措都是必须要与这支队伍的年龄、学历结构以及地区差异性相结合，反之一定是事倍功半。培训工作好像个人家里买房子，最后总感觉是"永远少了一间"。

4.4.8 "科技个险"新技术

必须说明，中国太保代理人业务的发展离不开公司各条线、各部门的

---

① LIMRA & LOMA是总部位于美国的金融行业研究和培训机构，由LIMRA（国际寿险行销协会）和LOMA（国际金融保险管理协会）于2009年合并而成；目前为全球64个国家的1200多名会员单位提供包括研究、培训和事业发展等领域的咨询及服务，包括世界上最大的人寿保险公司，中国目前已有50多家公司成为其会员。

协同与支持,特别是公司 IT 及时研发推出了"神行太保"Pad,2012 年年末配置2.5 万台,2013 年增加到7.2 万台,2014 年超过 12 万台,后来最多时配置了 32 万台。这个被营销员们称为"神器"的智能移动保险平台是与联想集团合作开发的,使客户"随时、随地、随心"投保成为可能。既规范了销售流程,又提高"两核"效率,公司营运作业能力迅速提高。"神行太保"确实属于领先同业的移动投保平台。

与此同时,以个险条线为主导,规划、设计并配合研发了"科技个险"App,其中包含了营销员日常销售、管理、培训、客户经营等所有相关的内容,进一步丰富了"神行太保"的内涵,实际上类似太保个险的"钉钉"。为了提高营销员使用感觉的"友好性",为了提高与公司 IT 人员沟通的针对性,使"科技个险"App 更接地气,我们还特意从分公司调配了懂个险的 IT 人员充实到个险企划部。只有需求方与研发方相互融合、充分理解,方能提高新技术的可操作性。

2017 年集团公司年报,第一次介绍"科技个险"在营销团队中的应用:2017 年太保寿险月均营销员达到创纪录的 87.4 万人,好多营销经理、总监管辖的团队超过 500 人,甚至 1000 人,这样的团队管理如何开展?如果还是停留在手工等原始办法,那是不可想象的。有了"科技个险",可以随时了解团队成员的展业状态、绩效差距、学习培训、各项考核等情况,具备"了如指掌""一键通"等特色功能。当时,还陆续推出"E 购商城""E 购智库""E 购微信""保险 E 家"等 App 及微信平台,用科技武装营销员。

在充分肯定 IT 条线的大力支持外,有两个困惑:一个是公司有关条线一直想把"科技个险"App 合并掉,或者说不希望由个险条线主导研发,如果没有我的坚持,"科技个险"早就没有了。另一个是个险条线一直提出是否可以把"神行太保"作为一个软件同时下载安装在营销员的手提电脑上,不一定非要全部购买 Pad 硬件,但一直没有被采纳,这方面的投入也是不小的数字。

如果没有这种制约或制衡，太保科技个险可能飞得更高更远。

4.4.9 2014年年报成绩单

2014年年报的封面关键词是"砥砺前行"。

2014年太保寿险公司保费收入986.92亿元，同比增长3.8%，其中：个人业务总保费收入716.93亿元，同比增长18.7%，其中个人业务全年新保保费收入172.81亿元，同比增长20.2%，新保期缴161.48亿元，同比增长22.3%。

个人业务新业务价值80.69亿元，占公司总价值的比例达92.5%，同比提升4.7个百分点。

月均营销员人力34.4万人，同比增长14.3%，营销员月人均首年保险业务收入4097元，同比增长5.9%。

这一年，太保产险公司的业务发展遇到了困难，增速放缓，并且近六年来首次出现承保亏损，综合成本率达103.8%，同比上升4.3个百分点。为此，集团董事长在致太保股东信中表示了遗憾与抱歉。一家公司要长期持续健康发展真的不容易。

4.5　2015：大个险、大格局、大发展

一个行业、一个企业、一项业务的发展，离不开所处的时代背景，离不开经济社会的发展基础。所以，我们必须不断学习、与时俱进，我们必须主动融入、回归本源，我们必须放大格局、加快发展。

这是一个伟大的时代！这是一个拼搏的时代。

"大个险、大格局、大发展"，"大"在哪里？

4.5.1　大个险、大格局

我们首先把大个险的"组织架构"直达至各分公司，在分公司个险条线同样设立三个业务部门，同时统一设立个险企划部和个险培训部，因为分公司基本没有产品研发职责，所以把总公司的市场部与企划部在分公司层面合二为一，每家分公司至少配置两个分管总经理，一个分管传统营销，一个分管服务及顾问营销，主要的省级公司，要分别配置三条线的分管总经理。这样做的最大特点是能够保证总公司的"政令"畅通，这是"打通"架构上的"大"。

还有就是"内涵"上的"大"，即凡是涉及"个人"业务方面的产品策略、客户经营举措统一由个险条线扎口管理与推行，包括银保渠道、职团开拓方面的个人业务经营，统一由个险市场部、企划部来协同管理，防

止内部价格竞争，使个险条线真正成为个人客户经营中心。

大格局，主要就是思想格局要大，要勇于承担起"公司价值创造中心"的责任；要包容其他渠道的个人客户经营的方式方法，善于为我所用；要主动改变自己，做与昨天不一样的个险条线。

为此，我在个险年度工作会议上，第一次重点介绍、学习"新业务价值""新业务价值率"的含义、指标体系及其影响因素（毕竟我不是精算专业人员，有些文字或提法上可能有些偏差），企图改变销售条线一个指标（个险标保）打天下的传统习惯。我想能够这样做的，在2015年的历史阶段上，这样做的可能还是不多见。下图是我的工作报告中关于新业务价值的内容。

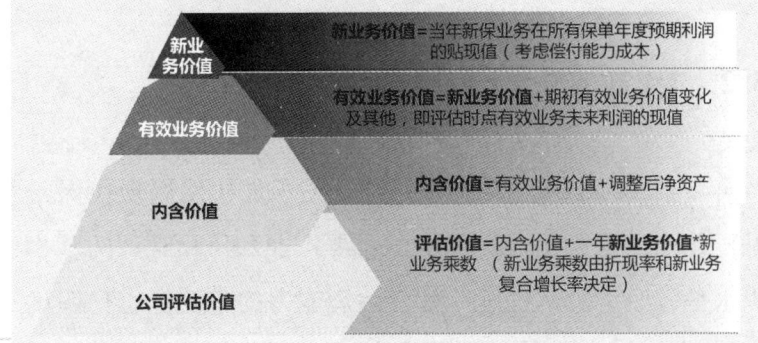

完善对个险干部的评价体系，由简单的一个标准保费指标，改变成为一个个险综合评价体系（见下表），并对这个综合评价指标，每月进行追踪排名，还与出国学习、年度薪酬奖励以及职级晋升挂钩，引导分支机构全面健康发展。

险　　峰

个险综合评价体系

序号	指标类型	指标项	权重
1		标保达成率	30%
2	结果 KPI（40%）	13 个月继续率	20%
3		上市同业市场占比	50%
4		健康人力达成率	30%
5	能力 KPI（60%）	1~6 个月新人举绩率	20%
6		13 个月留存率	20%
7		老客户加保率	30%
—	合计	—	100%

格局是一种境界，是一种胸怀，是一种"不用扬鞭自奋蹄"的自我突破精神。所以，我们还要从营销员的角度出发，考虑如何帮助他们成功签单、成功晋升、成功增收。只有他们成功了，公司才能成功。我们更要从客户角度来思考解决问题的路径与方法，客户购买保单以后我们还能做什么呢。

4.5.2 "大政策"、大发展

2014 年 8 月 10 日，国务院印发的《关于加快发展现代保险服务业的若干意见》指出，保险是现代经济的重要产业和风险管理的基本手段，是社会文明水平、经济发达程度、社会治理能力的重要标志！明确了行业发展目标：到 2020 年，基本建成保障全面、功能完善、安全稳健、诚信规范，具有较强服务能力、创新能力和国际竞争力，与我国经济社会发展需求相适应的现代保险服务业，努力由保险大国向保险强国转变。保险要成为政府、企业、居民风险管理和财富管理的基本手段，成为提高保障水平和保障质量的重要渠道，成为政府改进公共服务、加强社会管理的有效工具。目标规划至 2020 年，保险密度为 5%，保险深度为 3500 元，按此推算，行业年度保费平均增速为 17%。

据《中国保险报》报道，2014 年 10 月 16 日中国保监会副主席黄洪在上海出席由中国保险行业协会主办的"2014 中国寿险业十月峰会"时表示，国际经验表明，一国人均 GDP 达到 8000～10000 万美元，寿险业进入黄金发展期。黄主席在题为《中国寿险业的红利与未来》的主旨演讲中，从制度、政策、市场、改革四个方面分析了国务院印发的《关于加快发展现代保险服务业的若干意见》（以下简称《意见》）给寿险业创造的四大红利，强调全行业都要增强抢抓机遇的意识、提高把握红利的能力，最终把优势和潜能转化为寿险业发展成果，创造寿险业新的未来。

《意见》从国家层面为我们描绘了保险业未来发展的诱人蓝图。这样一个"高大上"的定位，是多么鼓舞人心！即使在 2020 年我开始启动本书的撰写事宜时，再看看这一段文字，还是非常令人激动和自豪，我有点浴火重生的感觉！

这个《意见》，被业内人士简称为"新国十条"，主要是区别于 2006 年国务院关于保险业改革发展的"国十条"。

我在 2015 年个险工作年度会上，对"新国十条"再次组织学习领会。一般情况下，作为主管销售的副总经理，卖好保单，完成任务，是自己的"天职"，好像没必要搞得这样"高大上"？其实，这就是我与其他专业人士的不同之处，我比较善于"借势"而上，也许与我的公务员"出身"有关。

现实中，个险营销更需要"心灵鸡汤"。月月年年，天天"归零"，业务指标没有最高，只有更高，谁能受得了？"新国十条"正是激励我们全体个险将士奋勇向前的精神力量，也是"大个险、大格局、大发展"的最强有力支撑。

4.5.3 零点行动

保险从业人员真的非常辛苦，2014年12月31日才刚刚年度收官，2015年1月1日的"零点行动"已经打响了。2014年个险新保同比增长20%多，2015年已经全部归零，重新开始，这叫"辛苦并快乐着"。假如2014年负增长呢？2015年还得过啊，这叫"痛苦并辛苦着"。

2014年12月31日，总公司个险条线在吴淞路400号20层与21层的办公区域灯光辉煌、通宵达旦，这是几十万营销大军的指挥中心。我是这里的总指挥，也是总策划人。我在总公司分管个人业务的8周年里，总部所有的个险上的大政方针都是我策划、参与讨论并决定的。我希望自己的命运能够自己掌握。

2014年12月31日23点50分，全司召开"零点百亿"行动视频大会，全司上下共同跨年，引爆"开门红"。我们提出了"121"齐步走的口号，希望全司个险条线统一节奏、齐心协力、高台跨越，以排山倒海之势启动2015年的"开门红"。

"121"齐步走是指：1月1日零点实现标保100亿元；1月当月实现标保200亿元；一季度实现个险新保100亿元。

在那个时期，个险条线真的很"神奇"，要什么就有什么，所有的目标都在我们的掌控之中实现。个险条线，特别是分支机构的广大个险同仁是那个特定时期最可爱的人！他们都是那段历史的创造者，他们都是我们心中的无名英雄。

我们深深懂得，一切幸福都是干出来的。

4.5.4 "四特精神"

"四特精神"就是太保寿险的"个险精神"。即"特别能战斗，特别能吃苦，特别能胜利，特别能经受考验"。这个"四特精神"自2014年半年度工作会上第一次提出后，激励并鼓舞着80万营销大军和全体营销管理官兵，朗朗上口，家喻户晓，热血沸腾！这个"四特精神"，不仅是我总结出来的，更是营销将士用实际行动干出来的！

个险营销活动往往是一个接一个，刚刚结束1~3月"开门红"，马上进入"五六联动"决战"双过半"；刚刚业务竞赛完成马上进入"人力发展竞赛"，"决战金秋""年末冲刺""备战开门红"，等等，唯有7~8月份可以喘口气，也要搞"基础训练"等各项培训活动，还有总结表彰等各种旅游活动，所以才有"特别能战斗"的感觉。有关与客户相关的活动如"创业说明会""产品说明会"往往是在星期六或星期天举办的，所以就有"五加六、白加黑"，"星期六保证不休息、星期天休息不保证"的谚语出来，此所谓"特别能吃苦"也。如果各种竞赛、对抗可能"输"了，分公司还要被"处罚"甚至扣奖金；保费的基数越来越高，高速增长的难度越来越大。凡此等等，必须是"特别能胜利"，从一个胜利走向另外一个胜利！

"个险精神"开始时是没有后面"特别能经受考验"这句话的，总觉得还不够完整。有时，一家分公司对抗赛连"输"三局怎么办？有时，整个总部条线的预期目标也没有达成怎么办？暂时没有实现"上市同业领先"怎么办？为了鼓励大家的士气，才加上了这样一句话。言下之意，个险同仁是钢铁炼成的，能经受住各种各样的考验！上级对我们的目标要求每年在提高，总有一天完不成的，但我们的信心必须更强大，意志是坚定的。这也是一种格局吧。

随着形势的发展，仅凭"战斗""吃苦"是实现不了我的个险梦想的，后来我又适时地提出新的要求："善学习、会经营、敢创新"。这对全体个险干部提出了更高的期许，在"苦干"的同时必须学会"巧干"，我们要用智慧干活。

2021年有分公司同事告诉我：那个时期，个险干部非常齐心协力，我在大会上讲话的时候，是没有人在会场外抽烟、聊天的，更没有人在会场上玩手机。现在不一样了……我知道这是恭维我的话，但是，只要大家团结一致，就没有克服不了的困难。

4.5.5 "3039 工程"

我们通过公司的客户资源系统对 2008 年 6 月至 2013 年 5 月入司的五年共 84 万名营销员的留存情况进行大数据分析，重点是从营销员入司到离司的时间、与平均出单长险客户数量之间的对应关系进行分析，得出一个惊喜的结论。

留存一年的业务员人均长险客户量约为 11 个；留存两年的业务员人均长险客户量约为 20 个；留存三年的业务员人均长险客户量约为 30 个。更为惊人的是，发现如果能够留存三年的业务员，由于其基本的销售技能、续期佣金收入都达到了一定水平，所以这类业务员的留存比例、人员占比都是相对更高的。

由此得出：一名个险营销员，只要成功经营 30 个客户、稳定工作 3 年、即可长久（9）留存下来。此所谓的 "3039"。

我们掌握了这个"基本规律"后，形成相关的制度和推动举措，并定义为 "3039 工程"，核心要义就是如何帮助（而不是简单要求）营销员经营并达到这个数量的客户！

对一年内的新人，完善新人衔训教材内容，将获客训练作为重点，持续推动新人"四个一"动作；对一至三年的业务员，重点训练客户转介绍技能。

在指明方向、教导方法之后，再配套业务奖励推动方案，就会实现事半功倍的效果。

非常有意思的是，我后来发现，中国保险行销集团也认为 36 件保单是最重要的，颇有异曲同工之妙。

4.5.6 净推荐值

"A65311""3039工程"都是主要从销售队伍角度考虑如何进行客户经营的。这是初级阶段的产物,肯定有效果的,但还不全面,我们还要从客户角度研究客户经营的本质方略。

个险营销客户经营的误区就是认为客户加保了,客户经营就成功了。客户经营的关键在于提高客户的满意度,从而提升客户的忠诚度,让客户主动产生加保意愿,并主动为公司、业务员推荐客户,从而实现业务的可持续发展。

客户净推荐值是评价客户经营成功与否的重要指标。

最好是通过第三方对客户进行定期的询问调查:"您是否会将太保公司推荐给朋友或同事?"

$$推荐百分比例 - 反感百分比例 = 客户净推荐值$$

这是我带队去德国安联集团考察学习的重要成果之一。德国安联公司有关客户净推荐值对保费增长的分析显示,在2009、2010年,开展净推荐值活动的金级客户,保费增长率增加4个百分点。

德国安联公司还发现,保险理赔时间对客户满意度有显著影响,理赔时间超过1周,客户满意度下降迅速,1个月以上的全额赔付比2周内的全额赔付的满意度低20个百分点。还发现,理赔时间超过1个月的全赔付,与2周内的部分赔付,客户满意度基本相同。下图是我的工作报告关于如何提升客户满意度的内容。

以上这些对我们如何做好客户经营、客户服务还是很有启发的。保险公司究竟是"迅速赔付"还是"全额赔付"呢?回国后,在太保集团的支持下,我司也请第三方公司进行了净推荐值的客户询问调查,结果符合预期。

思考 4：重新认识"客户"——我们如何提升客户满意度

举例：德国安联针对理赔时间、赔付金额等因素对客户满意度影响的调查结果

■ **理赔时间对客户满意度的影响显著**
- 理赔时间超过1周，客户满意度呈显著下降态势

■ **赔付金额对客户满意度的影响显著**
- 理赔时间超过1个月的全额赔付与2周内的部分赔付，客户满意度相同

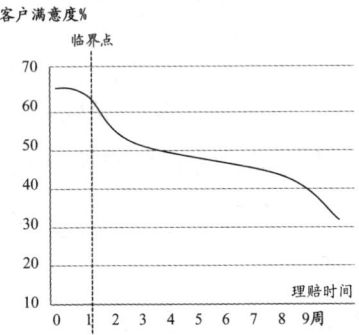

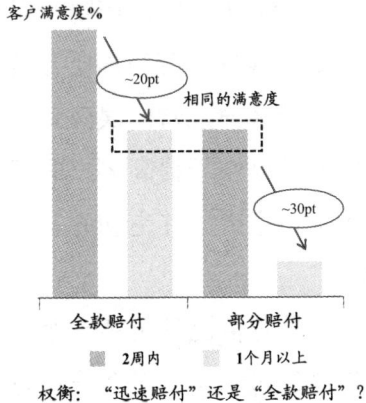

权衡："迅速赔付"还是"全款赔付"？

我认为，公司经营层应将客户经营理念融入公司战略规划，并对分公司进行一定的考核牵引。将一线营销员的客户经营满意度作为关键动作，进行评价、考核，防止一切以提成金额论英雄。

客户经营必须常态化、精细化，坚持与时俱进，重点解决客户关注的痛点、难点。只有锲而不舍，做出品牌，做出成效，才能成为最终的赢家。

4.5.7　2015年年报成绩单

2015 年年报封面关键词是："转型突破"。

高国富董事长在致股东的信一开始就指出，"我很高兴地告诉大家，刚刚过去的 2015 年是不平凡的一年，中国太保的发展质量和效益得到了明显提升。我们追求可持续的价值增长，价值增长超出预期，寿险个人业务保持高增长，业务结构成功转型，大个险格局形成"，"无论从价值，还是保费的维度，个人业务都已成为寿险价值持续增长的核心驱动力量"。

2015年寿险公司实现保费收入1085.89亿元，同比增长10%，其中：个人业务总保费收入达913.39亿元，同比增长27.4%，个险条线贡献了84%的总保费。个人业务新保业务收入278.64亿元，同比增长61.2%，新保期缴收入267.26亿元，同比增长65.5%。

年报指出，"2015年寿险实现一年新业务价值120.22亿元，同比增长37.8%，其中个人业务新业务价值114.97亿元，同比增长42.5%，占寿险公司总新业务价值的95.6%，同比提升3.2个百分点"。这个占比是寿险公司历史最高纪录了。这也是"大个险、大格局、大发展"的主要体现。

营销员月均人力48.2万人，同比增长40.1%，人均首年保险业务收入4776元，同比增长16.6%，双轮驱动达到了理想的效果。

这份成绩单，同时宣告了寿险公司总保费终于突破千亿大关，个险新保期缴收入终于突破200亿大关！更为重要的是，寿险一年新业务价值历史上首次突破百亿大关！

在"新国十条"的鼓舞下，2015年全国保险业实现保费收入2.4万亿元，同比增长20%，其中人身险公司保费收入15859.13亿元，同比增长25%！

在年报还公布了太保寿险市场份额为6.8%，同比降低了1个百分点，虽然总保费增速低于行业平均水平，市场份额还下降了1个百分点，但价值增长方式实现了根本转变。这完全是率先转型、主动转型的结果，是标准的宁愿放弃一定的市场份额，也要坚定追求价值可持续增长的高质量发展模式。这样的公司是战无不胜、攻无不克的伟大公司。

几年以后，听公司董事办公室的老师说，在集团董事会上，曾有外部独立董事提议要为我增加年终奖金。虽然是迟来的消息，金钱也已经不是最重要的，但独立董事确实履行了独立、公开、公正职责，这是强大公司治理的又一个缩影。

4.6　2016：重上三甲

这是一个伟大的时代，这是一个最好的时代。

4.6.1　"五大发展理念"

2015年10月29日，习近平总书记在党的十八届五中全会第二次全体会议上鲜明提出了创新、协调、绿色、开发、共享的发展理念。新发展理念符合我国国情，顺应时代要求，对破解发展难题、增强发展动力、厚植发展优势具有重大指导意义。新发展理念是管全局、管方向、管长远的东西，是发展思路、发展方向、发展着力点的集中体现。新发展理念就是"指挥棒、红绿灯"。

在2016年度个险工作会议，我们重点学习了习近平的新发展理念。大家感到这是一场"及时雨"，帮助大家进一步清醒认识个险发展地位、作用，进一步认清了个险发展当前面临的困难，如何突破、如何实现高质量、可持续、健康发展？面对业务基数的不断提高，增长的难度也越来越大，个别领导有一定的畏难情绪也是可以理解的。通过学习，帮助大家进一步统一思想，坚定信心，为新一轮发展开好局、起好步。

创新发展注重的是解决发展动力问题，协调发展注重的是解决发展的不平衡问题。我再次感觉到做个险专业工作，要善于从国家宏观经济的战略方针、善于从公务员体系中的优秀典型和前瞻举措中汲取营养,为商业保险所用。

4.6.2 "偿二代"实施

2012年3月29日,中国保监会印发〔2012〕24号《中国第二代偿付能力监管制度体系建设规划》,规划明确了总体目标,确定了采用三支柱的整体框架。第一支柱是资本充足要求,主要是定量监管要求;第二支柱是风险管理要求,主要是与偿付能力相关的定性监管要求;第三支柱是信息披露要求,主要是与偿付能力相关的透明度监管要求。

根据过渡期试运行情况,经国务院同意,保监会决定自2016年1月1日正式实施"偿二代"。所谓"偿二代",即中国第二代偿付能力监管体系,相比以规模为导向的"偿一代","偿二代"以风险为导向,这使得不同风险的业务对资本金的要求出现了显著的变化,从而显著影响保险公司的资产和负债策略。

"偿二代"建立了风险、价值与资本的有效联动,从"有多少钱做多大业务",转变为"有多少钱经营多大风险",为保险公司提升资本管理能力、实现经营管理转型升级提供了基础和指引,从监管制度上打开了创新发展的空间。

"偿二代"的实施,是中国保险发展进程中的一件大事,"偿二代"是中国设计,充满了中国元素。"偿二代"能更好地识别高风险的公司,引导保险公司积极调整经营理念、市场策略和风险管理,完善风险管理体系,提升风险管理能力,不断改善偿付能力。一句话,对个险产品研发与经营发展产生深远的影响,对销售高现价产品越多的公司影响越大。"偿二代"更加主张保障型业务和长期业务的发展!"偿二代"的实施,推动了保险监管现代化建设,也促进了保险业的健康发展。

"偿二代"二期工程已于2022年1月1日起正式实施。主要是在"三支柱"监管框架下,对现行17项规定进行全面修订。较"偿二代"一期相比,"偿二代"二期最为显著的变化就是其新增"市场风险和信用风险的穿透计量"规则,明确保险公司应当遵循"应穿尽穿"原则,对所有非基础资产进行穿透,计量其最低资本;应当遵循"穿透到底"原则,直至最基础资产。

"偿二代"的实施,不仅仅在总部层面上实施,销售条线、分支机构也要学习领会并认真执行。这一点是非常重要的,反之,业务一线、前台部门将会与中后台形成扯皮。目前情况,分支机构主要是活在当下,不是"总公司要什么,我销售什么",而是"什么好卖,我就卖什么"。所以,严格销售管理,强化全司一盘棋,必定是大势所趋。

4.6.3 新五项修炼

麻省理工学院的彼得·圣吉在1990年完成其代表作《第五项修炼——学习型组织的艺术与实务》提出了"五项修炼",第一项修炼是自我超越,第二项修炼是改善心智模式,第三项修炼是建立共同愿景,第四项修炼是团队学习,第五项修炼是系统思考。这书大概大家都听说过或者看过,关键是如何修炼?如何不断地学习并提升自己。受此启发,我提出了个险工作的"新五项修炼"。

"新五项修炼"是实现大个险健康、可持续发展的关键措施之一,是解决发展短板、实现转型突破的重要方法论。

新五项修炼主要指:严格出勤管理、加强活动量管理、改善新人留存、强化主管自主经营、打造卓越培训体系,具体分三个阶段:启动(增强意识、制定标准)、提升(建立系统、提升能力)、巩固(形成模式、深化成果)。

这五项动作,都是个险最基础、最日常、最乏味的工作。实际工作中,往往把它们割裂开来,往往把它们变成"要求"被动地去做,效果肯定不及预期的。我们要通过"修炼"来进一步提高经营水平。

推动"新五项修炼",首先要推动学习《第五项修炼——学习型组织的艺术与实务》。作为一名主管或者保险规划师,如何实现自我超越呢?自我超越是磨炼个人才能为基础,却又超乎这目标;自我超越的核心要义就是要发现并培养自己持续的创造力。自我超越是五项修炼的基础。改善心智模式就是要通过对团队成员不断检视、及时修正,形成能够反映客观现实的集体的心智模式,实现团队的统一认识、统一行动。只有建立共同愿景,才能产生创造性学习,才能为团队提供焦点和能量。建立共同愿景的修炼,就是要为组织或团队建立一个全体成员衷心拥护、全力追求的愿景目标,产生一个具有强大凝聚力、向心力、驱动力的伟大"梦想"。当时提出"太保个险梦想"就是这样的意思。

通过推动团队特别是团队主管学习《第五项修炼——学习型组织的艺术与实务》,形成自我完善的基本动力,再推"新五项修炼"的工作,其难度或阻力就小多了。为了提升学习能力,总公司还推动外勤总监上EMBA学习。

为了进一步把"新五项修炼"工作引向深入,我们又研发了"个人业务常青指数",用于对各分公司有关"新五项修炼"评价、考核与推动。"常青指数"包含出勤率、人均长险主险件数增长率、新人三个月转正率、连续健康人力占比、老客户加保率、单位费用产出标保等11项核心指标,进行系统考核排名。下图是我的工作报告关于"新五项修炼"的内容。

在11项核心指标中,没有一个是绝对值指标,因此是有一定难度的。现在大家都在喊"长期主义",非常好,道理是相同的。这个"常青指数",虽然还不太完美,但确实在2016年我们已经开始进行探索了。

险 峰

- "新五项修炼"是实现个人业务可持续增长的必由之路，是解决发展短板、实现转型突破的重要途径，是实现大个险发展愿景的关键措施，必须持之以恒的坚持和坚决贯彻落地！

个人业务"常青指数"11项核心指标

类别	类别权重	项目	权重
队伍结构	35%	健康人力增长率	20%
		连续健康人力占比	5%
		新增健康率	10%
基础管理	20%	人均长险主险件数增长率	10%
		3个月转正率	5%
		出勤率	5%
客户经营	20%	人均长险新客户增长率	10%
		老客户加保率	10%
产能提升	10%	人均实发FYC增长率	10%
市场占比	10%	4家上市同业市场占比	10%
投入产出	5%	单位费用产出标保	5%

左侧流程图：严格出勤管理 → 加强活动量管理 → 改善新人留存 → 强化主管自主经营 → 打造卓越培训体系

很明显，2016年我们已经明确放弃了"拼速度、拼规模"的粗放经营，希望公司价值能够可持续增长。实际的结果速度也并没有慢下来，业务、队伍的质量更有改善。各分支机构反应强烈，并且层层效仿，对各中心支公司的经营管理也逐步改变了简单化的做法。

4.6.4 精准施策

为全面实现2016年业务发展目标，总公司注重"找短板、破瓶颈"，特别是在人力发展、机构突破、短险发展、绩效考核等方面首次提出了一些"靶向"指标，精准施策。例如：首次单独下达营销员13个月留存率指标；首次单独下达各省会城市中心支公司业务发展指标；首次单独下达各分公司短期意外险发展指标；首次下达"开门红"期间营销人力发展指标；首次试行分公司班子高管末位淘汰办法；首次推出"首月健康，首季转正"，"连续健康，连续绩优"等人力质量举措。

太保寿险公司，是全国性的大公司，总公司下达这么专业的"小指标"是否小题大做？其实，这些都是个险经营的要诀，必须越来越精细化管理。营销队伍13个月留存率,关系到营销队伍质量、关系到是否"大进大出"核心问题。省会城市都是应该重点发展的地区,难度大,也是太保寿险公司薄弱点,甚至是"灯下黑"。往年"开门红",大家只关注保费业务的总指标,不会同时推动增员工作,后来发现,"开门红"期间也是队伍发展的最佳时期之一。分公司班子成员末位淘汰,也是业务发展到一定阶段的无奈之举,优胜劣汰,市场法则。

在人力发展方面,我们提出了更高的要求,其本质就是为了防止出现"虚假人力"。

(A)凡是符合条件的入司新人,必须在入司第一个自然月内达到健康人力标准,在第一个季度内必须达到"基本法"考核的转为正式人力的要求,作为领取"新人财务补贴"必要条件,进一步完善新人健康成长模式;(B)全司首次统一提高了健康人力标准,提成金额标准在原来基础上增加了20%,健康人力标准分别为月提成金额1500元、1200元、900元三个档次;(C)对各分公司增加"连续健康人力、连续绩优人力"专项费用牵引政策,并与13个月留存率挂钩考核结算;(D)试点推广"达标业务部"工作,把"常青指数"落实到最基层。对各营销员业务部,季度内如果达成"自主经营、活动管理、新人留存、训练体系"四项量化指标的基本评价标准,授予"达标业务部"称号,并按全年达标次数给予一定的费用支持。

在代理人渠道拓展短期意外险方面,总公司旗帜鲜明地指出具有"增加公司保费、提高业务员收入、提升销售技能、获得加保长险的潜力客户、为客户多提供一份保障"等五大作用,以前这方面的认识是不充分的。主要表现在:(1)意外险业务的增长速度低于个险新保增长速度,抓与不抓完全不一样。(2)单独购买一年期意外险的客户在逐年下降,据统计,2011~2014年客户数量分别为62.2万人、54.3万人、48.6万人、31.7万人,影响了长险潜力新客户数量的增加。(3)单独购买短期意外险客户加保长险保费的保费额及加保率却在逐年增加,2011~2015年加保率分别为3.2%、3.4%、6.2%、5.9%、8.0%，这是非常惊喜的发现。（4）分支机构担心在代理人渠道推动短意险后，会提高分公司短险赔付率，影响分公司费用的获取。实际上2007～2013年短意险的赔付率从42.7%逐年下降为32.3%，短期健康险的赔付率也分别由71.7%下降为66.5%，完全都在可控、可以接受的范围之内。（5）营销员对销售意外险的积极性也不高，主要原因是件均保费收入不高，承保手续比较麻烦，特别是与团体业务的意外险费率政策不一样，营销员卖得更贵，核保要求更严格；两核部门的人手也比较紧张，导致中小微企业的意外险潜力市场少有人在关心与经营。

为此，在短期意外险发展上，推出了针对性的举措：（1）统一思想，明确目标，完善"意外险综合开拓"计划，全年下达20亿元任务，同比增长要求达到50%以上；（2）统一费率政策、统一核保政策，对内统一浮动费率，对外保持产品竞争力；（3）营销员销售短意险，统一按提成金额的10%纳入"基本法"考核；（4）理顺业务流程，研发简单的计划书系统，推行标准化业务处理；（5）授权分公司灵活确定加佣比率，最大限度地调动销售积极性。

4.6.5　机构经营

2016年，太保寿险共有38家分公司、332家中心支公司和1858家支公司。我一直认为，机构是我们太保寿险最大的资源和潜力！从机构数量的角度，几乎与中国人寿差不多。当然，如果机构经营管理不善，费用成本也会很高，并且合规经营的风险也很大。

太保公司的机构除了数量多，更主要的问题是发展很不均衡，同样是中心支公司，无论是保费规模还是经营效益，差异都很大。虽然说各个公司所处的发展阶段不同，可以有不同的发展结果，但是有的机构长期没有解决发展问题或者说"吃饭问题"，我觉得主要的原因还是在于公司"一把手"的能力问题，根本的原因还在于总公司。有的公司长期内耗、内卷严重，即使从外地调配一个"精兵强将"去做总经理，也会因为基础太差，短期内难有起色，甚至最后还是"灰溜溜"地离开。有的老总在A公司是优秀的，提拔重用到B公司可能就会"水土不服"。究竟是什么原因，也值得深思。

出于业务发展的压力，出于机构经营的现状，我们在个险市场部内专门增加一个功能区，负责机构发展研究与管理，还配置了专职的分管副总经理，做了一些探索工作。

第一，推动三个"突破"，努力提高各级机构的生产力和责任感。

一是在体制机制上创新突破。推出"三升二"工程，原则上至2016年底，通过"相马""赛马"等办法，选择5家符合条件的中心支公司晋级为分公司；推出"四晋三"工程，通过内部晋升和监管晋升相结合的办法，选择一批符合条件的四级机构晋升为中心支公司三级机构。"三升二"，就是指中心支公司经考核升格为二级分公司，实行总、分公司双重管理模式，由总公司直接配置资源。"四晋三"是指支公司经过考核达标，所在的四级机构经理可享受三级机构分管总经理的待遇，并提升相应的硬件配置标准。

二是重点城市区域强化突破。一方面加大省会中支的突破发展力度，将省会中支的发展情况纳入分公司班子的年度绩效考核，制定省会中支负责人达标晋升考核办法，对达到条件的中支总经理试行晋升为分公司班子成员，由总公司直接聘任考核；另一方面推行"诺曼底"计划，2016年选择7个城市实现健康人力、新保期缴两个指标翻番计划。"诺曼底"计划是受到二战期间盟军"诺曼底"登陆战役的启发而设计的。

三是弱体机构强制突破。对全公司全部四级机构根据经营等级评定办法，分别评定为甲、乙、丙、丁四类，即对长期处于"丁类"的薄弱四级机构实施"拔丁计划"，学习中央"精准扶贫、精准脱贫"办法，计划用2年时间实现100%的"拔丁"治理目标。

第二，对全司标保排名后 30 名并且增速同比低于全司平均水平的三级机构、对全司标保排名后 100 名并且增速低于全司平均水平的四级机构以及弱体五级机构（指部分设在乡镇的营销服务部）分别给予限期整改、降级直至撤并处理。

第三，建立机构荣誉体系，进行年度表彰奖励。

第四，逐步解决基层机构营销职场设施落后问题。

第五，三、四级机构总经理的培训，提升经营管理能力。

经过这一系列举措，各级机构的经营管理水平明显提高，涌现出一批优秀的机构和总经理，总体上取得了预期效果。中国传统文化的"官本位"思想还是比较重的，作为中支总经理，能够当上分公司总经理的机会并不太多。一旦有机会，很会、也很愿意"暗暗使劲"。中支总经理相当于家里孩子，一旦长大，就想自成体系、自立门户。正因为这一点，"三升二""四晋三"的机制得到大家的热烈响应，效果就自然而然了。

要根本解决重点区域重点公司的发展问题，必须进行综合治理，要从根本上入手，总公司要给资源、给政策，更要给时间，要坚决放弃"一口饭吃成个胖子"的幻想，要调整简单的投入产出考核办法，要有容错机制，要解决担当者的后顾之忧问题。

苏州、无锡、常州分公司原来也由江苏分公司直接管理，自从升格为分公司并由总公司直接管理之后，业务发展明显加快。苏州分公司经常会成为城市型分公司的领跑者，业务总量与质量有时会超越上海、北京，常州分公司曾经做到市场份额第一名，无锡分公司 2020 年后发展更加稳健，成为后起之秀、长跑冠军。苏锡常分公司的成功经验值得实事求是、全方位的总结。

在机构经营或者说机构改革这个问题上，还不能忘记河南分公司机构改革的经验教训，跨地市行政区域的分公司，可以托管但尽量不要简单合并。

4.6.6 "五年转型路"

2016年6月12日,人民日报人民网登载《不辜负那份沉甸甸的信赖——太平洋保险"以客户需求为导向"战略转型纪实》,文中提道:"2011年,太平洋保险全面启动战略转型,集团高层明确了'关注客户需求、改善客户界面、提升客户体验'的三大转型目标。5年来,60万太保人见证了一个个转型项目的开花结果。"

文章指出:"太平洋寿险新业务价值率从2010年的11%提升到2015年的29%,价值创造能力强的个人业务在寿险保费中的占比从2010年的40%提升到2015的84%,增长动力实现转换,大个险格局形成。"

文章还特别提到"金玉兰":"在金玉兰中高端理财规划师团队获取的客户中,25~34岁的占比达55.5%","保障需求推动长险客户平均重疾保障从5.1万元提升到7.6万元"。"常州客户张明权对'金玉兰'理财规划师的评价是'年轻、真诚、专业,能够提供多套保险解决方案,打起交道让人舒服,提供的服务值得信赖'","针对客户希望获得更多高品质服务的需求,太平洋保险优中选优,挑选、培育一支具有丰富金融知识的专业理财规划师队伍并命名为'金玉兰'。兰馨四溢,如今这一模式已在全国15个城市成功试点。"这是官媒首次给予太保寿险个险业务、给予"金玉兰"如此高的评价。

2016年12月12日,《上海证券报》对太平洋保险公司的转型给予专门报道,题目是《五年转型路,终迎质飞跃》。报道指出:"作为国内首批开启战略转型的保险公司之一,太平洋保险的5年转型之路堪称业内范本,体现了保险业在承受价格竞争、重规模轻价值的现实压力下,'高筑墙、广积粮、缓称王'的主动应对。"

报道认为:围绕新客户获取和老客户加保的"双轮驱动"成效显著,构建了未来的核心竞争优势——业务增长已经由依赖于保单销售转向依靠客户经营。

报道指出："太平洋寿险长险件均保费由2012年3447元不增反降至2016年上半年的3416元,其中客户首张保单件均保费更是从2012年的3852元降至2016年上半年的2978元。而从客户维度的数据分析,其客均保费由2012年的4875元逐年递增至2016年上半年的5550元,老客户加保人数和加保保费都得到了快速增长,分别由2012年的54万人和44亿提升至2016年上半年的104万人和129亿元。"

随后的分析指出:件均保费降低而客均保费持续提升这一"剪刀差"现象,说明太平洋寿险的业务发展由追求件均保费向追求客均保费的转变,折射出寿险营销员的销售方式正在由"销售一张保单"转为围绕客户需求开展综合保障方案的制订和提供,而老客户的加保不断增加,也反映出其经营模式实现了从产品销售到客户经营的升级。上述评价非常专业,令人鼓舞。这些数据也是难得的核心数据,非常有说服力。

太保转型1.0的成功,完全是取决于战略定力与执行能力相统一。公司究竟是要短期的保费规模、市场排名还是要长期的价值的可持续增长?一流的战略与一流的执行,会取得超一流的成效。

"实践证明,很多一流的人才做三流的生意,有可能把三流做成一流;相反,三流的人才做一流的生意,则可能把一手好牌打得稀烂。"[①]

4.6.7　2016年年报成绩单

2016年是太保实施战略转型的收官之年,公司整体发展模式呈现出质的飞跃。

"5年后的2016年,转型发展成为中国保险业最'热'的词汇,行业从业者们无不竞相思考。而此时,中国太保的第一轮战略转型已经完成,

---

① 张磊. 价值[M]. 杭州:浙江教育出版社,2020年.

各项举措成为行业标杆。"

"转型成果中，最醒目的一个就是银保业务占寿险业务比重下降至5.3%，而可持续增长性、价值率高的个险业务比重持续快速上升。因此，中国太保实现了寿险业务的结构大调整，形成了大个险的发展格局。"①

2016年太保寿险实现保费1373.62亿元，同比增长26.5%，其中代理人渠道实现保费收入1154.1亿元，同比增长33.9%，代理人渠道完成新保保费收入373.83亿元，同比增长45.5%；太保寿险一年新业务价值190.41亿元，同比增长56.5%，其中代理人渠道的新业务价值为179.3亿元，同比增长63.9%，占公司总新业务价值的94.1%；公司新业务价值率32.9%，同比提升3.4个百分点，个人业务13个月保单继续率为92.3%，同比增加2.0个百分点，25个月保单继续率为86.6%，同比提高1.0个百分点；太保寿险营销员月均人力达到65.3万人，同比增长35.5%，月人均首年保费5084元，同比增长6.4%，营销员每月人均寿险新保长险件数为1.72件，比同期1.37件增加25.5%，这是在人力增长35%基础上的人均数据的提升。

高国富董事长在年报中指出："个险业务从2010年占40.2%，提升至2016年的84%，从353亿元突破至1154亿元"，"银保业务从2010年的54.9%下降至2016年的5.3%，业务规模从482亿元下降至73亿元，下决心去除了低价值业务400亿元！"

这样的业务数据，体现在《财富》世界500强排名上升77位，为251位，可谓史无前例的晋升！这样的业务数据，公司年报不管如何总结描述都不为过："公司大个险格局推动寿险业务实现'质''量'齐升，价值增长方式根本改变！"这是2016年公司年报在"核心竞争力分析"部分的

---

① 孔庆伟，李芸．起于浦江潮，扬帆太平洋：中国太保30年［M］．上海：上海三联书店，2021年．

险　峰

第一条分析结论。

2016年还有一大历史性的亮点，就是太保寿险公司总保费终于经过7年的努力，最终超越了新华保险，重上"行业三甲"！这是献给建司25周年的最好礼物。当然，年报里还有更多惊喜或意外发现，好多是只能面叙不能落笔的。

这样的连续增长，终于迎来了个人职业生涯的"高光时刻"。

4.7　2017：成功登顶

这是一个变化的时代，变是绝对的。

2017年12月28日，习近平总书记在驻外使节工作会议上明确提出，"放眼世界，我们面对的是百年未有之大变局"。[①] 几个月后，在中央外事工作会议上，又进一步指出，"当前，我国处于近代以来最好的发展时期，世界处于百年未有之大变局，两者同步交织、相互激荡"。[②]

中国保监会2017年5月印发《关于规范人身保险公司产品开发设计行为的通知》，对寿险公司坚持"保险姓保"、改造速返型产品，加大保障型产品供给，规范公司经营等方面产生重大影响。

4.7.1　变局之年

太保公司何谓变局呢？人事之变，一定会带来一系列的深刻变化。

2017年3月30日，高国富董事长不再担任太保集团党委书记，离开太保了，到浦发银行任党委书记、董事长，孔庆伟接任太保集团党委书记。2017年10月起贺青接任太保集团总裁，自2001年起连续17年担任太保集团总裁的霍联宏圆满卸任退休。

这几位领导都是我保险生涯中的"贵人"，对我的工作都有重大影

[①②]　习近平. 谈治国理政（第三卷）[M]. 外文出版社，2020.

响。特别是高董事长，他对中国太保的健康可持续发展，中国太保的A、H股上市，解决公司发展的资本补充机制，等等作出了重大贡献。高董在太保的十年，是太保历史上最辉煌的十年；是最经得起时间检验的十年；是太保同事的市场价值最大的十年。

在太保2016年报中已经明确2016年是转型收官之年，作为"转型1.0"的主要执行者之一，我认为"转型1.0"是非常成功的，为太保寿险公司今后的发展打下了坚实的基础。

"转型2.0"在孔董事长的主导下，徐徐展开。

4.7.2 员工大会

上海企业在过年之前，一般要召开一个类似于"团拜会"，全体员工参加，公司领导要汇报年度工作成效，特别是要公布员工年终奖金绩效系数以及各部门和员工个人年度考核结果，这个考核结果非常重要，例如：被评为A类员工，全年绩效上浮8%，被评B类员工，全年绩效上浮4%，并且"终身有效"，就是说如果你没有离开公司，你的绩效基数提高了8%或4%，每年如此，越滚越大。这是很有力度的，所以大家非常关注。

寿险公司的员工会议一般由工会主席主持，常务副总或总经理汇报工作。之后还有各部门员工代表进行文艺节目汇报演出及评比，大家非常轻松与开心。公司层面没有像苏州那样安排集体吃"年饭"的习惯，但各部门内部还是私下有安排的。

2017年1月20日，又恰逢一年一度的"员工大会"，公司常务副总已经担任集团首席数字官了，公司安排我代表公司作年度工作汇报。个险条线的小朋友也非常重视，帮我做了一个非常专业、非常有特色的PPT，充分展示了我、我们个险、我们公司的风采与成就，效果非常好。唯一遗憾，我没有文艺歌舞的天赋，只能做个观众。否则我如能领舞一支，岂不妙哉？

4.7.3 好事多磨

2017年3月，集团公司公示，提名我为中国太平洋人寿保险股份有限公司总经理。

4月28日正式发文，本人终于成功登上太保寿险公司总经理职位的"险峰"之顶，正式成为中国太平洋人寿保险股份有限公司历史上第四任总经理；5月17日孔书记找我进行组织谈话，5月27日本人被任命为太保寿险公司党委副书记。

同年12月15日，太保寿险公司召开临时股东大会，审定修改公司章程，中国保监会215号批复同意公司章程修改，太保寿险公司董事会由7人组成，其中执行董事为2人（原执行董事为1人，非执行董事为6人），2018年2月我任董事的资格考试一举通过，同年3月14日获保监会董事资格批文，由此我成为执行董事。

何谓好事多磨？在公务员系列最多可能一个月搞定的事，保险公司要一年才办完。总经理、党委副书记、执行董事基本上应该是三位一体的，太保公司要"折腾"我三次，而且我是先当总经理，后任党委副书记，再修改公司"章程"，真可谓"好事多磨"，我还到北京参加了中国保监会的两次任职资格考试（分别是总经理和董事资格考试）、一次高管任职谈话。假如两次任职资格考试不是一次通过，说不定需要二年时间才能完成。

我任总经理时，又恰逢集团董事长新老交替。公司公示我担任总经理时，是由高董事长找我谈话的，谈话非常实在，一语道出"天机"，排在我前面的5位副总（其中先后有两位常务副总）都相继另有任用或离开寿险公司了。言下之意，既有"排除万难"，也有"论资排位"的问题。这也是我自己定位为"小六子"的原因，我完全理解。

现在想想，做个上海滩金融机构的总经理真的不容易！酸甜苦辣，五味俱全。

4.7.4 培育绩优组织与绩优队伍

在保险公司，不管什么职位，没有保费是万万不能的。我们深深知道，培育绩优组织，发展绩优队伍，是提高营销产能的不二法则，也是防止粗放经营的基础前提。

第一，持续借力"群英会"这一最大的绩优组织体系，推动营销精英成功复制成功。

2017年我们成功举办了"中国太保第21届群英会"，从"第21届群英会入围营销员脸谱分析报告"可知，太保寿险的绩优组织与绩优人力已经非常强大了（所有指标参评时间自2016年4月1日至2017年3月31日）！

从1997年至2017年，太保共举办了21届群英会，入围人数从最初48人发展到第21届的18843人，见证了太保个险营销精英一代又一代的成长历程。

第21届群英会共计入围28008人次，同比增长128.6%，实际入围人数为18843人，其中有的获奖两个及以上。在入围人员中，具有大专及以上学历的占比达43%，比上届提升6个百分点，"80后"入围人员占比21%，提升4个百分点，从业3年及以上人员占比达到48.5%，入围人员以女性为主，占比达83%，男性只有17%，还有一个特点，一季度"开门红"期间的提成金额占入围人员全部提成金额的75%左右。

入围人员人均提成金额147165元，其中百万提成金额以上人数达42人，同比增长121%，其中提成金额在500万元以上有3位，分别是大连分公司的王宝立2683万元、四川分公司的周莉658万元、江苏分公司的卢小美558万元。

在上述时间内，个人累计提成金额大于或等于55万元，并且累计基础业绩大于或等于160万元以上，可以评为"个人一级蓝鲸奖"，第21届"群英会"最终入围"个人一级蓝鲸奖"的达860人，同比增长146.4%，个人一级蓝鲸奖人均提成金额首次破百万，达到124.17万元。

按"基本法"计算入围人员人均收入达296746元，第21届群英会个人收入超过100万元的有567人，第20届为410人，同比增长38.3%。

第21届群英会个人"蓝鲸奖"获得者人均件数为59.2件，同比增长25%，相当于每人每月出单5件！件均提成金额为2487元。全司件数第一名为苏州分公司的瞿凤根，件数467件，个人提成金额达207.6万元，第二名为上海分公司的李家蔚，件数426件，个人提成金额107万元，第三名为江苏分公司的卢小美，件数345件，个人提成金额达562.3万元！

第21届群英会入围人员个人13个月继续率达到99.2%，第20届为98.4%，第19届为98%，他（她）们都是精英中的精英，产能高，件数多，品质好！

第21届群英会"会长"是王宝立，男性，1981年出生，来自大连分公司的顾问营销渠道，个人提成金额达2683万元，共计54件保单，是标准的"高端客户经营高手"，13个月继续率为100%，非常了不起！宝立为太保寿险大连分公司的个险发展作出了重要贡献。

我们还设置了三个副"会长"，分别是主任、经理、总监三类主管中的第一名为副会长，同时，对件数第一名、有效增员第一名、新人提成金额第一名的分别授予"件数王""增员王""新人王"。可以说，群英荟萃，各显神通。

从这次群英会分析得知，机构之间发展非常不均衡！为了控制实际出席表彰大会规模，我们在入围人员中，再按一定的标准选拔现场参会人员，总人数控制在380人。其中豫南、安徽、辽宁等8家分公司只有一名参会人员，这一名也完全是照顾的，我们选择每家分公司的件数第一名可以代表出席，也就是说，严格按提成金额标准，8家分公司没有一个人达标的。河南分公司是太保寿险公司个险规模最大的机构，分为豫东、豫南、豫西、豫北四家分公司，实际出席会议的共计8人，扣除4个件数名额外，实际只有4位出席，非常意外！浙江分公司连续三年入围人数第一名。由此可知，浙江分公司是典型的产能提升型机构，河南分公司是标准的人力发展型机构。

第二，重点推动百万圆桌会议（million dollar round table，MDRT），让我们的营销精英走出国门。

2017年总公司下发了《关于印发2017年度个人业务板块绩优组织标准的通知》，其中的附件六是关于《2017年MDRT分公司专项支持方案》，根据方案规定，对于达成总公司下达的MDRT入围人数目标的分公司，按照同比增加的人数，每增加1名，奖励1万元，并按季度兑现。太保寿险2016年入围MDRT人数为790人，2017年入围目标是1000人，实际结果是到二季度末已经达成830人，超过了2016年全年的总数，至三季度末已经累计达成1130人，效果非常明显，抓与不抓完全不一样。其中浙江分公司入围人数达178人，第二名是北京分公司97名，第三是苏州分公司70名。

我一直有个愿望，什么时候中国太保能够"包飞机参加MDRT年会"，牵头举办海外华人MDRT专题分享盛会，帮助参会人员克服语言交流的困难，请全体与会嘉宾盛装出席"中国太平洋之夜"。

第三，组织参加"国际龙奖IDA年会"①。

国际龙奖IDA年会自1998年创设以来，已经成为世界华人金融保险最高的荣誉殿堂，这是由台湾保险行销集团梁天龙先生一手创办的。

2017年国际龙奖IDA年会于2017年8月10～13日在澳大利亚文化之都墨尔本会展中心举办，太保寿险总公司非常重视，趁热打铁，首次由总公司统一组织集体参会。其实集体组织这样大规模的海外活动非常有难

---

① 国际龙奖IDA（International Dragon Award）是世界华人保险业从业人员荣誉奖项。

度，除了事前要预先明确参会标准之外，大量的是会务组织工作。总公司专门下发通知，明确可以从上海、北京、深圳三地分别出发出境，安排专人对接旅行社办理签证手续，有关签证及会议费用全部由总公司统一承担，由于签证未通过等特殊原因不能参会的，总公司按每人5000元的学习津贴给予发放。

该届大会的主题为"宁静致远"，非常切中当时行业要害，意味深长。并且指出，"全球正处于改变的当口，在高度竞争下，唯有接受改变、做好应变，以定心、定性的沉着，以发展当责稳重之态度，洞悉未来趋势前景，才能创造金融保险行业的可持续发展，专心致志地为行业的正向发展共同努力"。五年后的今天，这个大会主题还是非常具有前瞻性的！

我应保险行销集团创会主席梁天龙先生及开元、殷淑明主席之邀，出席了年会以及"国际金融前瞻论坛"，并在墨尔本请优秀营销员代表小聚一下，大家非常高兴。

高规格举办群英会、大力度推动MDRT、统一组织参加IDA年会，其根本目的就是让我们的营销伙伴从"富起来"到"强起来"，要让精英们开阔视野，要善于与国际一流水平高手交流分享学习。我们的营销精英已经走到中国大陆保险营销的舞台中央，已经穿上旗袍、西装，已经学会包装并分享，但还必须走出国门。说实话，我们离专业化、职业化、数字化、国际化还有一段路要走。

4.7.5　参加中国香港、欧洲路演

自2011年起至2018年止，我每年都要陪同集团董事长或总裁进行年报路演，这是每年一次海外机构投资者对太保寿险的年度"面试"，也是集团主要领导对我们个人的一次"考试"，看看我们在回答投资者的问题时能否体现公司的战略方针？业务是否熟悉、数据是否精准？回答问题的技巧与艺术如何？投资者是否满意？最后呈现的是投资者加仓还是减仓。

说心里话,每次参加路演既兴奋又压力很大,每次路演都是一次再学习、再提高的过程。

2017年4月6日我随集团总裁飞香港,7号上午拜访了贝莱德基金、施罗德集团香港公司,下午又见了富达国际及摩根士丹利投资管理经理,9号星期天飞阿拉伯联合酋长国首都阿布扎比,10号上午去了阿布扎比投资局,11号从阿布扎比飞伦敦,12号拜访了查理曼资本及施罗德基金,13号上午去了资本研究全球投资者基金,下午就飞上海浦东机场,行程非常匆忙,没有游山玩水。

这些机构都是世界重量级机构投资大鳄,贝莱德基金是全球规模最大的资产管理集团、风险管理及顾问服务公司之一,当时的管理资产规模近3万亿美元、持有我司股份近2亿股;阿布扎比投资局是阿拉伯联合酋长国的主权财富基金;施罗德欧洲基金,是全球性资产管理公司(由其香港公司分别进行投资决策),当时持有我司股份接近3亿H股,是前十大流通股东之一。

这些机构至少有两大特点。第一,从战略层面他们非常关注太保集团是否会投资甚至控股银行?因为中国人寿控股了广发银行,中国平安拥有了平安银行。他们的理由很直接,因为保险与银行的估值是不一样的,如果太保控股了一家银行,不如直接投资银行股,他们是因为看好保险才投资保险股票的。所以,他们是非常希望我司专注保险主业,把保险做精、做深、做透、做强。第二,非常关注个险营销的发展,包括但并不限于队伍发展、产能提升、产品策略、教育培训等,他(她)们在我们去之前就已经建立了数据模型,把太保公司的数据进行年度间的趋势分析,还进行了同业比较,然后用我们的回答、数据、观点来论证他们自己的模型及判断。我非常钦佩他(她)们的专业与敬业,有时就一个细节问题要追根刨底,让我学到很多,甚至细细冒汗。

他(她)们有时就一个人,"对付"我们7~8人,从集团到子公司,从产寿险到资管公司,从企业到政府宏观经济背景,都想有个交流了解。

从某些角度，我也是幸运的，后来的分管总，由于疫情等一些原因，暂时没有出去现场路演了。

有一次在美国路演，我们还参观了高盛总部交易大厅，比较震撼。每层楼有好几百个交易卡位，每个卡位至少有三部较大屏幕的电脑，全球主要市场 24 小时实时显示，据介绍这交易大厅共有 6 层。办公楼最具风景的是面向曼哈顿的自由女神像的自由空间，这里是公共、休闲之处，而不是老板的办公室。

4.7.6　第一次接受媒体专访

2017 年 11 月《保险行销》（总第 343 期）发表了我的专访《坚定走中国太保特色个险发展之路》，主要是宣传太保寿险转型 1.0 的成就，以及对转型 2.0 的展望，效果颇好。

这是我分管太保寿险个险工作及担任总经理 8 年期间唯一一次接受外部媒体采访或者对外发布文稿，当时主要考虑也是对我中国台湾保险行销集团《保险行销》的支持，更是想对梁天龙主席及殷淑明女士多年来的关心与帮助表示感谢，凡事都是一分为二的，保险业需要相互帮衬。

那天上午，殷总还带了位美女主编，在我们吴淞路 400 号 20 楼的小会议室，聊了一个上午，我没有请她们吃饭，我们留下了合影，成为美好的回忆。

《保险行销》是全球华人金融保险领域最权威、最专业、最受营销精英好评与喜爱的杂志，直到 2022 年他们还把杂志邮寄给我，受益匪浅。

现在反思，我可能过于低调了。为什么不多创造一点机会去"亮亮相""评个奖""致个辞"？为什么不多发几篇专题文章？多少也可以为公司、为自己多增加一点市场地位与市场价值吧。

记得第一届国际保险节暨 2015 年度"保险名家"颁奖盛典，于 2016

年7月8日在上海世博中心举行,大会的主题是"智观世界·创见未来"。大会创始人及大会主席李海峰先生很不简单,邀请阳光媒体集团的杨澜为首席主持贵宾,特邀著名文化学者余秋雨为首席发言贵宾,讲得非常透彻。

第一届参会营销精英超过6000人!在太保寿险公司总部所在地的上海举办这样大规模的活动,太保公司有得天独厚的优势,至少可以组织1000人出席参与,并且应该与"鼎翊公司"① 全面合作。然而,我没有这样做,只是参会并认真聆听,更没有登台亮相的习惯,这是我的局限性。分享一下经验与想法,现在想起来是有点羡慕了。

4.7.7 最佳实践典范案例萃取

2015年四季度首次引进最佳实践典范案例项目后,分别举办了两期最佳实践典范案例基础班和提升班,共有40名专职讲师和40名优秀外勤参训,系统学习了案例开发的流程等,并根据所学内容研发形成了"十佳案例"。这个项目主要是与原中国太平人寿总公司培训部总经理合作推动的。

这个项目的效果大大超出我的预期,赢得了空前的一致认同,为内外勤基本能力和素质的提升作出了贡献。在此,非常感谢姜老师的辛勤付出与奉献。

讲师组训从过去基本不做案例课件,到学会访谈、自主研发案例,这是太保个险培训史上的一个巨大转变,提升了师资队伍实战教材的研发能力;外勤训练师过往分享一直是"宽而浅",现在一改持续多年的习惯,逐步转变为"窄而深"的分享。"做得好,一定可以讲得好""最好的荣誉就是去分享成长并享受分享的快乐"。

---

① 国际保险节由上海鼎翊企业管理有限公司独家创办、主办。

各分公司都把最佳实践典范案例的推广，作为成功经验复制的重要途径。案例取之于团队，用之于团队；2016年共举办了9期普及型培训班，参加培训研发人员达500人，一瞬间公司内部研发、分享成功案例蔚然成风，形成了"实践、思考、总结、提高、复制、再实践、再总结、再提高"的良性循环。

《闯进高端市场，做顶尖业务员》《高保额健康险销售技巧》《用心服务、快乐营销》《真心付出，十年零退保》《新人成长日案例》等分享文案层出不穷，各分公司研发的案例、各销售渠道的案例逐步汇总至总公司，丰富总部案例库，为总公司每月一期的视频"新人成长日"、每月一期的"太保之声"以及各类培训班提供了源源不断"弹药"。

2017年项目组计划继续深入推进，举办对分公司培训部经理、企划部经理研发培训班，重点研发提炼"新人留存类案例""主管辅导类案例""内勤管理人员成长案例"等，由此推动全司专业化、精细化管理水平的提高。

4.7.8 研讨精算、资产负债管理

由于我长期在分支机构工作，2011年到总公司后，主要也是分管销售工作，所以对精算及资产负债管理严格来说是不太明白的。虽然我具有高级会计师专业资格，但作为寿险公司的总经理，如何经营管理一家总资产超万亿的寿险公司，必须自我转型，必须加快学习。在精算部、财务部的同事、老师特别是时任分管总经理、总精算师的帮助下，我慢慢感受到了"资产端"的魅力和复杂性、重要性，慢慢领会到巴菲特对"寿险公司看不懂"的含义所在。

保险资产管理与普通资产管理有什么差异、保险资产配置的逻辑是什么，为什么SAA主要考虑的因素是投资收益、风险偏好和流动性？客户负债成本是如何计算出来的？如何理解并把握十年期国债收益率曲线的走

向与趋势?

资产负债如何联动?是主动联动还是被动联动?如何处理好当期会计收益与长期净值增长的关系?如何才能实现价值评估投资收益率长期假设?

实际工作中,公司投资目标往往是为了实现绝对目标,就是要确保完成三年平均会计收益率超越负债成本,要完成当年投资预算目标,拿到年终绩效。这也是没有办法的办法。这种"应付"考核的投资策略,其实我是不完全认同的。我认为在业务基本稳定发展、确保一定的流动性风险抵御能力下,战略资产的配置要有一定的进攻性与长期性,既要解决当下会计收益问题,更要解决长期稳定增长以及久期匹配问题。优质资产永远是紧俏的。

太保公司整体投资业绩呈现的特点是,投资收益水平居行业中上水平,投资业绩相对稳定,抗风险能力较强,这是非常不容易的。负债端最多是个"乙方",我甚至还认为有的时候在"八仙桌"东、南、西、北上是没位置的,但"资产端"不一样,大部分是"甲方"。一旦成了什么"专家",市场价值也水涨船高,甚至还可以"自立门户"搞个私募什么。

在国有体制下的太保公司,我只能适应它,没法也没有必要改变它。我认为10%左右的权益类配置比例有点保守了,如果主要配置固收类产品,也是很难做成"百年老店"的。

4.7.9 支持分支机构业务健康发展

面对纷繁复杂的环境,"扛过去的才是传奇,倒下来的都只是传说"。2016年寿险公司总保费增长26.5%,一年新业务价值增长56.5%,更主要的是,2017年是集团新任董事长、总裁的第一年,也是我作为寿险公司总经理的第一年。2017年怎么收场?路演、专访、研讨等,解决不了业务发展问题,年底必须有个基本满意的交代。

我们主要寻找新的路径，挖掘新的动能，激发新的活力。力求避免"以更多的新增人力实现更快的业务发展"这种粗放模式。除了常规工作外，重点做了以下几方面工作。

（1）以"九张保单"理念推动客户加保，提升客均价值。有关权威专家提出，根据涵盖整个生命周期的保险需求，人生可能面临有九大风险，需要购买"九张保单"：

第一张：意外险，认为预防0～20岁意外风险事故；第二张：定期重疾保险，在年轻时要做好应对未知疾病风险；第三张：医疗险，作为增强风险保护的重要补充；第四张：教育金，特别是收入不太稳定的家庭，不要影响小孩上大学；第五张：定期或终身寿险，成家以后，买一份寿险，写上对方名字，爱与责任体现；第六张：长期重疾险，30岁以后，高保额的长期重疾险，可以防止因病致贫风险；第七张：房、车保险，如果发生人生意外房贷车贷怎么还？房屋财产安全吗？第八张：养老保险，退休以后，如何解决通胀、长寿风险？保证健康生活品质；第九张：财产传承保险，指定受益人可以解决财产纠纷、遗产纠纷等问题。

不是说每个人都要买这九张保单，可以因人因家庭区别对待。基本原则是先保大人，后保小孩，优先保障家庭中的经济支柱，先重疾，后养老等。可能具体排序上也略有不同。

根据大数据分析，在2016年底，太保寿险公司拥有各类保障的客户数据也比较意外：仅拥有1类保障的占比28.1%，仅拥有2～8类保障的客户占比分别为31.9%、32.1%、5.8%、1.6%、0.4%、0.1%、0.02%，拥有9类保障齐全的客户数仅1000多人，占比0.001%左右，有的客户的保险保额明显偏低，低于基本的门槛值。这些都是基层公司推动老客户加保的方向和潜力。

总公司还研发"心安怡"家庭单，推动家庭保单的销售。同时完善培训课件，把"九张保单"的销售技能纳入制式课程，努力提高各层级的专业能力。

（2）完善中高端客户服务体系，提升客户体验。根据个险条线对全司50家分支机构负责人调研统计，有关中高端客户经营存在的主要瓶颈是：全司没有统一的客户服务体系，客户体验满意度不高，特别是中高端客户服务内容缺失；随着中高端客户在全国、全世界的流动性增加，"同一个太保，同一种服务、同样的满意度"的呼声越来越高。例如，有的银行已经在重点机场的候机厅开设"VIP贵宾室"，进出机场也有统一的接送人员陪同及车辆安排等。

这类问题，非常有针对性，只有总公司方可以集中财力来整体规划、分步实施、逐步解决。根据数据统计分析，2016年全司当年最大保费的保单已经突破2000万元，当年年缴保费100万元以上的客户已经达790多人，并且主要分布于浙江、北京、山东、广东等36个省市，如何做好这些"流动大客户"的贵宾服务？个险条线与客户服务部门开展了市场调研与讨论，形成了初步解决方案。计划全年安排不超过5000万元预算，重点先在上海、北京、广州、深圳、成都等主要机场进行布局。

根据与机场的接触了解，实际的年度贵宾室租赁价格并不太贵，但广大客户及公司员工的感受是不一样的，同样具有广告作用，比简单地在候机大厅里单独做个广告，效果可能不是一样的。

还有，就如何帮助中高端客户解决在上海、北京等地三甲医院专家门诊就医等问题进行了充分的讨论，要用实际行动支持分支机构做好客户经营工作。

（3）首次统一颁布《个险营销业务人员品质行为管理办法》，严肃销售行为管理。该办法明确营销员如果参与非法集资、代销第三方理财、销售误导引起各类纠纷、各类被投诉、制造假出勤信息、拆单、挂单、竞赛后短期退保等77种违规行为进行扣分，一年内累计扣分20分及以上者直接解除代理合同，凡参与非法集资及代销第三方理财产品的直接扣分20分并解除代理合同。

同时还明确了扣分以后的追责标准，根据业务人员季度扣分情况，扣减季度新保佣金的5%~15%，根据年度扣分情况，分别取消参加竞赛、评优和晋级等资格；对各级业务主管实施年度追责，根据扣分情况，分别给予扣减管理津贴5%~20%，直至取消主管职务等处理。

全司第一次对70多万营销员实施统一的品质管理体系。原来主要是各分公司根据各自情况进行管控，但随着交流、培训、分享的频次增多，以及通信工具的发展，各地的矛盾及差异日益显现，因此有必要推行全司统一标准，实行系统管理。

与此相配套，全司还第一次统一了"出勤次数标准、出勤率计算标准、分公司评价出勤标准"，全司上线"出勤管理系统"，统一进行出勤标准化管理。

为了提升业务品质，管控短期退保，总公司出台了营销员"自保件"有关管理办法。首先是区分自保件购买的动机，是营销员自身出于保障需求主动购买还是为了应付考核被动购买？是客户购买还是客户变成营销员"变相"购买？其次是针对不同情况的自保件，评估对继续率的影响，出台差异化的分类管理举措。并且扩大了自保件的认定范围，把营销员的直系亲属保单也纳入自保件管理。如果自保件退保，将全部扣回所有收益，杜绝利益漏洞，并且两年内不得再投保了。如果分公司放松管理，导致分公司自保件的继续率低于全司平均水平的，将上调分公司整体13个月继续率考核指标，实行"惩罚性"严管措施。

这些基础性工作，工作量大，情况复杂，涉及每个营销员的行为与利益，必须做到客观、公正、精确。虽然工作有难度，但从长期看非常有必要、有价值。

4.7.10　2017年年报成绩单

2017年太保寿险总保费收入1756.28亿元，同比增长27.9%（全国人寿保险行业平均增速为20.3%），其中代理人渠道总保费收入1541.95

亿元，同比增长33.6%，其中新保业务494.84亿元，同比增长32.3%，其中新保期缴470.83亿元，同比增长31.2%；代理人渠道总保费收入占公司总保费收入的比例为87.8%，同比提升3.8个百分点。

太保寿险公司一年新业务价值267.23亿元，同比增长40.3%；新业务价值率为39.4%，同比提升6.5个百分点；个人业务13个月保单继续率93.4%，同比增长1.1个百分点，25个月继续率为89.3%，同比提升2.7个百分点。这充分说明2016年、2017年的快速发展，其业务质量是高的。公司剩余边际余额达2283.7亿元，同比增长32.3%；寿险公司实现净利润100.7亿元，同比增长17.9%。

月均保险营销员87.4万人，同比增长33.8%，保险营销员每月人均首年佣金收入1012元，同比增长2.5%；长险举绩人力月人均首年保费业务收入同比增长6.0%；这份年度成绩单，对于我这位新任总经理而言，自我感觉还是比较满意的。孔董事长在致太保股东的信中指出：2017年，我们共同度过了具有里程碑意义的一年。公司完成了董事会平稳交接，实现了经营管理层新老交替，谋划启动了"转型2.0"，提出了"客户体验最佳、业务质量最优、风控能力最强"三大目标，力争成为行业健康稳定发展的引领者！

这个"三最一引领"新的转型目标，我认为完全属于自加压力、敢于担当、牢记使命的企业家情怀，思路非常清晰、要求非常高远，衷心祝愿能够早日实现。

4.8 2018：历史记录

时代是思想之母，实践是理论之源。2018年是贯彻党的十九大精神的开局之年，是改革开放40周年，是决胜全面建成小康社会、实施"十三五"规划承上启下的关键一年。

2017年10月胜利召开的党的十九大，通过了《中国共产党章程（修正案）》，确立了"习近平新时代中国特色社会主义思想"。党的十九大报告指出，我国社会主要矛盾已经转化为人民日益增长的美好生活需要和不平衡不充分的发展之间的矛盾。中国共产党人的初心和使命，就是为中国人民谋幸福，为中华民族谋复兴！保险业与保险人是其中一员，必须学习领会、贯彻执行。

2018年中央经济工作会议强调，稳中求进工作总基调是治国理政的重要原则，要长期坚持。"稳"与"进"是辩证统一的，要作为一个整体来把握，要把握好工作节奏和力度。

国务院办公厅还发布了《关于加快发展商业养老保险的若干意见》，对应对人口老龄化、加快发展商业养老保险具有重要推动作用。与此同时，个人税优健康保险全国推广，也将对个险业务发展带来一定的影响。

伟大的时代，需要伟大思想的领航。个险工作只有顺势而为，方能有所作为。

2018年我的工作重点发生了重大变化，大量的时间与精力应付在各种活动与会议上，苦不堪言。全司个人业务发展势不可挡，主要指标创造公司历史最高纪录。

4.8.1 总经理报告

2017年12月24日，总公司召开了个险条线2018年度工作会议，这是我首次以总经理身份出席并做主题报告，报告的题目是"新时代、新气象、新作为，坚定走中国太保特色的产能提升之路"。

我们共同学习了上述两大重要会议精神之后，在充分肯定2017年工作的同时，我一针见血地指出我们当时个险工作存在的问题：

（1）2017年业务全年高开低走，季度间差异较大，如何实现均衡发展？2017年个险标准保费第一季度计划进度为42%，实际完成年度任务的68.3%；个险标准保费一季度同比增长120%，而二、三季度同比增长分别为-3%和0.4%；个险新保期缴一季度同比增长52%，二、三季度同比增长只有15%和3%，全年增长31.2%；从某种角度而言，2017年开门红是最优秀的开门红，创造了历史最好成绩，为全年完成年度目标奠定了坚实的基础。但2017年也是最不均衡的业务节奏，为什么不能"又好又均"呢？

第一季度安排42%的计划进度已经超常规了，也是顺应市场及各分公司的实际需求，但结果还是大大超越预期。有人会说，我们不抢"开门红"的保费，同业会抢啊，市场总量就这么多，谁赢得先机谁就赢得主动权。这也有道理！但与"上级领导"的要求还是有很大差距，领导希望既要完成任务、同比增长，还要季度间均衡发展。更有人极端的想法是，如果你每个季度都像"开门红"，不是更好吗？也有人在思考，是否可以不搞"开门红"？然后实现季度间的均衡发展。我认为我们要的是相对均衡的发展，要的是可持续的、高质量的发展。我们反对"押宝式"的、"脉冲式"的发展。

（2）总公司推出的年度重要政策执行情况不及预期，如何进一步提高专业管理水平？总公司自2016年开始，为了防止过度依赖"人海战术"，进一步强调营销队伍的留存、流失、脱落的管控，并配套了相应的政策。2016年总公司推出的人力发展政策中规定，总公司承担的人力发展费用的比例要与各分公司"4~6个月新人长险举绩率"和"13个月留存率"达成情况挂钩考核；还规定了在严格"基本法"考核的前提下各分公司"13个月留存率"的底线要求。

2017年的要求更加严格，年初就下达了各分公司的"年度累计增员人数"的限制性配额，超出增员配额部分的人力发展费用由分公司自己承担；同时还规定，2017年月均新增连续3个月健康人力占比小于2017年总公司下达的目标任务的分公司，也将自行承担相关的人力发展费用。实际上我们已经在限制无效增员了，希望用市场的手段、经济的方法来调节增员数量与质量。

所谓的"人口红利"确实客观存在，滚滚而来。2016年太保寿险月均营销人力增长35.5%，2017年实际增长33.8%，这是一个比较"恐怖"的增速。因此总公司未雨绸缪，在2017年初就想通过上述政策来控制增员的节奏，来提高增员的质量。然而，实际执行结果很不理想。统计至开会的时间，有11家分公司因为超过增员配额而要被扣费，人员脱落比率超过管控目标的26家分公司要被扣费2.6亿元。这究竟是什么原因造成的？

主要的原因就是总公司坚持长期主义、坚持价值长期可持续增长的经营理念与分支机构班子成员特别是总经理的三年任期制、六年必须异地交流所导致的经营目标短期化之间存在矛盾！当然总部的经营思想与举措有时也有短期化的现象。为什么不能做到把握规律、保持定力，坚持保险姓"保"？为什么不能做到"一张蓝图画到底"？

在会议上，我明确指出，2018年，机遇前所未有；2018年，挑战前所未有。我们要对2018年可能遇到的困难与挑战有清醒的认识和准备，要进一步增强战胜困难的信心和决心；明确提出太保寿险转型2.0的愿景目标是：立志成为寿险行业健康稳定发展的引领者！我们转型2.0的发展方向是，产品回归保障，服务创造价值，打造数字化生态圈。

会议要求各机构各部门具体做到：坚持一个中心，坚持走以产能提升为核心的转型发展之路；建设两支队伍，建设一支凝聚力最强、产能最高、作风最优的人民喜欢的营销大军，建设一支年轻化、专业化的分支机构总经理管理队伍；突破三"基"，突破基层建设，突破基础工作，突破基本能力这三项重点基础工作。具体是五项举措：

一是继续推进太保个险4.0模式，集中精力攻克"产能提升"难题。下图是我的工作报告中关于推进太保个险4.0模式的内容。

> **推进太保个险4.0模式，集中精力攻克"产能提升"难题**

■ 太保个险4.0最终要实现"5W"，即在中心城区，由高素质营销队伍，将客制化产品，运用移动互联等先进手段，销售给中高端客户

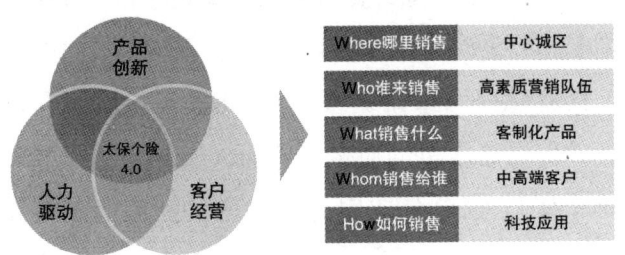

太保个险发展模式，最终一定要实现在中心城区，由高素质营销队伍，将客制化产品与服务，运用人工智能等科技手段，为中高端客户提供家庭保险及财富增值一揽子解决方案。我认为这是今后一段时间个险营销模式的关键所在。所谓的4.0，不是队伍、产品、客户各自单独运作推动，而是三者交集部分的体系化、协同化推进。

二是创新机构发展机制，强势推进重点中心城市突破发展。中国这么大，太保机构这么多，不可能不顾客观现实，全部由总部包揽。我们计划在上海设立自贸区分公司，力争三年"再造一个上海分公司"；计划在深

圳前海设立专属保险销售子公司，加快探索建设专属独立代理人队伍；计划选择广州、杭州等核心省会城市中心支公司试行计划单列、由总公司直辖管理模式，并配套相应政策方案。

这些想法，与2021年国家层面非常注重长三角、大湾区的发展引领，也是完全一致的。

三是打造太保"美好生活（Betterlife）"计划，倡导与客户价值共享。（1）新老客户可注册参与"美好生活（Betterlife）"计划，公司开发建设健康管理平台及App，直接面对客户提供专业健康管理建议。（2）根据用户健康改善状况、生活品质提升情况差异化享受太保公司保险保障的优惠折扣，至少可以少缴一年续期保费；其根本目的是推动公司收获更多的优质客户，用户可以拥有更加健康的身体及"美好生活"的品质，社会可以减少医疗支出，实现客户、公司、社会三方价值共享。核心逻辑是，通过健康管理、健康促进，降低疾病和死亡发生率，降低公司及社会运营成本，最终提升社会效率和广大市民对美好生活的满意度。

四是推出分公司经营管理综合评价体系。下图是我的工作报告中关于推出分公司经营等级评价体系的内容。

举措1　推出分公司经营等级评价体系，提升综合经营管理能力

■ 完善分公司经营评价标准，涵盖业务、队伍、客户、营运、财务等各类指标

序号	指标分类	指标项	分值 省会型分公司	分值 城市型分公司	序号	指标分类	指标项	分值 省会型分公司	分值 城市型分公司
1	业务指标（个险+渠道业务）	标保	10	10	13	客户指标（个险+渠道业务）	客均件数	3	3
2		新保增速	5	5	14		新增长险客户数	5	5
3		省会标保占比	5	-	15		客均保费	2	2
4	人力指标（个险）	月均健康人力	8	8	16		短险赔付率	3	3
5		绩优人力增速	5	5	17	营运指标（个险+渠道业务）	理赔服务时效（出线-支付）	2	2
6		13个月留存率	5	5	18		亿元保费投诉量	2	2
7	业务品质指标（个险）	13个月累计保费继续率	3	3	19		太平洋寿险APP绑定率（新客户）	2	2
8	产能指标（个险）	人均新保	5	8	20	财务指标（个险+渠道业务）	单位费用产出标保	6	6
9		人均收入	5	5	21	人力资源指标	全日制本科工作三年以上员工占比	2	2
10	市场指标（个险）	个险新保期缴市场份额	5	5	22	合规指标	合规指数	2	2
11		个险新保期缴市场份额变化	5	5	23		处罚情况	5	5
					25	创新指标	创新能力	2	2
12	机构管理指标（个险）	甲类四级机构占比	3	3	26	党建指标	党建情况	2	2
							合计	100	100

五是强化营销员党员管理,强化"自保件"管理,杜绝管理漏洞。太保寿险营销队伍中有一万多名共产党员,如何把这些党员组织起来,发挥模范表率作用,也是一篇大文章。

相对而言,当时提出的一些举措,还是有一定指导意义的,特别是一些以前想做而没有能力做成的事。

4.8.2 转型2.0项目

2018年3月7日,太保集团转型2.0首批项目启动会,本人再次被指定为A7项目集和A12项目集的负责人。为了公司的高质量可持续发展,项目团队成员做了大量的研发与探索。

2018年5月10日,在波士顿咨询公司的帮助指导下,"A7个人业务新增长模式"项目集的目标、举措及需求报告完成了,并第一次向集团转型领导小组汇报。

2018年7月11日,寿险公司召开半年度工作会,根据会议安排,我对转型2.0项目进行宣导。报告的题目是"开启新征程,转型再出发"。主要讲了三个方面:(1)为什么转:公司启动实施转型2.0的背景;(2)如何转:转型2.0的愿景、目标和实施路径;(3)如何落地:对总分公司贯彻落实转型2.0的要求。

关于A7项目,主要解决寿险公司核心业务增长方式问题,希望通过内涵式发展来强化竞争优势。A7项目共设立"差异化产品开发迭代体系""美好生活客户经营模式""营销员产能突破""银行等新渠道开拓""科技个险迭代突破"5个子项目,分别由相关的部门总经理或专家担任子项目经理,还明确了定量目标指标,例如营销员人均收入增长、客均保单件数、客均保额、新业务价值增速等重要指标的考核量化目标。下图是我的工作报告中关于A7个人业务新增长模式的内容。

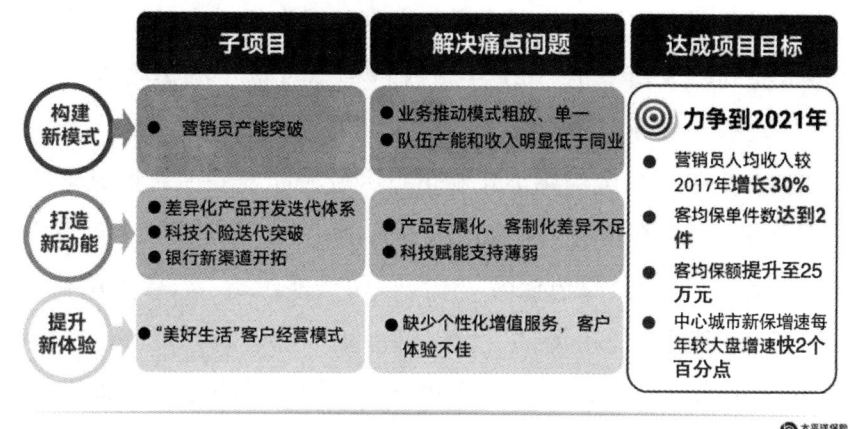

"差异化产品开发迭代体系"子项目主要解决差异化核保政策、差异化客户需求、差异化渠道产品、差异化费用政策来助力实现客户经营能力和营销员产能的提升。

"美好生活客户经营模式"子项目主要通过发布"美好生活"客户经营平台、营销员健康服务平台等,打造客户经营新模式,实现价值共享,2018年目标新增注册用户30万人,月均活跃率20%以上。

"营销员产能突破"子项目通过升级优质增募标准、实施新型招募系统来推动优质增募,通过创新实施非现场活动量管理、启动"未来企业家"工程、中心城市突破等举措来实现2018年营销员人均收入提升3%、中心城市业务增速加快2个百分点的目标。

"开拓银行保险新渠道"子项目主要解决了对银保渠道业务再认识再提高问题,规划通过网店销售专属长期个人产品、完成手机银行出单系统等,实现重点银保期缴业务的初步突破,完成2018年2亿~3亿标保目标。

"科技个险迭代突破"子项目通过"科技个险"App全新升级、智慧营销数字化解决方案、准客户信息自动采集系统以及成立"科技个险二级部"等举措,实现外勤智能展业、内勤智能管理、客户信息智能采集等强大的科技赋能,还希望为互联网保险业务进行谋篇布局。

为了保证项目效果,分别选择8家分公司先行试点,确保项目推进上下共振。我们还规划了至2021年最终目标以及每年的里程碑,当然也明确了项目人员、财务预算的投入。

关于A12项目,机构标准化和重点区域协同发展项目集更具新意,共规划了"机构经营标准化""客户服务智能化""培训支持专业化""员工发展体系化""京津冀绿色保险""长三角产能示范""粤港湾科技创新"7个项目,分别由时任市场部、营运部、培训部、人力资源部、政保业务部等总经理担任项目经理,可以说集全司之力、大家之智慧来推动公司转型。下图是我的工作报告中关于A12机构标准化与重点区域协同发展的内容。

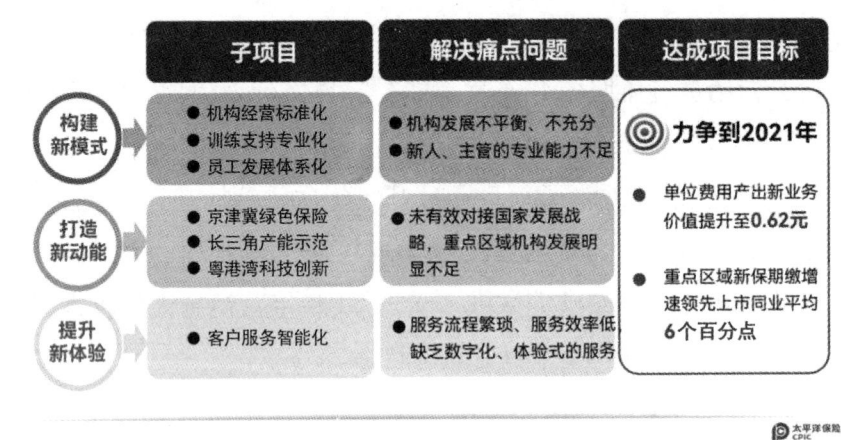

这里重点介绍三大区域子项目的设计规划思路。

"京津冀绿色保险"主要考虑雄安绿色发展的概念、北京总部经济、我司政府保险项目、河北太保大病保险的优秀等,目的是希望找到如何把团体客户转化为个险客户的路径与方法,希望实现从职域营销(Business-

Business-Employee）到消费营销（Business-Business-Consumer）的升级转化。

"长三角产能示范"子项目主要考虑的是苏锡常、苏浙沪都是经济发达地区，有产能提升的巨大空间，如何做到在区域内共享、协同发展；上海作为总部所在地，个险业务一直没有完全突破，希望借此机会，能够彻底翻身转型。

"粤港湾科技创新"子项目主要是想依托深圳前海、珠海横琴以及毗邻港澳等地理、体制优势，甩掉我司科技短板，实现弯道超车。

这两个项目集，是由集团转型领导小组确定的"命题作文"。我们项目组由此规划的 12 个子项目，是基于我们当时认知水平的答案，总体上应该说思路清晰、构思领先，也得到了集团转型领导小组的审核通过。这些项目确实包含了一些原来我们想做而没有机会、没有能力做的事情，完全是从实际工作出发考虑的。

如果 12 个子项目能够得到持续试点、不断完善、深入推进，最主要的是不折腾，也许还有可能实现太保特色的个人业务持续健康发展的新模式，还有可能实现太保集团提出的"客户体验最佳""业务质量最优""风控能力最强"，"成为行业健康稳定发展的引领者"的宏伟目标！

2018 年，集团转型项目的推进工作还是很有特色的，设立了"转型作战室"，定期听取各转型项目的进度汇报，现场解决项目推进过程中的难点、痛点问题。所有的会议全部是站着召开的，体现"战场"氛围和开短会的效率。这种形式，我曾经为之振奋，感觉集团新班子有了新的气象，太保公司有了新的希望。

4.8.3 最忙碌的一年

2018 年我的工作印证了那句名言：不是在开会，就是在去开会的路上。其中的一个主要原因是公司董事长常住北京，担任安邦保险（后称为大家保险）接管组副组长，虽然工作可以遥控指挥，但一些会议活动由我代替出席了。

在业务交流方面：

2018年3月14日代表寿险公司到平安集团参加集团组织的交流学习，先集体交流再分产、寿、资、养四个板块专题交流；

我分别主持接待了东吴人寿董事长一行、阳光人寿总裁一行、加拿大永明金融集团首席执行官迪恩·康纳（Dean Connor）一行的交流拜访，接待了瑞士人寿来访并签署合作协议；参与接待上海银保监局长对公司的专题考察，参加银保监会人身险部主任来寿险公司的调研汇报会。

4月10日上午，中国银保监会在北京召开的"2018年一季度人身险市场情况分析座谈会"，银保监分管副主席出席会议，国寿、平安、新华、泰康、太平等主要同业公司参会，我代表太保寿险参会并交流汇报。

针对一季度大部分同业公司新保业务负增长，甚至总保费负增长的情况，分管主席的总结讲话非常到位，他要求保险行业要增强集体荣誉感，眼光要长远；公司转型需要时间，要转大弯，不能急刹车；营销总人力下降不可逆转，靠人力增长拉动业务增长的模式长期难以为继，组织营销模式的改革是不可避免的；产品是基础性问题，资产问题是由负债产品销售带来的，要正确理解保险产品的理财功能，寿险产品的设计不能搞成神秘化、复杂化；要对寿险未来如何发展深入思考，探索营销体制改革等。这是一位非常睿智的领导，对我的工作及寿险的认识影响长远而巨大。

参加接待施罗德资深保险经理专访以及成都太平洋保险金融大厦资本市场开放日"投资者问答"会议。

5月17日至5月24日，我等六人组团出国考察学习印度、新加坡有关的银行及保险公司，这可能是我一生中最后一次工作出国考察。我们分别拜访了索尼人寿新加坡公司、新加坡大东方人寿保险公司、印度SBI人寿保险、印度HDFC人寿保险、印度埃塞克斯银行（Axis Bank），颇受启发。

印度是个神奇的国家，我第一次踏上印度国土。在印度的某一天早上，我收到儿子的一条微信，说我当爷爷了，非常高兴。

11月14日担任CEO论坛嘉宾，出席了在深圳召开的由中国保险行业协会主办的"2018中国保险营销峰会"，并与平安人寿董事长丁当、太平人寿总公司总经理张可等人一起参加交流分享。

11月18日在上海中心，代表寿险公司与法国欧葆庭集团签署战略合作协议，合作成立太平洋欧葆庭养老运营公司，还参与了太保公司成都国际养老社区项目的签约仪式，从此开启了"养老家园"的建设与探索。太保养老投资公司是太平洋寿险公司的全资子公司，业务上相对独立。我听取了法国欧葆庭集团关于轻资产运营模式的介绍，明显感到太保养老投资公司以后的压力会非常巨大，因为我们不可避免地走了重资产模式。

在政企合作方面：

分别参加了集团公司与湖南省委省政府、广东省委省政府、山西省政府战略合作协议签署仪式，并拜访了当地银保监局领导，参与接待了遵义市委书记一行来司访问。参加了太保集团与上汽集团、均瑶集团、中船集团、上海农商行等上海重点企业的合作交流系列活动。

在本职工作方面：

这一年是非常辛苦忙碌的，只能利用空余时间深入基层，我分别到了湖北分公司及咸宁中支、四川分公司及成都金牛支公司、海南分公司及海口地区四级机构、河北分公司及雄安支公司等机构调研了解情况，进一步掌握第一手真实信息情况。

2018年2月24日在河南、豫东分公司宣布总经理调整，2月27日在江苏分公司宣布总经理调整。这两家分公司都是太保寿险最重要的分公司，所以我与时任人力资源部总经理一起到现场召开干部会议并宣布调整。这两位分公司总经理分别得到提拔重用，成为总公司副总经理，分别分管运营及个险业务工作。

2018年是非常充实的一年，除了参加各种专业讨论会、审定各种上报监管机关及集团、寿险董事会的材料报告之外，还每月至少召开一次经营委员会会议，每周一早上"周例会"基本上"雷打不动"，当年还累计召开了9次资产负债委员会会议。

上报了这么多的"流水账"，想表达就是当总经理真的也不容易！还要对经营结果负责，在非常情况下"我不下地狱谁下地狱"？

4.8.4 处理"人民来信"

妥善处理各层级员工发来的邮件来信，比较有代表性的是来自最基层的三件。

第一件是2018年2月13日"以员工的名义"的来信，主题是"我们很累"，发给了集团及寿险公司主要领导。来信说，一年365天，我们在"五加二""白加黑"的加班要求下，基本上只有春节能休息三天，其余的时间都被要求无偿加班工作。来信还反映，他们的一位同事叫张博（化名），勤勤恳恳、兢兢业业，因长期加班工作积劳成疾，吐血后依然坚持工作，终于倒在岗位上，不幸离世，年仅33岁，上有农村父母，下有11个月的幼子……主要反映分支公司没有人过问此事，还要求对外"封口"，来信希望对张博（化名）给个"工伤"认定，给他父母孩子一些交代；还希望过问一下无休止加班的事情。他们说，为什么大年初四要求上班？公司能不能不要在初四到基层来"慰问"？业务好的时候要加班，说是要争先进位，业务不好的时候也要加班，说是要迎头赶上……我们真的很累了，连骂人的力气都没有了。

他们的来信，反映的情况是真实的，要求也完全正常合理的。张博的事，最终得到了妥善的赔偿处理，分公司也发来了书面的情况汇报。关于加班的事情，确实普遍存在，要求各分支机构妥善安排，坚持以人为本、坚持自愿为先。

第二件是2月23日收到一名负责理赔调查工作的员工邮件，反映总公司在某些方面的工作简单粗暴，伤害部分基层员工的自尊心。来信说：

  一开年又接到几千条"灭鼠"（主要是指公司内部合规、风险排查等工作）任务，又要"灭鼠"了，有感而发，冒昧去信，有不敬之处请见谅！连续3年公司打"老鼠"、猎"老鼠"，到灭"老鼠"，年年有"老鼠"，而理赔调查成了众矢之的，严重伤害了绝大部分理赔调查人的心，而公司不从制度层面去改善，一味地采取"打猎灭"，今天灭了，明天还会有，2018年一下下发几千条数据，几千个案件让机构来"灭鼠"，不增加任何人力、财力支持，年年灭、日日灭，正常工作不需要做了，更有甚者十年前的案件也拿出来灭，基层是身心疲惫，成天忙灭"老鼠"，矫枉过正，故有感而发，希望总公司决策层多考虑基层实际，从制度完善入手。

  理赔调查之所以成为众矢之的，是这个条线出了不少"老鼠"，但是99%的人员是好的，为什么这个条线会出"老鼠"，而且"老鼠"不绝；理赔调查每天都面临着诱惑，大大小小的诱惑，而目前我们公司制度全部依赖人员的素质，人员的道德风险怎么防范？

  （1）这个岗位辛苦但待遇低的特质决定难招人，这个岗位是什么样的人员都可以进来，如帮老总开车的、其他部门不要的，不出问题才怪。

  （2）老员工在这个岗位上干了十年，结果还是在这个岗位，看不到任何希望；而拿的工资抵不过办公室、财务等部门，他们在办公室跷着二郎腿，我们刮风下雨、严寒酷暑，哪里能体现岗位价值？换位思考，将心比心，我们也是人，每天面临诱惑，总有人心里会不平衡、总有些人会沦落。

  （3）说个更现实的，干过理赔调查的都知道，查勘费报销是难上加难，拿着比别人低的工资、风吹日晒不讲，上年12月份封账到现在我还有近2000元查勘费报销不掉，换位思考，谁心里会平衡？

不敢想高薪养廉，至少是不要伤心，让工作回归正轨，"灭鼠"也好，"猎鼠"也好，我们不会都是"鼠"吧？建议合规部门多考虑基层实际情况。

这是来自基层真实的肺腑之言。非常感谢他，没有他的来信，我确实也没有特别关注过理赔调查队伍的有关情况。我回信说，我们一起认真完善改进。

6月28日这位员工再次来信反映，前一段时间大家都在谈论这封信，都在忙整改，他很惶恐！实际上基层就是一面窗户，一面镜子，很多的灰尘、很多的景象均在基层显现，建议总公司、分公司多下基层、多打开窗户……虽然基层很苦很累，但会越来越好的。

多么可敬可爱的员工！我深信，太保寿险拥有许许多多这样优秀的员工，什么困难与难题都迎刃而解。我再次呼吁，一切工作千万不能简单化，不能一刀切。

第三个邮件就是反映某分公司总经理的，先后持续来信9次，就是盯住这位老总，反映他存在这样那样的问题，建议总公司救救分公司，要把他调离。其实，一家分公司没有做好，一定是有多方面的原因的。这个公司所在的市场，保费规模还是比较大，同业公司业务发展都比较正常。为什么我司长期得不到改变呢？总公司应该说也做出很多尝试与努力，就是效果不佳。我个人认为，关键问题还在于总公司，没有真正找到问题的根本所在，没有派出一批得力的干部支持（而不是简单地换一个总经理），没有给一定的时间与空间，要对困难公司实施单独考核、单独政策支持，既要关注结果，更要关注其过程。虽然这位总经理最终还是被调离了，但公司的发展问题好像还是没有解决。

太保寿险公司是家"老"公司、大公司了，"人民来信"肯定不止上述三封，从一个侧面也反映了公司经营管理的复杂性。同时也要求公司经营层、分公司各方"诸侯"都要坚持以员工满意为标准，努力提高现代企业的经营管理水平。

4.8.5 处置重大事件

2018年4月17日收到"某分公司关于南征方案兑现的专项请示",震惊全司。为了谋求2018年人力发展及赢得业务发展的主动权,某分公司自2017年10月至2018年3月开展"南征人力发展工作",该方案力度非常大,核心内容为"抢滩登陆"与"抢车大战",以业务室为单位,如果有效增员20人及以上,可获得6000元/人的奖励;主管有效增员5~10人,且排列前200名的获奖汽车一辆。

增员活动结果是该分公司合计签约8.2万人,1月1日举绩7.7万人。如果全部按方案兑现合计需支付3.43亿元人民币。这对一家分公司而言,是一个巨大数字!

由于方案设计本身存在一定的缺陷,再被"充分利用"存在的"虚假人力""虚挂保单""虚假架构"等问题,摆在分公司面前是如何兑现问题?分公司新班子提出了三个兑现方案:方案一,按原办法直接兑现;方案二,分步兑现,先开展"自查和公司筛查,挤出水分"后再兑现;方案三是按转正人力数量兑现。

这件事情处理的核心是既要控制成本,也不能失信于民,更要防止发生重大"群访"事件!涉及这么多的人员,如果处理不妥,后果不堪设想。经过当地监管机构的指导帮助,并经过总公司经营管理委员会的集体讨论,最后决定采用该分公司建议的方案二进行兑现。有关的费用承担由总公司支持承担50%,其余50%由分公司自己消化。根据2018年7月3日该分公司的"兑现情况报告",最后实际兑现3.15亿元。

"南征"的出发点是可以理解的,增员的效果也是有的,但教训也是非常深刻的:第一,作为"三重一大"事项,这方案分公司的党委会是如何讨论通过的?第二,总公司的相关管理部门是如何审核把关的?第三,如果处理不当,出现重大"群体上访"事件,最终保险公司还是逃

险　峰

不掉承担兜底"买单"责任，以后的"追责"会有多严重？上级巡视组也一直关注着这事的处理。

2018年6月7日，江苏分公司镇江扬中支公司"田某"案暴发，这个案件是因为群众到支公司了解保险情况而被暴露的。

田某，1967年2月出生，2004年9月加入太平洋保险公司，曾历任扬中支公司副经理、经理、镇江中心支公司党委委员、总经理助理兼支公司经理等职。田从2006年起至案发，长达12年，以未获批准的团体"补充养老保险"险种名义，通过"印制收款凭证、加盖公司公章、收取老百姓的补充养老保险款经商办企业、拆东墙补西墙"等方式，累计涉案金额近3亿元。

我第一时间赶赴镇江，与原江苏银保监局有关领导进行沟通汇报，还多次参与了镇江市、扬中政府及有关机关的沟通讨论处理。

此案的焦点是：第一，田某为何能长期担任扬中支公司经理（工商营业执照上的机构负责人）达13余年之久？在被提拔为中支班子成员后仍然兼任支公司经理？曾被免去中支班子成员后，田某在2015年度考核为D（考核等级一般分为ABCD四级，D是最后一等），为何又在2016年9月23日被江苏分公司党委提拔为中支总经理助理并继续兼任支公司经理？分公司党委会是如何表决通过的？时任分公司总经理才到任几天，凭什么要"破格""反常"提拔田某？

第二，此案最终被法院定性为"非法吸收公众存款罪"，判定公司承担"垫付"25641万余元的经济责任，分支机构在经营管理上究竟有什么责任？公司不能就这样简单的"垫付"以后完事了，扬中市人民法院2020年11月判决田某等人还须承担5057万余元垫付款的偿还责任，公司的损失不小。

第三，此案在太保公司内部追责时，涉及的人员较多，总公司时任人力资源总监也被记过处分，本人也因为是时任公司总经理而被扣罚年终绩效。"众人分摊"，风险共担，也是值得商榷。

从这些案件暴露出来的深层次原因，值得大家总结吸取。各级分支机构必须端正经营管理指导思想，敢于承担管理职责，坚持稳健经营，坚持守住风险管控的底线。

4.8.6　专题会议

2018年9月18日寿险公司召开务虚会；9月29日寿险公司召开党委会，形成一个"决议"；10月9日，寿险公司在上海召开了以"统一思想认识，上下齐心协力，确保目标达成"为主题的分公司党委书记、总经理专题会，10月19日总公司印发（2018-8）《情况通报》，《情况通报》全文刊登了时任董事长在专题会上的讲话。

《情况通报》认为，1~8月全国寿险公司保费收入同比下降5.37%，其中新保保费下降32.79%，我司保费收入同比增长14.8%，新保保费收入同比下降11.2%，表现均明显好于行业大盘。

《情况通报》强调，9月29日的党委会"决议"，吸纳了各位党委委员以及经营委员会成员的修改意见，从而形成了统一的、用决议形式表达的正式文件……这是自寿险分业以来的第一次，要求把决议全文传达到全体党员，包括内勤和外勤。

《情况通报》最后指出，"从10月开始我回到寿险工作，和大家一起来确保完成年内的底线目标……继续保持太保寿险在行业中的领先地位。"从此结束了董事长不在上海公司在北京"遥控指挥"近八个月的特殊时期，我马上感觉肩上的压力小了很多，也可以松一口气，当时并没有任何其他想法。现在我重读《情况通报》，明显感到其背后有一些"暗流涌动"，恍然明白如此《情况通报》的真正用意。

4.8.7　2018年年报成绩单

2018年全国保险业实现保费收入3.8万亿元，同比增长3.9%，其中人身保险公司保费收入26260.87亿元,同比仅增长0.8%;说明整个保险行业经过几年高速增长以后将逐步回归正常态势。

2018年太保寿险公司实现保费收入2024.14亿元,同比增长15.3%,这是中国太保寿险公司历史上首次突破2000亿元保费收入大关!并且业务结构不断优化,长期保障型新业务首年年化保费达304.99亿元,同比增长7.7%,占比提升7.4个百分点,达到49.1%。

太保寿险2018年代理人渠道保费收入1826.93亿元,同比增长18.5%,其中新保业务467.04亿元,同比减少5.6%,说明续期拉动型增长模式发挥了有力的支撑作用。代理人渠道总保费收入占比为90.26%,再次提升2.46个百分点,其他团险、银保等等只占比不到10%了。

2018年太保寿险一年新业务价值达271.2亿元,同比增长1.5%,新业务价值率达到43.7%,同比提升4.3个百分点!个人业务13个月保单继续率为92.9%,继续保持高位并领先同业,25个月保单继续率达到90.4%,同比提升1.1个百分点,创出历史新高!

应该说,在各分支公司的共同努力下,这份成绩单是非常优秀的,完全符合转型发展、高质量发展、保险姓保的要求。我们没有为了规模保费的好看,而牺牲价值。由于险种结构的优化,导致新业务价值率继续提升,历史上首次突破40%大关。如果为了个险新保正增长,搞一点趸缴业务,不是很简单吗?2018年我们还主动控制了总人力的增长,队伍结构更加健康、优化,核心人力得到进一步稳健发展。

正如公司年报所云:2018年,公司积极应对外部环境挑战,坚持"价值可持续增长"的经营理念,顺势而为,在一季度负增长的不利局面下,采取强化保障型产品训练、加强业务节奏管控、创新产品服务、夯实基础管理等多项举措,推动业务实现均衡发展。孔董说:用转型的"进",实现了发展的"稳"。

这个经营结果,与2018年10月9日专题会议的主题报告的预判及会议基调是有差异的。创造了这么多的历史纪录,也许太保寿险公司10年内都不可能再见到新业务价值、新业务价值率、25个月保单继续率如此高水平了。

在如此特别的2018年,取得如此特别的优异成绩,非常不易。我要衷心感谢公司全体班子成员的鼎力支持,衷心感谢公司所有部门的协同奋斗,衷心感谢公司全体员工的精诚奉献!2018,我会永远记住。

4.9　2019：急流勇退

2019年是新中国成立70周年，可谓是大喜之年。

经过多年的持续增长，2018年太保寿险公司创造了规模保费、新业务价值率、个人业务保单继续率几个历史纪录之后。个险新保业务确实已有点疲态了，2018年一季度"开门红"也已开始有点负增长了。但是我们没有多想，还是主动担当，负重前行，稳中求进。

2019年1月13日召开的寿险公司年度工作会议上，我做了一个年度主题报告："坚定信心，坚决转型，2019我们别无选择"！各项工作有条不紊地展开。

2019年2月25日集团召开会议，宣布寿险公司干部调整，集团公司常务副总潘艳红女士担任寿险公司党委书记，2月28日起，我在上海市委党校培训一个月。

3月18日本人辞去总经理一职，3月19日集团公司董事会对外发布《关于控股子公司董事、总经理辞任的公告》，并指定了临时负责人，代行使总经理职责。我向原领导发了条微信，意思是"感谢照顾和关心……我终于可以解脱了"。当晚收到领导回信，"……很多事情需要时间去消化，历史去检验"。

保险行业和公司内部一片哗然。一夜之间，我好像成了"网红"，社交媒体上有关太保寿险班子调整、有关我个人、有关太保个险转型何去何从等文章很多很多。就这样，自2000年产寿分业后，我离开了为之奋斗19年的寿险公司。

回顾这8年的太保个险发展历程，我自认为自己是一块合适的"垫脚石"，可以帮助公司实现战略目标，而不是一块让人担心的"绊脚石"。我已经心甘情愿地做了8年的"绿叶"，时间可以检验一切。

2019年5月25日公司公告，提名集团公司董事长孔庆伟先生兼任太保寿险公司董事长，聘任潘女士为太保寿险公司总经理。

本人担任太保集团公司审计责任人、总审计师，兼任集团审计中心党委书记。此所谓从"前锋"到"后卫"，这是我职业生涯中第二次重大转型，我服从组织安排，没有选择离开太保公司。

时至2022年，回头看来，这样的安排是组织对我个人最好的安排，也是最大的照顾了。在整个寿险行业特别是在太保寿险的业绩"顶峰"时期能够"急流勇退"，从我个人角度而言，肯定是"利大于弊"。我至少可以轻松一点、不用再操心业务是否增长、如何增长这没完没了之事了，至少不用冒着疫情风险去走南闯北了，至少可以做一些自己想做的事了。休整一下，迎接退休，何乐不为？

我明显感到，这是我职业生涯的"峰回路转"，从此不再有"高处不胜寒"景象，我也真诚希望太保寿险这家伟大的公司再次开启"柳暗花明又一村"的转机和发展。

选择比努力更重要，选择是有成本的。我相信组织的选择是正确的，也是能够经受历史的检验的。

2018年7月20日T先生正式明确分管个人业务，同年12月提出辞职，随后离开太保；2019年3月19日郁先生等人分管个人业务；2020年2月11日戴先生等人开始分管个人业务；2021年3月27日公司公告，选举潘女士为太保寿险董事长，原微医集团蔡先生担任太保寿险第

险峰

6 任总经理。

■ 2019 年年报成绩单

根据 2019 年度报告，太保寿险公司总保费达 2125.14 亿元，同比增长 5%，其中代理人渠道保费收入 1951.66 亿元，同比增长 6.8%，其中代理人新保保费 395.94 亿元，同比负增长 15.2%，新保期缴 330 亿元，同比负增长 22.4%；总保费的增长完全是续期增长的原因。

公司新业务价值 245.97 亿元，同比增长 -9.3%，九年来第一次负增长了！新业务价值率为 43.3%，同比增长 -0.4 个百分点。月均营销人力 79 万人，同比增长 -6.7%；13 个月继续率为 90.3%，同比增长 -2.6 百分点，25 个月继续率为 89.2%，同比增长 -1.2 百分点。

寿险公司手续费及佣金支出 288.86 亿元，同比增长 -12.1%，说明营销员的总收入来源在减少。寿险公司业务及管理费支出 149.38 亿元，同比增长 2.9%！说明费用投入的力度还是比较到位的。

年报指出：在行业发展进入新周期背景下，原有业务增长动能衰减，新业务价值增长承压……下一步，本公司将以客户需求为导向，坚持"聚焦价值、聚焦队伍、聚焦赋能"，坚定不移地走高质量发展之路，推动价值可持续增长。打造核心人力、顶尖绩优和新生代三支关键队伍，促进营销员队伍转型升级。讲得非常好，确实也应该这样做了。

■ 关键三年

根据中国太保公布的 2019 年、2020 年、2021 年的年度报告，汇总有关数据如下表所示。

2019~2021年太保寿险年报主要数据

指标	2019年 金额（亿元）	2019年 同比（%）	2020年 金额（亿元）	2020年 同比（%）	2021年 金额（亿元）	2021年 同比（%）
公司总保费收入	2125.14	5	2119.52	-0.30	2116.85	-0.10
代理人渠道保费	1951.66	6.80	1912.91	-2.00	1886.29	-3.20
其中：新保保费	395.94	-15.20	292.94	-26.70	292.27	-0.20
代理人渠道续期保费	1555.7	14.40	1622.56	4.30	1594.02	-3.70

指标	百分比（%）	百分点变化（个）	百分比（%）	百分点变化（个）	百分比（%）	百分点变化（个）
公司新业务价值	245.97	-9.30	178.41	-27.50	134.12	-24.80
公司新业务价值率	43.30	-0.4	38.90%	-4.4	23.50	-15.4
13个月继续率	90.30	-2.6	85.70	-4.6	80.30	-5.4
25个月继续率	89.20	-1.2	85.10	-4.1	78.70	-6.4

指标	人数（万人）	同比（%）	人数（万人）	同比（%）	人数（万人）	同比（%）
月均代理人	79	-6.70	74.9	-5.20	52.5	-29.90

注：2021年报公布时把2020年代理人渠道新保保费由290.35亿元调整为292.94亿元。

年度报告前导指出，"2021年，是中国太保发展历史上具有里程碑意义的一年，我们迎来了30岁的生日"。

有关代理人方面，2021年报还公布了三个数据：代理人月人均首年保险业务收入4638元，同比增长42.3%，月人均首年佣金收入791元，同比增长16.3%，代理人渠道新保期缴业务收入247.61亿元，同比增长11.6%。这三个数据非常漂亮。

令人困惑的是：人均首年新保达到4638元，产能这么高，为什么其首年人均收入只有791元？把两个数据相除，得出首年新保的佣金率只有17%，按照既往经验，首年佣金比率不高的产品，价值率肯定也是不高的。寿险行业如果能够真正放下"规模保费"这个习惯思维指标，全力注重"价值增长"这个核心,那时个险转型就离成功不远了。

孔董事长在年报发布会上的最后陈述讲得非常到位:提出了五个"航"。"寿险就是要全面开启长航行动,以'三化五最'为方向,打造服务体验最佳的寿险公司,现在出发了,决心我们有,但是要取得这场比赛的胜利,我看离不开耐心……"。

展望未来,孔董事长说了八个字"挑战不小,未来可期","越是这样的时期,越是考验企业的定力和耐心,耐心很重要。在这样一个时期,我们还是要坚守价值,更应该坚持长期,'行业健康稳定发展的引领者'太保人这个目标我们不要改变"。

"五年前特别讲到'两个回归',一个是要回归初心,一个是要回归基本盘,要做一家长期主义者的公司,这两者是不可或缺的,许多我们正在做的事,以及未来仍会重点做的事,都会为我们设定的长期主义的经营思想,带来更为可期的未来。寿险的转型我们将按8个项目坚定推进,一句话,不达目的不罢休,转型改革肯定有阻力,不要走回头路,回头路就是弯路……"。

孔董事长娓娓道来,句句切中要害。太保公司的战略思维从来都是正确的,关键是执行以及执行能力,关键是用一个什么样的结果数据来验证?大家肯定很有耐心,耐心是一种美德,把领导的核心战略思维转化为现实生产力,是做下属的基本武功和职责。

2019~2021年,可能是最令集团主要领导和关心太保寿险的广大有识之士操心、担心、困惑的三年。这三年,是太保寿险历史上非常关键的三年,是为未来十年健康发展打基础的三年。这三年,在行业整体处于调整的时期,是真正的"行业引领者"大显身手的关键时刻。如果抓住了机遇,可以实现"变道超车"。

刘鹤曾指出,"历史反复证明,重大的危机推动形成新的社会共识,好的社会共识是历史进步的强大推动力量"[①]。

---

① 刘鹤. 我感到了真正的危机,中国要建一道防火墙[J]. 国投智库,2022-04-02.

太保公司年报有一个非常好的习惯，就是同时把当年度整个行业保费也公布了：2019年全国保险行业保费收入4.26万亿元，同比增长12.2%，其中人身保险公司保费收入2.96万亿元，同比增长12.8%；2020年全国保险业实现保费收入4.53万亿元，同比增长6.1%，其中人身保险公司保费收入3.17万亿元，同比增长6.9%；2021年全国保险行业实现原保费收入4.49万亿元，同比增长4.0%，其中人身保险公司原保费收入3.12万亿元，同比增长5.0%；按原保费收入计算，太保寿险为中国第三大人寿保险公司。

这也是个别寿险公司可以"脱颖而出"的大环境。

我常常在想两个的问题，一是如果公司暂时陷入被动的困境，其根本的原因究竟是什么？我认为：第一是用人失误是最大的失误。高翎的张磊曾说"对于投资人来说，看人就是在做最大的风控，这比财务上的风控更加重要，只要把人选对了，风险自然就小了。"[①] 现实中，一个企业的主导者可以主宰一个企业的命运；主要领导的改变，可能同时改变了该企业的原有生态环境、企业文化与价值标准。这方面成功与失败的案例都非常多。

第二是缺少企业家精神。勇于担当、敢于作为的意识亟待提高。要注重提升自身"免疫力"，构建公司"内循环"，保持"以我为主"的定力，不能以客观原因、行业整体调整为借口，而是集中精力办好公司自己的事。

年终聚餐，同事说了一句比较经典的话：同样的教材，为什么有人上"北大"，有人却到了"电大"？说明教材不是全部的决定因素。

曾经的一位同事发我微信说：现在公司有年轻员工说，个险前几年真厉害，是寿险公司的黄金十年，那时公司的绩效系数也是集团最高的……数据永远放在那里。这虽然是少数员工的观点，但还是证明了一句老话：

---

① 张磊. 价值[M]. 杭州：浙江教育出版社，2020.

老百姓心里有杆秤!

我想的另一个问题是完全假设性的,如果2019~2021年的太保寿险继续由我来干,我会怎么干?是否能够实现困境反转?还是会比上述结果还要差?

有一点是相同的,我也会推出新"基本法"。在2017年、2018年我们就已经开始调整修改,并经过充分讨论、多次征求分公司意见后,已经定型定稿。我们个险条线一致意见最晚执行时间是2019年4月1日,"开门红"打完后必须切换。"基本法"的合理性是一个方面,推出的时机也很重要,"过了这个村就没有这个店"了。这次"基本法"的修订预案,是八年来第一次大的修订,是自我完善、自我革命性的修订,有继承、更有发扬与创新的修订,但绝不是"全盘否定式""休克式"的推倒重来。它更加体现市场变化和客户需求,更加体现高产能与高件数的并重关系,更加体现差异化的基本原则。最重要的是,既要调动营销员的积极性,维护其合理的收入水平,更要管控"基本法"成本支出,优化投产比。如"基本法"的成本失控,对寿险公司而言是"灾难性"的。

现实是残酷的,没有如果,也没有假设。

■ 十年磨一剑

我整理摘录了太保寿险2011~2021年共10年公开发布的年度财务报告有关数据,根据客观公正的原则,用原始的数据来说话,总结反思我们过往的历程,希望对未来十年有所启迪。

数据说话,几点小结:

第一,十年磨一剑,太保寿险的综合优势尚存,"两个聚焦"战略完全正确。从图1 2010~2021年太保寿险业务构成及代理人渠道保费占比走势可知,太保寿险公司在2015年总保费首次突破1000亿元,2018年首次突破2000亿元,但是从2020年起,寿险总保费开始下降了,寿险行业是否也有发展"周期"呢?

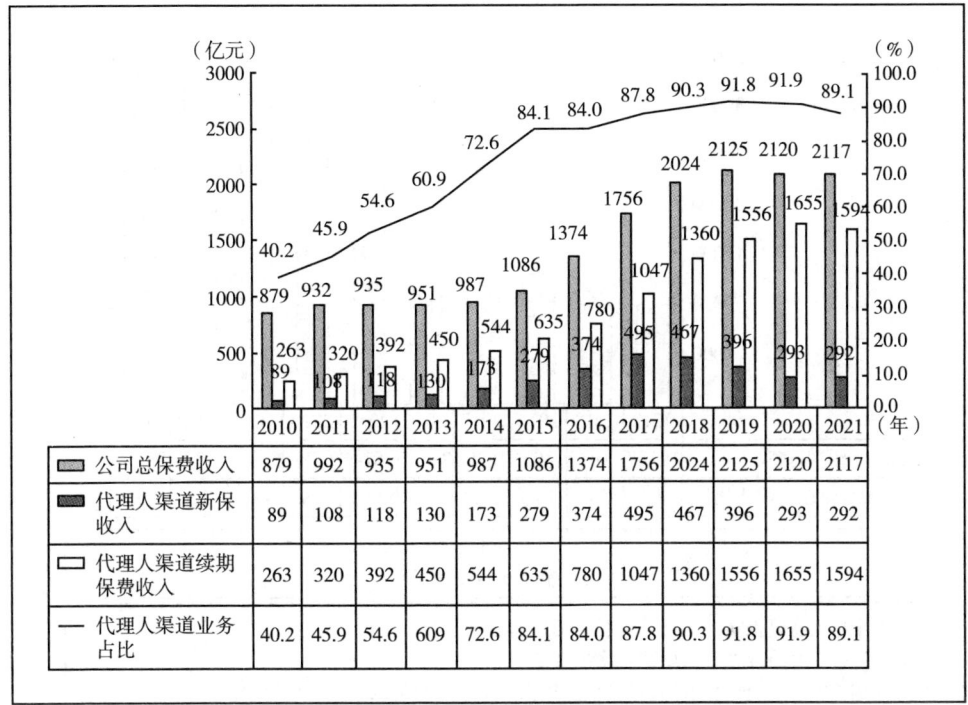

图1　2010～2021年太保寿险业务构成及代理人渠道保费占比走势

资料来源：太保寿险公开发布的历年年度财务报告。

代理人渠道总保费收入占寿险公司总保费收入的比例，由2011年的45.9%，一路提升至90%以上，说明寿险公司"聚焦营销、聚焦期缴"的转型是非常成功的。银保渠道与团体法人业务渠道的业务占比合计从超过50%，逐步压缩为不到10%，其最大的贡献是提高了公司核心资本的效率，把有限的资本集中投入到核心渠道上。

从图2 2012～2021年人身险保费收入及增速看，太保寿险公司确实更加稳健，特别是在2017～2018年，太保寿险公司总保费分别同比增长27.9%与15.3%，成功跨越了整个行业的大幅度波动，实现了太保寿险历史上最佳表现。这主要得益于2017～2018年个险新保与续期业务的快速增长，这就是太保寿险的优势所在。

险　峰

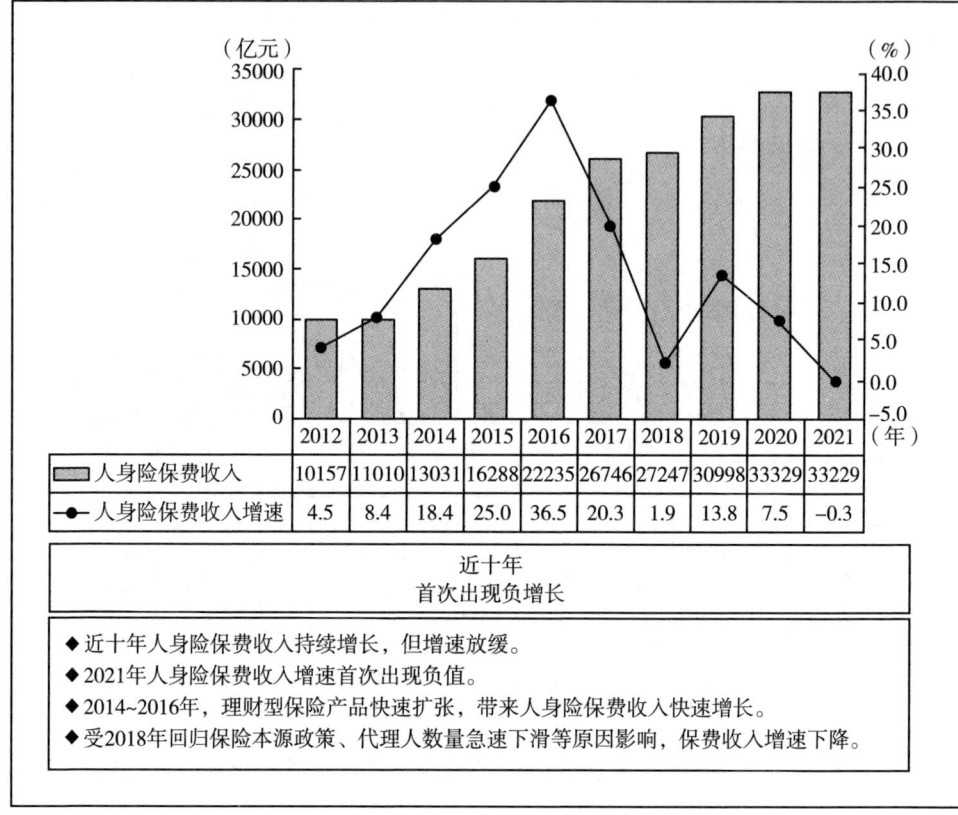

图2　2012～2021年人身险保费收入及增速

资料来源：中国银保监会、前瞻产业研究。

十年来，个险续期业务保费收入持续增长，从319.9亿元，一路增长到最高点的2020年1655亿元，这是寿险公司最显著的本质特征。但是2021年是十年内的第一次续期业务下降，这是拐点还是短暂的波动？涉及寿险发展核心模式的挑战问题，值得高度重视。如果简单地为了总保费的短暂增长，而粗暴地通过短期业务甚至低价值率的银保业务来"凑数"，这不是"长期主义"，甚至还有回到转型之前的"老路"上的可能。

第二，太保转型1.0圆满成功，代理人渠道的"双轮驱动"策略是完全正确的。从图3、图4可知，2012年转型1.0正式实施，转型1.0是非常成功的，各项指标全部处于上升趋势。2017年开启转型2.0工作，也是开启公司业务的"分水岭",有挑战,也有机会。

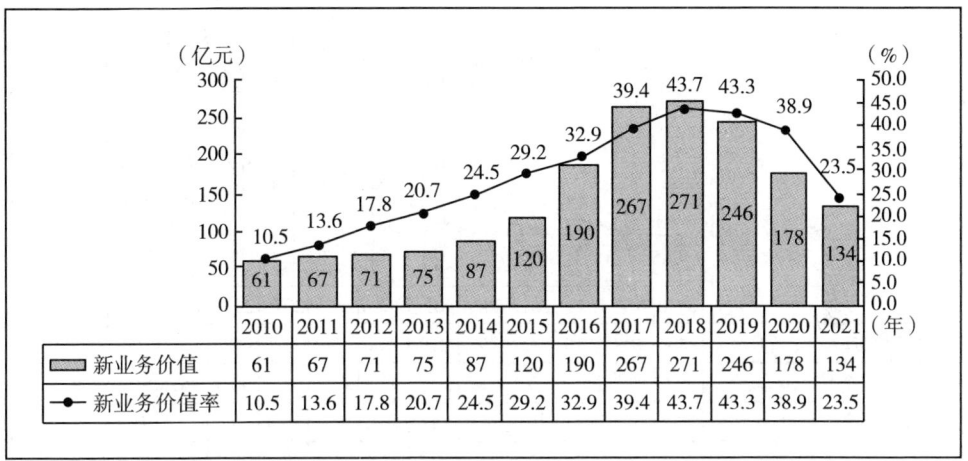

图3 2010~2021年太保寿险新业务价值走势

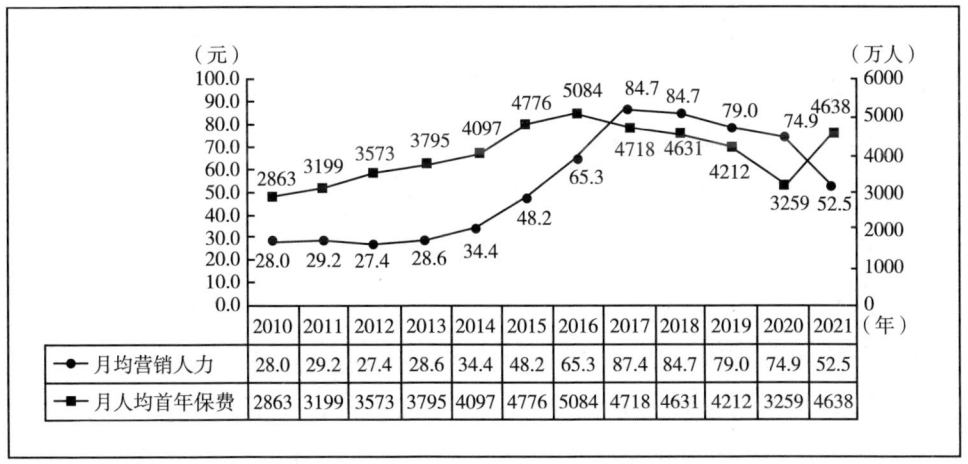

图4 2010~2021年太保寿险"双轮驱动"走势

转型1.0的成功,主要的原因在于,智慧的顶层设计与强大的落地能力相融合。同样是"聚焦营销、聚焦期缴",不同的操盘手,结果可能也是不同的。

人力健康发展,产能持续提升,在中国这样有14亿多人口的保险大市场是不二法则。图5充分体现了2010~2021年太保寿险的业务品质。

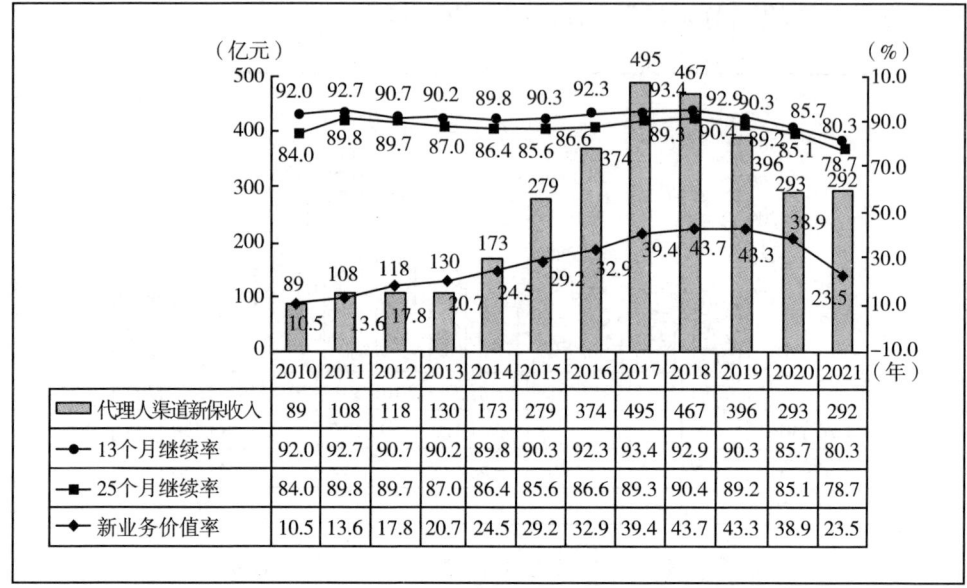

图 5　2010~2021 年太保寿险代理人渠道新保业务品质走势

第三，太保寿险公司新业务价值增速连续 8 年领先上市同业，这是最辉煌的成效。这是最硬、最难的指标，也是太保集团考核寿险公司最主要的指标。高董事长曾经说过：对寿险公司只要下达一个指标，就是公司新业务价值增长速度跑赢上市同业平均水平。这是与"上市同业公司赛跑"，是找了个"活靶子"！市场如战场，我们的"敌人"就是竞争对手。不同机制体制的公司，在同一市场上，就是看谁的武功更强大。

这次，我利用上海疫情"被封在家"的机会，花了很多的时间，初步学习研究了其他三家上市公司的十年年度报告，整理成下面两张图（图6、图7）。

几点小小的提示：

（1）太保寿险公司新业务价值增长速度连续 8 年快于上市同业平均增长水平，即从 2011 年到 2018 年，一直处于领先水平。实现了"你慢我比你快、你快我更快"的优势局面。

（2）从 2011 年至 2021 年这十年间，有一个共性的问题，就是在 2020~

2021这最后两年,四大上市公司的新业务价值,都是同比负增长了,开启了行业的"新周期"。其中,太保寿险与新华保险提前至2019年就出现负增长。

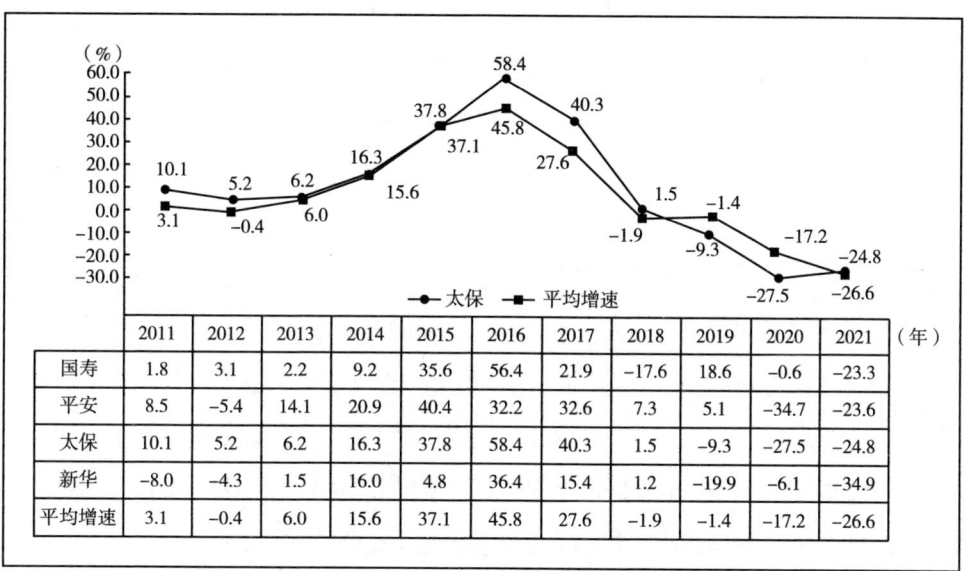

图6 2011~2021年四大上市险企新业务价值增速走势

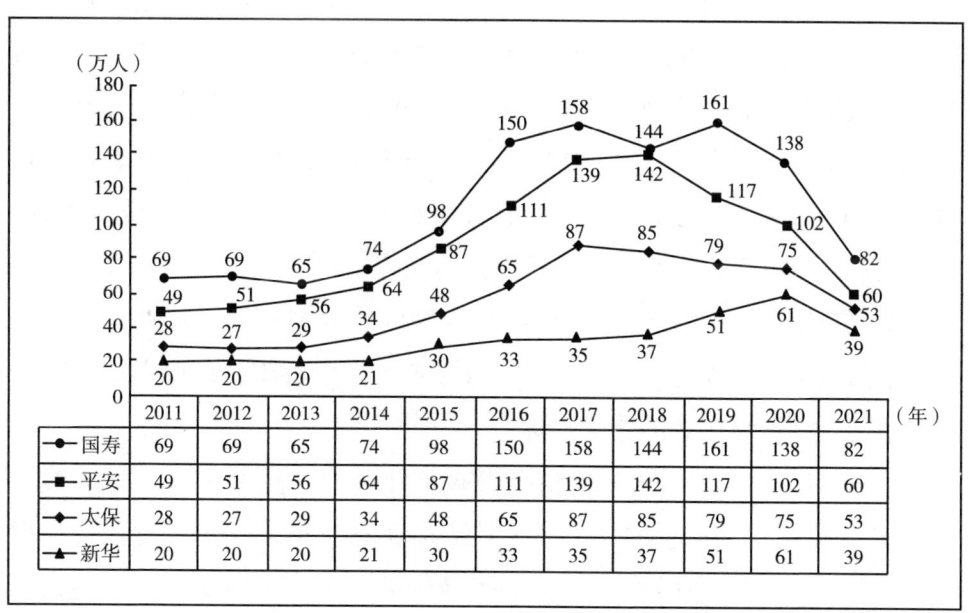

图7 2011~2021年四大上市险企营销员人数走势

（3）从2011年至2019年中，中国人寿只有2018年是负增长的；平安人寿只有2012年是负增长的；太保寿险只有在2019年开始是负增长的；新华保险在2011年、2012年及2019年有三年负增长，新华保险主要的压力是人力发展启动得相对比较晚。这说明，四大上市险企都基本抓住了行业人力发展的大趋势，确保了公司新业务价值、内含价值的不断健康增长。

第四，2017年成功"登顶"也是有其必然性。十年时间可以分为三个阶段：第一阶段是2011～2016年，这是转型1.0时期，各项指标持续良性增长，并且领先上市同业平均水平。2011～2016年代理人渠道所创造的新业务价值占公司总新业务价值的比例分别是75.7%、78.7%、82.2%、92.5%、95.6%、94.2%，比总保费的占比还要高。不是说我个人的价值更大，而是再次证明代理人渠道的价值更大。公司的"业绩顶"与个人事业的"险峰顶"相吻合，这说明还是领导英明啊。

第二阶段是2017～2018年，也就是我做总经理的两年，各项主要指标都创造了历史最高纪录。代理人渠道新保保费收入十年最高点是2017年的494.8亿元，公司新业务价值十年最高点是2018年的271.2亿元，新业务价值率的最高点是2018年的43.7%，代理人渠道发展既快又好，13个月继续率的十年最高点是2017年达到的93.4%，25个月继续率最高点是2018年的89.3%，再次说明，业务快速发展不一定业务品质就不好。能在"高位卸任""急流勇退"真是我的福运。

第三阶段是2019～2021年，这是特别的挑战与机遇并存期，太保寿险如果抓住机遇实现变道超车，可以继续那神奇的故事，可以实现成为行业健康稳定发展引领者的愿景目标。

第五，底在何方？2021年整个寿险行业开始负增长了，太保寿险公司2020年就已经开始负增长了。从太保寿险公司2022年一季度代理人渠道有关数据看，新保期缴只有80.99亿元，再次同比下降44.5%，多么希望2022年已经是个"底"部了。保费真的已经不重要了，这样的保费规模下，营销员们怎么活下来才是最重要的！

现在重疾险也不好卖了，各种"惠民宝"的推出、"国民养老保险公司"的成立，《个人养老金实施办法》的正式落地……年轻人择业标准的改变、广大客户超预期的成熟与理性、资产端投资收益率的挑战等，底在何方？寿险行业发展的压力有增无减，挑战前所未有。

第六，新华保险公司十年数据启示。学习研阅了新华保险 2011～2021 年十年的年度报告，有以下几点主要思考：

（1）按原保费收入统计，自 2009 年起，连续 7 年至 2015 年新华保险均超越了太保寿险，可以说是"稳固了行业三甲到位"。直至 2016 年，太保寿险一举反超，势不可挡。2019～2021 年新华保险规模保费分别为 1381.3 亿元、1595.1 亿元、1634.7 亿元，太保寿险早已经突破 2000 亿元大关了。

太保公司不是靠银保业务、团体业务的发展实现反超的，而是依靠"聚焦营销、聚焦期缴"，依靠个人业务的持续发展，实现"革命性"的绝对超越。2018 年太保代理人渠道续期业务收入已达 1359.9 亿元，这才是寿险公司的根本"魅力"所在，长长的坡，厚厚的雪，雪球越滚越大了。

（2）新华保险也是非常重视个险渠道发展的，特别是 2015 年至 2018 年期间，坚持续期拉动型增长模式，构建"风险管理师"队伍等，是非常有远见的。后来新华也提出了"2019 年是公司个险渠道转向大力发展销售队伍的首年，坚持走以晋升为主导的组织发展之路"，"人惟司本、本固司兴"。思路也是正确的。根据年报数据，2019～2021 年新华营销员年末人力分别为 50.7 万人、60.6 万人、38.9 万人，同比增长分别为 37%、19.5% 及 -35.8%，实现新保保费收入 151.9 亿元、159.2 亿元、154.4 亿元，应该说没有达成新华自身预期的目标。新华保险的"合格人力"队伍建设也没有大的突破，再次说明，营销队伍建设必须顺势而为，非一日之功可以实现的。

（3）银保渠道业务是新华保险的相对长期优势，2018~2021年银保渠道总保费收入分别为207.9亿元、272.9亿元、397.3亿元、407.4亿元，分别占公司总保费收入的17%、19.8%、24.9%、24.92%，增量明显。新华的投资能力也很强大，因此从投资收益的角度，银保业务肯定是有正收益贡献的。但2018~2021年新华银保渠道新业务价值分别为5.79亿元、2.91亿元、3.26亿元、4.97亿元，分别占公司新业务价值的4.74%、2.98%、3.55%、8.31%，波动也比较大。

看来家家都有一本难念的经。

第七，谁是寿险行业的老三？从成立时间而言，中国人寿、平安人寿、太保寿险是保险行业公认的行业"老三家"。如果单从公司总保费规模来说，新华保险公司确实已经连续7年超过了太保寿险公司，成为寿险行业前三。但从个险新保保费的角度来说，太保寿险在2011年以108亿元反超新华保险的98亿元，并且持续拉大两者的差距。如果从公司新业务价值这维度，太保寿险一直以来是领先新华保险的。

我在这里主要想说的是：在2012年，太保寿险个险条线从公司整体荣誉出发，曾经拟定一个"领先计划"，推出相关保险产品，希望帮助公司从总保费规模的角度夺回行业"老三"的尊严地位。因为在2012年，太保寿险的个险新保及新业务价值已经远远超过了新华保险，只是太保公司在压缩银保业务、调整险种结构等原因，在规模保险上有点吃亏。这个"领先计划"的意思，就是想通过销售一些短期上规模的产品，来实现总保费领先新华保险公司，也是对新华保险在2010年推出的"越洋计划"（意思可能是"超越太平洋"之意）的回音。

最终由于"领先计划"与公司长期坚持的追求价值可持续增长的大战略有一定矛盾，相关产品推出后，个险条线最终没有大力度去推动销售，坚定不移地走自己的路。

根据同业交流的资料，泰康公司在2021年12月14日《超体统领一切：深耕长寿闭环，全面建设健康、财富闭环》的报告指出，"2013年超越新华后，2021年超越太保（笔者主观推测，主要是从新业务价值角度进行比较的），泰康表现一枝独秀，挺进并站稳市场前三，是给泰康25周年生日的最好礼物"。

由此可知，"老三"的争夺还是比较激烈的，大家还是比较看重自己的江湖地位的，大家都想为民族保险业的发展作出更大的贡献。

下面图8是摘录于由中南财经政法大学风险管理研究中心、燕道教科2022年4月发布的《2022中国保险发展报告》第56页，从第三方的角度说明了谁是"老三"。

人身险公司保费收入及排名（保费收入单位：亿元）

排名	2015年	2016年	2017年	2018年	2019年	2020年	2021年
1	中国人寿 3640.54	中国人寿 4306.07	中国人寿 5892.97	中国人寿 5362.06	中国人寿 5683.81	中国人寿 6129.44	中国人寿 6197.96
2	平安人寿 2084.48	平安人寿 2751.82	平安人寿 4677.13	平安人寿 4468.85	平安人寿 4939.13	平安人寿 4760.87	平安人寿 4570.35
3	新华人寿 1118.59	太保寿险 1373.62	安邦人寿 2430.30	太保寿险 2013.43	太保寿险 2123.64	太保寿险 2084.60	太保寿险 2096.10
4	太保寿险 1085.89	安邦人寿 1141.97	太保寿险 1862.04	华夏人寿 1582.75	华夏人寿 1827.95	新华人寿 1595.11	新华人寿 1634.71
5	人保寿险 894.31	新华人寿 1141.97	华夏寿险 1752.93	太平寿险 1236.19	人平人寿 1404.59	华夏人寿 1471.22	泰康人寿 1544.91
6	人平人寿 799.23	和谐健康 1070.31	泰康人寿 1625.06	新华人寿 1222.86	新华人寿 1381.31	太平寿险 1443.67	太平寿险 1486.95
7	富德生命 789.98	人寿保险 1050.54	太平人寿 1185.64	泰康人寿 1173.58	泰康人寿 1308.38	泰康人寿 1439.56	人保人寿 968.47
8	泰康人寿 760.29	富德生命 1021.71	富德生命 1174.23	人保人寿 937.17	人保人寿 981.5	人保人寿 961.81	中邮人寿 858.09
9	安帮人寿 545.27	太平寿险 943.34	人保寿险 1167.90	富德生命 717.31	前海人寿 765.39	中邮人寿 819.96	富德生命 807.50
10	阳光人寿 310.50	泰康人寿 898.41	新华人寿 1142.88	天安人寿 585.72	中邮人寿 675.41	前海人寿 783.47	前海人寿 718.41

人身险公司保费收入排名稳中有变

◆ 2015至2021年，我国保险企业保费收入排名基本稳定。

◆ 人身险公司方面，排名前十位稍有变动，泰康升至第五位。

◆ 中国人寿、平安人寿及太保寿险长期位居前三。

图8 人身险公司保费收入及排名

资料来源：中国保险年鉴、中国银保监会。

行业前三，多么有吸引力的排位。关键是看比什么指标！不能只看一个规模保费指标（或者原保费），个险新保期缴、新业务价值、运营利润等指标是否也要比一下？寿险公司相当于"马拉松比赛"，重点要关注寿险公司的可持续发展能力，要看看公司的业务发展模式是否真的跟上来了？公司的投产比是否也优化了？高质量发展一定是又好又快地持续健康发展。

我还认为，不一定都要追求成为做最强、最大的公司，但可以努力成为最受人尊重的公司。

第八，数据的背后是什么？我们不能迷信财报，财报数据不完全等于真相。但十年财报数据可以帮助我们从大方向上作出"定性"的判断：这家公司在扛什么旗，走什么路？价值创造能力究竟强不强？会不会走老路？是不是把时间、精力、资源都分配给能够带来价值的事情上？"世界上只有一条护城河，就是企业家们不断创新，不断地疯狂地创造长期价值"[①]。

最后，我想借用唐代贾岛的《剑客》来与读者共勉：

"十年磨一剑，霜刃未曾试。

今日把示君，谁为不平事？"

---

① 张磊. 价值[M]. 杭州：浙江教育出版社，2020.

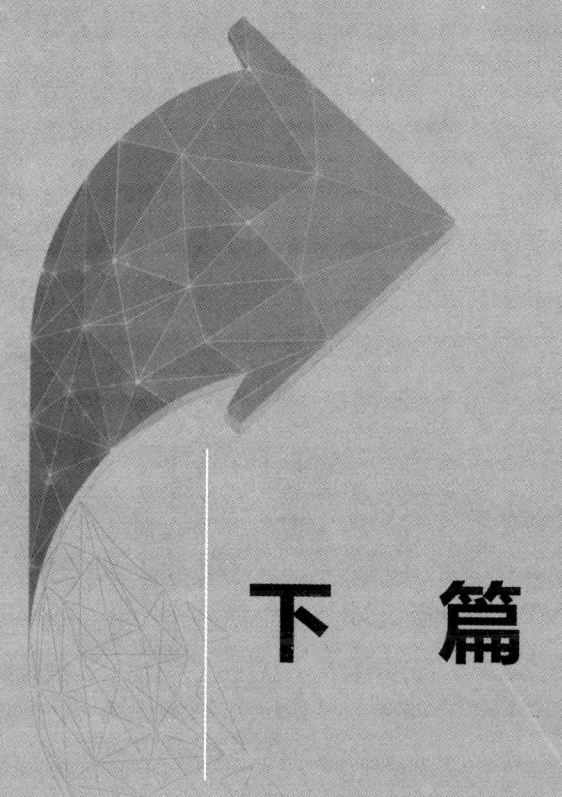

下 篇

5

人寿保险公司的经营之道

人是企业经营的核心，
坚持以人为本、超越自我，道法自然。

老子在《道德经》开篇阐明："道可道，非常道。"

"道生一，一生二，二生三，三生万物。"

"道"不仅是宇宙之道、自然之道，也是个体修行即修道的方法。"道"就是"自然而然"。"人法地，地法天，天法道，道法自然。""道法自然"是《道德经》的主题思想。"道法自然"揭示了整个宇宙的特性，囊括了天地间所有事物的根本属性，宇宙天地间万事万物均效法或遵循"自然而然"的规律。

"江山就是人民，人民就是江山""绿水青山就是金山银山"，这就是"道"。

推行"共同富裕"，防止"资本野蛮生长"，这也是"道"。

电视连续剧《天道》中，王志文说："透视社会依次有三个层面，技术、制度、文化，小到一个人，大到一个国家、一个民族，任何一种命运都是文化属性的产物。强势文化造就强者，弱势文化造就弱者，这是规律，也可以理解为天道，不以人的意志为转移。"

我的粗浅理解，公司的经营之"道"至少包含这么几层意思：一是要把握公司经营的本质、遵循客观规律；二是要以人为本，顺应人性直至超越人性，刚柔相济，以柔克刚；三是要厘清文化属性，培育企业自己特色文化；四是要追求"天时、地利、人和"，最高境界是实现"道法自然，天人合一"。

企业的经营成果，最终一定是由主导者的文化属性、性格修养、胸怀格局所决定的。他（她）的胸襟有多大、境界有多高、视野有多宽，他（她）的公司就有多强大、保费增长就有多久、市值规模就有多大，并且可能强者恒强，弱者恒弱。反过来说，一个公司的业务规模不会超过主导者的胸襟和气量。如果他（她）想超越别人，首先必须先超越自己；如果他（她）想推动公司转型，首先必须先实现自己思想观念的符合规律性的转型。

保险公司是传统服务行业，必须始终确立为人民服务的思想，必须依靠国民经济健康发展这个大背景，必须立足于"双循环""双碳战略"新格局，必须积极抓住"人口老龄化""长寿时代""健康中国"等战略机遇，保险行业方可行稳致远。

总的感觉，中国保险行业发展时间还不长，还是比较粗放、还不是很成熟。

这个行业不是很成熟的事件体现：2018年5月24日，中国财产保险行业的"老大"，中国人民保险集团公司原总裁王银某以受贿罪被判处有期徒刑11年，并处罚金100万元；2020年6月16日原中国保监会主席项俊某被判处有期徒刑11年，并处罚金150万元。2022年1月8日中国寿险行业的"老大"，中国人寿保险（集团）公司原党委书记、董事长王某被中纪委调查。这些事件，对保险行业的健康稳健发展造成了不可估量的、历史性的影响。

这个行业不是很成熟，还体现在"两个缺乏"：缺乏保险理论指导，缺乏精细化的企业经营管理。

2021年9月28日，中国保险学会邀请保险界和学术界的19位专家学者召开研讨会，其中的一个观点是"目前保险界的理论研究与实际经营脱节甚至是割裂的，讨论保险业务的媒体很多，传播的主要是行业发展信息，但专业性、技术性的文章少，理论研究滞后，整个行业发展缺乏理论指导"[1]。我不一定完全同意这观点，但保险行业确实有点浮躁，能够静下心来从事基础理论研究的人少而又少。

精算是保险经营的核心技术，精算的科学性为保险业的科学发展提供理论和实践指导。但是，中国精算理论与实践是滞后于中国保险业务发展的。查询有关资料得知，1981年中国大陆恢复办理国内寿险业务，1988年把北美精算教育引进到南开大学，1992~1995年历时三年编制了第一套

---

[1] 孟慧新. 寿险业发展与转型研讨会综述［J］. 保险理论与实践，2021（10）.

中国自己的"生命表",标志着中国人寿保险业的科学管理从此进入一个新的历史时期,1999年10月6日中国精算行业举行第一次自己的精算师资格考试。中国精算事业的发展是有目共睹的,也为寿险行业的发展作出了巨大贡献。同时也证明了先有保险实务、后有精算技术支持,或者说先"套用"了他国的"生命表"。

更为甚者,没有更好地发挥精算人员在价值管理过程中的作用。花了大钱培养或者引进精算师,他们是如何假设身故、重疾等发生率的?当发生率的预期与实际情况发生偏差时,除了调整之外,是如何完善改进产品研发、核保理赔、销售管理的?中外资寿险公司还有一个显著差别,就是外资公司的总经理已经有很多是具有精算背景或者就是精算师出身的,但中资寿险公司特别是前十大头部寿险公司的总经理很少有精算师出身的,我也不是。从这个角度说,粗放经营也是有前提原因的。

寿险行业由于长期偏重保费规模的增长,推行以销售为中心的组织管理方式,对分支机构往往偏向于结果导向,主推金钱刺激的"绩效导向",实施类似"费用包干"模式,普遍缺少专业化、精细化、差异化的经营管理。面对行业性的保费增速下降、新业务价值下滑、估值下降、代理人队伍流失等困境周期时,往往束手无策,顿觉压力重重,甚至方向迷茫。

回顾总结30年来太保寿险的经验与教训,我认为人寿保险公司的经营管理,必须兼顾"道""法""术"的关系。大道至简,最主要的是必须把握寿险公司的经营规律。

人寿保险公司的经营必须遵守两个基本法则:一方面,因为是公司,所以它具有一般公司的经营特征,必须遵循《公司法》的规定,既要做到保持公司活力,又要追求"活而不乱"、打造"百年老店";另一方面,它又是从事人寿保险业务的公司,还必须遵循《保险法》约束,其最大的特征就是要在"长寿"时代下,真正坚守长期主义,把长期寿险业务经营得更加稳健可持续，成为客户的终身"守护者"。

保险公司是以销售保险产品为主的被动负债型企业。财产保险公司相对简单一点，除去赔付及费用，如有多余就是利润。人寿保险公司非常复杂，除了赔付还要按合同兑付各类保险金和分配红利。所以简单而言，人寿保险公司的保费收入就是保险人对被保险人未来赔偿或给付责任的"负债"，这"负债"都是要还的，表现为资产负债表中的"各项准备金"。保险人通过资金运用，做到保险资金保值增值，最基本的要求至少要保证公司的资产净值等于负债净值。所以，"负债端"与"资产端"的关系是人寿保险公司的最基本关系之一。

正因为比较复杂，又是"负债"经营，因此《保险法》规定，经营有人寿保险业务的保险公司，除因分立、合并或者被依法撤销外，不得解散。经营有人寿保险业务的保险公司被依法撤销或者被依法宣布破产的，其持有的人寿保险合同及责任准备金，必须转让给其他经营有人寿保险业务的保险公司；不能达成转让协议的，有保监会指定经营有人寿保险业务的保险公司接受转让。人寿保险合同的转移本质上是合同权利义务的转让。这也是老百姓所认为的人寿公司不会"破产"的原因。

人寿保险公司如何把"保单"这张"纸"卖给客户，并且做到源源不断的现金"流入"？如何把这些"负债"投资运用、做到保值增值？处理好资金的时间价值？学问比较深奥。

寿险公司的经营是在多重目标与条件约束下的经营与决策，还需要处理好多种关系，例如：满足客户需求、提升市场份额、加快业务发展与保持业务品质的关系；提高产品的竞争性与保持产品的盈利性的关系；公司风险承受能力与资本约束的关系；当期会计利润与长期内含价值的关系；等等。

5.1　坚持聚焦价值可持续增长

人寿保险公司的经营战略由其自身本质决定，一定是坚持长期主义，聚焦公司价值长期可持续增长，处理好规模与价值的关系。只有学会放弃掉一些东西，才会让公司更聚焦、更专注，成功是一门放弃的艺术。保险企业不是什么事都要去做的，这也是一种本分。

要聚焦价值，首先必须搞清楚什么叫价值，什么叫新业务价值，什么叫内含价值。

寿险公司的一年新业务价值就是新业务预期未来产生的税后利润的折现值，可以简单理解为新保单的利润。新业务价值率就是新保单的利润率。新业务价值会逐步转换为公司的内含价值，内含价值反映的是寿险公司过去的经营成果。

新业务价值＝新保保费×新业务价值率。

新保保费＝销售人力×人均件数×件均保费。

这个新业务价值与价值率究竟是如何算出来的？这主要涉及精算假设及其应用问题。

精算假设即为基于既往经验数据、当前市场情形以及未来趋势判断的综合考量下作出的未来情景的合理估计。精算假设一般分为营运经验假设和经济假设，其中的经济假设一般受资本市场影响较大，例如长期险投资收益率、风险贴现率、传统险折现率等变化。营运经验假设与公司自身经营管理水平的相关性较大，主要与保险事故发生概率、成本佣金费用、退保、短险赔付、分保与再保、红利领取方式等相关。

精算假设主要应用于产品价格厘定、利润评估、价值评估、偿付能力计算、资产负债管理等。精算假设确定的基本原则是：要符合相关的精算原理和法律法规要求；要采用最优估计等方法，满足连续性和一致性原则；要定期回顾，对重要的或未来可能持续的影响偏差，要及时调整。具体如何调整，也比较复杂。

例如，有公司曾经是这样假设的，长险保险事故发生率原则上主要基于最近5年经验数据的分析结果和未来3年趋势预测，当保险事故发生率假设与经验数据的绝对偏差连续3年超过15个百分点时，应对假设进行调整。

又如，长期寿险13个月继续率，原来假设是90%，现在实际只有80%，该公司的新业务价值下调了没有？对各分支机构考核的标准保费的折标系数下调了没有？如果没有，该公司的新业务价值就有虚增的可能。

根据中国平安2021年年报可知，2021年新业务价值同比负增长23.6%，关键是他们还有一句话，若不考虑假设调整，一年新业务价值同比负增长只有18.6%，说明其还是比较谨慎的。中国平安在寿险及健康险公司有关营运利润的调整时指出，"营运偏差及其他"增加营运利润74.36亿元，同比增长61.4%，主要是因为2020年担心疫情等非经济假设调整增提准备金在2021年释放带来的影响；有关内含价值的调整时指出，由于"营运假设及模型变动"负面影响58.76亿元，由于"营运经验差异及其他"对内含价值负面影响167.03亿元，这些主要涉及退保率、费用率、继续率、业务员脱离等综合影响。我感觉中国平安的年报是相对比较透明的。

相应地，我也查看了太保公司2021年年报的有关披露，在内含价值变动分析时指出"营运经验差异"减少49.18亿元，"评估方法、假设和模型改变"增加内含价值33.61亿元。很明显，两家公司是有差异的，好在太保寿险内含价值前后年度的披露方式方法是一致的。

新业务价值率受到业务结构（险种结构、缴费期限、保险期限）、费用支出（保单获取成本、保单维持成本）、保单继续率、保单退保率等营运假设、经济假设（投资收益率）、最低资本成本（市场风险、保险风险）等影响。怎么算出来的呢？要运用"精算模型"进行计算。

大家可能看不懂、看不透、看不明白。没有问题，投资大师巴菲特也看不懂，所以他基本不买寿险公司的股票。我个人的感觉是，精算虽然遵循一定的原则，但可能还是有一定的人为因素，特别是不同的精算师及不同的公司之间，不一定完全可比。每家公司自身更加值得研究分析。

我讲了这么一大堆话，主要是想表达，分公司与总公司是完全不同的，分管销售的副总经理与总经理也是完全不一样的。寿险公司的经营管理是既很奥妙又非常复杂。寿险公司长期寿险准备金是如何计算出来的，750天移动平均国债收益率曲线的变化趋势及对利润的影响等，有的还深不可测。

基层机构如果知道了一些寿险公司内在经营逻辑，就要理解新业务价值的重要性，就要领会总公司的管理要求，尽量做好本职工作，配合公司做到实际经验与假设尽量相符，帮助公司实现预期利润及新业务价值最大化。

聚焦价值，就是要让新业务价值成为基层机构的主要工作目标及指挥棒。这一点，非常重要。但好多寿险公司没有做到位，其后果必然是总分机构各说各的，各做各的。

价值导向清晰，就是始终明确公司究竟要什么。对基层机构、对全体员工，只能一个标准、只能一种声音，不能前后矛盾，不能左右相悖，不能上下混乱，更不能让你的下属去猜测主导者的内心想法、价值标准、目标意图。否则，就可能造成公司内部思想混乱、经营举措混乱。坚持聚焦

人寿保险公司的经营之道

价值,就是坚持长期主义。

保险公司的实际经营过程中,价值导向时常出现混乱。一会要保费规模、市场份额,一会要新业务价值增长速度领先上市同业平均水平;一会要去银保业务,一会又要发展银保渠道;为了实现公司价值持续健康增长,必须要有清晰的、一以贯之的价值观、是非观,甚至人生观。

根据"新业务价值=新保保费×新业务价值率"的公式,结合中外寿险公司的最佳实践,我认为主要有三条路径:

第一条路径:适当放弃市场份额追求,始终坚持价值导向,最终实现先做强再逐步做大。

中国寿险市场,有一个传统习惯,就是喜欢以市场份额与新保规模来衡量企业的成功与否。寿险公司如果为了保费规模,导致低利润业务占比偏高,最终会影响偿付能力、会降低资本整体回报率。寿险公司应该希望扩大但不会用牺牲利润和股东回报来片面追求市场份额,只是短期内放弃了低利润率的业务,短期内放弃了一定的市场份额,但长期看,一定是走得更稳更远。

为了保证实现价值可持续增长,必须强化营销渠道建设,必须大力发展保险保障业务。

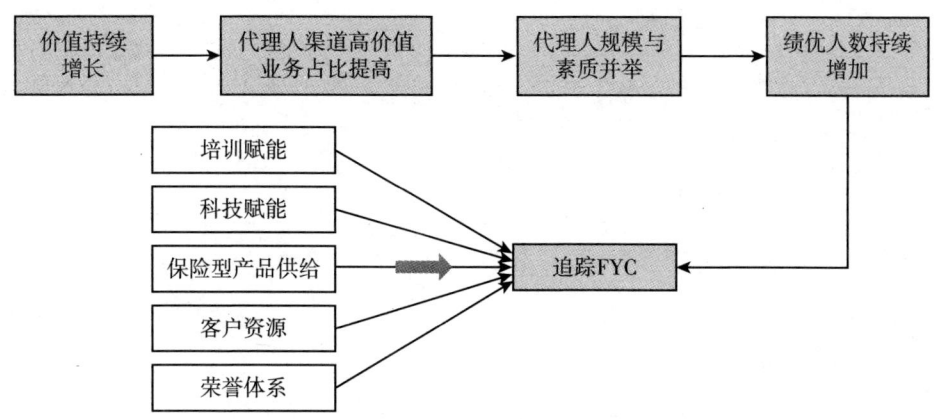

发展保障业务，主要是坚持保险姓保，坚持保险产品回归保障。这是确保新业务价值率维持一定水平的基本要求，也是与其他金融产品相区别的主要方法，这是保险的本源，也是寿险公司的优势所在。产品回归保障，不是只卖保障类产品，而是注意在有关产品中加入加大保障责任，满足客户理财与保障需求。

这一路径，会越走越宽，典型公司之一就是友邦保险。

第二条路径：注重市场份额提升，推行薄利多销，持续提升保费规模，希望先做大再做强。这也是一种方式，但是会很累。在偿付能力监管体系下，还可能会加速资本金的消耗，最终影响股东价值最大化的目标实现。

当然还有第三条路径，就是既要市场份额、保费规模，也要实现新业务价值率的提高，这是最理想化的路径，也是最难两全其美的路径。

我比较推荐或者希望持续推行第一条路径。

5.2　坚持客观公正的用人导向

股票投资有一句名言，要买入"好赛道（行业）、好企业、好价位"的股票。什么叫好企业？标准很多。我认为一个成功的企业，一定是有一个强大的经营团队，一定是有一个清晰的公司发展战略，一定是有一个员工认同并共同遵守的价值标准，其中的关键还是人。

作为公司的主要决策者，你是如何识人用人的？你是如何择优评优的？你是如何言行一致的？用人的导向是公司最重要的导向、影响最深刻的导向。你重用什么人、欣赏什么人、你身边是什么人，别人就知道你是什么人、你想干什么，结果会是怎么样。

由此我想起了历史上秦国与赵国的"长平之战"，赵国在这两强的生死决战中战败了，四十多万大军因为断粮46天被逼投降并最后被全部活埋，赵国从此一蹶不振。其失败的原因肯定是多方面的，其中有一条就是赵孝成王用人不当：赵王中了秦国的反间之计，听信"秦国不怕廉颇，最怕的是赵奢的儿子赵括"，于是赵王把与秦国打了三年消耗战的廉颇给撤换了，在战争的关键时刻启用了中国历史上因"纸上谈兵"而出名的赵括。赵括是谁呢？是赵国大将赵奢的儿子。《史记》云："赵括自少时学兵法，言兵事，以天下莫能当。"赵王用赵括时，蔺相如坚决反对，就连赵括之母也坚决反对！赵括之母认为，赵括把这个最艰难的战争谈得太容易了，那么轻松，根本不把战争当成一回事，认为赵括空谈理论，不解决实际问题。赵母还说，万一我的儿子将来出了错，将来受罚的时候，先有言在先，请不能株连九族。赵王还是坚持启用赵括。秦国"长平之战"的胜利，为后来的秦始皇统一六国打下了重要基础。

对一个组织而言，用人导向是一切激励机制的基础和前提，通过树立标杆、奖励绩优，来明确组织鼓励什么，传递组织倡导什么。所以要防止年度考核、评先评优时任人唯亲、劣币驱逐良币的现象出现。

假如你提拔、重用的干部特别是分公司总经理层级的人员，分支机构私下一片哗然、纷纷议论"看不懂"，甚至基本不认同，这是最大的用人导向偏差。在识人用人问题上，要防止只用你信任的人、你身边的人、听你话的人。要做到五湖四海，德才兼备。"德"是价值观，"才"是把事情做对的能力。如没有"德"，"才"会害了企业，因此要坚持"以德治司"。

大家都说，干部是关键。一个公司、一个老板重用什么类型的干部，则是关键中的关键。作为总经理，你一定要有胸怀去找出并且重用能够超越自己的人。

坚持"长期主义"，必须做到"实力主义"，就是要坚持把"有实力的人"提拔到各级组织的领导岗位，才会领导公司走向繁荣昌盛。"长期主义"人人可以喊，但落地却很难，更不能打着"长期主义"的旗号，干着短期短视行为的事情。我们还要防止业务口号喊的是"长期主义"，使用干部时却像"走马灯"一样换，随心所欲，分公司总经理频繁调换，分公司就有可能越换越弱了。

帕金森定律是英国著名历史学家诺斯古德·帕金森1958年出版的《帕金森定律》一书的标题，帕金森在书中阐述了一个不称职的官员，可能有三条出路：第一条是申请退职，把位置让给能干的人；第二条是让一位能干的人来协助自己工作；第三条是任用两个水平比自己更低的人当助手。这第一条路万万走不得，因为那样会丧失很多权利；这第二条路也不能走，因为那个能干的人会成为自己的对手。看来只有第三条路最适宜。于是，两个平庸的助手分担了他的工作，他自己则高高在上发号施令，他们不会对自己的权利构成威胁。两个助手既然无能，他们就上行下效，再为自己找两个更无能的助手。如此类推，就形成了机构臃肿、人浮于事、相互扯皮、效率低下的领导体系。

一个成功的企业家，还要做到包容别人，站在对方的立场去考虑问题、理解别人。同时还敢于坚持原则，不会因为人情或者为了保住自己的位置而放弃原则底线。

保险公司要持续健康发展，还必须重点培养一大批专业化的、年轻化的基层支公司或者中支公司总经理，这也是客观公正用人的基础，可有足够多的后备干部让你挑选。从企业内部培养出来的人，一般而言其适合性比较强，短期看可能效果比较慢，但长期看往往是效率最高的办法，因为其更认同公司文化、可以更容易地同心同向办成大事。

如何才能保证客观公正的用人导向呢？现代企业必须发挥"三会一层"的各自职能作用，强化公司治理，把权力放进"制度的笼子里"。防止出现"吏治腐败"，防止出现逆淘汰。

以史为鉴，可以知兴替。唐太宗的"贞观之治"，因为任人廉能、知人善用、虚心纳谏、整饬吏治等为后来全盛的"开元盛世"奠定了重要基础，将中国传统农业社会推向鼎盛时期。

5.3 坚持顺势而为，不瞎折腾

老子说："上善若水，水善利万物而不争，此乃谦下之德也；故江海所以能为百谷王者，以其善下之，则能为百谷王。天下莫柔弱于水，而攻坚强者莫之能胜，此乃柔德；故柔之胜刚，弱之胜强坚。因其无有，故能入于无间，由此可知不言之教、无为之益也。"

顺势而为，就是很多事情不是人能够凭自己的意愿所能改变的，要顺应事情本身的发展方向来做事情，不能强行地去改变。只有明大势，才能知进退，才能顺应、顺道，而不是违背、逆反。如果逆水行舟，可能终其一生，一事无成。

孙中山曾说，"世界潮流，浩浩荡荡，顺之者昌，逆之者亡"。对"势"的理解，首先是一种"敬畏"，然后才是"善用"，如果你想成就大业，还要敢于"取势"，甚至勇于"造势"，势不可挡。

保险公司必须顺应时代发展潮流，必须顺应宏观经济发展周期，必须顺应、把握行业发展规律。当"人口红利"来临时，我们也必须顺势而为，发展壮大有效的营销队伍；当"人口红利"消失时，就更不能逆水行舟了，当然更要坚持产能持续提升。过去多年的高速增长，除了保险同行的共同努力之外，还是"监管红利""代理人红利""居民可支配收入增长红利"等共同推动寿险公司新业务价值增长。保险行业也是有周期的，当行业处于低谷时，我们整体上应该"稳定为先""稳中求进"，应该是先做好"过冬"的准备。

坚持顺势而为,还必须做到"有所为有所不为",不要瞎折腾。老子《道德经》第六十章:"治大国,若烹小鲜。"治理一个大国不宜翻来覆去,不要乱折腾。管理一家公司同样不能瞎折腾。

"道常无为而无不为。""道"永远是顺其自然而无所作为的,却又没有什么事情不是它所作为的。"无为"就是不妄为,不强为。

面对 2022 年俄乌局势、新冠疫情反复、全球能源价格暴涨等影响,全球市场风险偏好下降,资金对高估值科技股票的抛售尤为猛烈,导致 2022 年以来全球最富有的 500 人总计损失一度超过 8000 亿美元,但全球富豪榜 TOP10 只有巴菲特是唯一一位实现资产正增长的富豪,并在 2022 年首次闯入前五位。主要得益于巴菲特两笔"神操作",首先是其第一大重仓股——苹果非常稳健,大幅跑赢纳斯达克指数,其次是坚定布局能源巨头——雪佛龙,并成功押注了国际油价的上涨,持续加仓西方石油公司股票。2022 年以来,雪佛龙年内最大涨幅接近 50%,西方石油公司年内涨幅超过 103%[①]。股神就是股神,无视股市大跌,"取势"操作,目前看是比较成功的。

面对同样的大环境,号称价值投资的但斌,在 2022 年 2 月底已经基本空仓,他自己事后回应,其管理的私募基金只有 10% 的持仓!应该说但斌成功躲过 2022 年 3 月 15 日的大跌,3 月 15 日上证指数收盘 3063.97,下跌 4.95%,3 月 1 日收盘 3488.83,半个月累计下跌 12.18%,但媒体颇有质疑,"大佬清仓,时间的玫瑰凋零"。

一个顺势而为,一个逆势而战,短期局部非常成功,最终结局还有待时间的考验。市场大众主要认为,但斌出版《时间的玫瑰》一书,教导投资者要坚持价值投资,做时间的朋友,但在关键时刻,自己先跑了。我

---

① 见 2022 年 3 月 27 日证券时报、今日头条的有关报道。

的理解，大方向上是价值投资，某重要时间点上不排除波段操作。真是知易行难啊。

平安集团董事长马明哲有个观点：在公司治理方面，集团管"方向盘""红绿灯""加油站"，制度建立在流程上，流程建立在系统上。制度的运行不以人的意志为转移，强化公司治理，是保证公司稳健发展的前提。

有的公司出现业务、价值、队伍"三管齐下（下降）"的原因，主要是"人治"的味道太重了。"道"就是规矩，没有规矩，不成方圆。以至于一个人离开了，其推行的所有项目、举措，甚至制度规定都必须改变，不管这些转型项目、管理举措有没有作用，不管这些规定是否经过党委、董事会讨论通过的、批准的，都要另起炉灶、另搞一套。这是标准的瞎折腾，劳民伤财。

在知道为什么要顺势而为之后，还有一个关键，就是要搞清楚当今寿险公司的"势"在哪里？"势"为何物？这样才能做到不瞎折腾。

我认为当今寿险公司必须顺应客户的成熟、成长，客户的个性化、差异化的大趋势，要把主要精力、财力放到对客户的研究、分析、培养、引导、服务、体验、协调上来。

应该更加坚定以客户为中心，深入研究客户消费新情况、新现象、新问题，尽最大努力满足客户需求。应该加强对销售队伍的专业性、针对性、市场化的赋能培训，做到买卖双方共同成长、共赢共享。非常遗憾，有的寿险公司的主要精力、财力还是放在"向下、向内"管理上，还是放在对"他们营销员"的"基本法"所谓的"完善"上。这些也对但已经远远不够了。

5.4 坚持文化传承

"经济增长表面的决定因素是资本、劳动、技术和地理优势,但是最终起作用的是文化和习惯的遗传","总的来看,中国出现的增长奇迹是适应外部环境变化、凝聚社会共识、调整激励结构、发挥生产要素价格相对比较优势和文化潜在力量的结果,其道理直白而深奥",① 由此看出文化的重要性,文化底蕴发挥着逐步加大的支撑作用。

2020年起,寿险公司面临的内外部环境已经发生深刻变化,宏观经济预期转弱、新冠疫情冲击、转型还在路上,行业竞争更加激烈和分化,这些都对同事们提出了更大、更尖锐的挑战,各种"烦恼"、各种"后悔"、各种"超预期"叠加,如何保持竞争优势,实现价值可持续增长,真正实现"长期主义"、基业长青?我认为关键之一就是要传承并发扬太保优秀的文化基因。

太保的基因是什么?太保公司是先有分公司,后有总公司,分支机构的各级总经理或多或少都有公务员背景,也就是说,太保公司各级机构领导干部的综合能力非常强大,经过这八九年个险工作的专业化、高强度的"摸爬滚打",全司上下的专业化、精细化、市场化能力已经可以与任何一家保险公司媲美了!这是我们太保公司的最大资本。他们是最了解市场情况的,也是最贴近客户和营销人员的,应该充分发挥他们的积极性和主

---

① 刘鹤. 我感到了真正的危机,中国要建一道防火墙. 国投智库,2022-04-02.

观能动性。

如果把所有的财务资源全部纳入营销"基本法",各级机构总手上没有一点灵活应对的财务费用,怎么能够随时解决各种差异化的现实需求问题?市场化就是差异化。领导艺术就是掌握集权与分权的艺术,就是善于让地方、基层机构行使机动的决策之权。

太保公司是中国的太保公司。中国的各省之间差异太大了,一个广东省内的差异也非常大,珠三角与粤北发展完全不一样,太保公司的各分公司之间同样如此。如果非要"一刀切"、强势推行全司只有"一个营销基本法",就相当于搞"休克疗法",其结果是显然的。现在有市场人士调侃:太保寿险友邦化,友邦保险平安化,平安人寿还在转化。

太保公司的文化基因,就体现在诚信天下、稳健一生、追求卓越的大局意识上,就体现在真抓实干、不用扬鞭自奋蹄的创业精神上,就体现在上下同欲、同心同德、"平时注入一滴水、难时拥有太平洋"的高尚情怀上!这些优秀的文化基因,是太保公司最宝贵的精神财富,是太保公司的"灵魂"所在,希望每一位太保人能够共同珍惜,代代相传。

公司文化还要善于总结提炼并发扬光大。我在广东工作期间,针对当时营销团队的状况,总结提炼了七句话:"朝阳的行业,伟大的公司,巅峰的政策,优秀的团队,辉煌的业绩,满意的收入,卓越的追求",这35个字,朗朗上口,满怀豪情,心潮澎湃。现在大家聚在一起时,还会齐声背诵。那个时候,每到"开门红"时期,总公司、分公司、中支公司甚至连支公司都会有奖励方案,这个累加的奖励政策是不是达到了"巅峰"?收入是否满意,就看各人自己的目标以及努力程度了,上不封顶的。最后一句"卓越的追求"是后来我加的,表示我们营销人员除了提成金额还有更远大的理想与追求,防止片面化。这35个字比简单的"敬业爱司"的要求更形象、更能入心入耳,激励了那个年代的营销员自觉排除万难、努力奉献于民族保险业的健康发展。

我认为目前太保寿险公司所遇到的一切困难都是暂时的，都是发展过程中的困难。没有困难就没有太保人的价值。公司经营最高层必须注意调动各级机构的主观能动性，发挥他们贴近市场、了解客户的优势。

千万不要一遇到困难、遇到持续的业务负增长，不从自身去找原因，不从客观规律找答案，而是埋怨下属、否定他人。如果你否定他人，其实就是否定自己。如果你不信任他人，其实就是不自信自己。先做人，后做事，真正打败自己的只有你自己。

有一首"骂人的"打油诗：

闻道人须骂，人皆骂别人，

有人终须骂，不骂不成人，

骂自由他骂，人还是我人，

请看骂人者，人亦骂其人！

有决策权的管理者要有高尚的人格与情操，要有基本的伦理观、是非观，要保持公司良好的道德风尚。在这方面，各级领导者必须做出表率。业务发展困难时，更应该保持定力，不做假账、不做虚假业务、不说假话，要坚持实事求是，要坚守职业操守。风清则气正，气正则心齐，心齐则事成。企业文化往往是一把手的文化。

5.5　坚持适合自己的发展模式

《今日保险》2021年8月17日发表的文章《中国寿险何去何从：看平安泰康友邦带来的三个可能性？》指出，"进入2021年，高喊了数年转型升级口号的寿险公司业务指标越发挣扎，一些关键指标甚至在持续恶化"。"中国寿险企业经营模式，向何处去？是当前行业最为关注之问题"！

文章认为：平安之科技，延伸未来保险商业模式的高度；平安是为数不多的构建出较为完整、清晰的金融科技生态圈的保险企业之一。泰康的养老产业链，打开了寿险经营之广度；形成了"医养康宁"四位一体的服务链条。友邦精英营销员，是否代表了传统寿险经营之深度？

文章指出，友邦也开始了在中国布局的加速模式，进入2021年，友邦在四川开业，在湖北筹建；2020年友邦营销人员5万人，有研究报告认为"2030年，友邦代理人数量将达到15万"！然而，该文章还提出了一个大大的疑问：平安现在的问题，会不会是友邦全国化之后绕不开的问题？

文章最后尖锐指出，一批一定规模的公司，没有什么鲜明的优势与特点，却又集中了这个行业里最自命不凡的一群人，觉得自己要对标头部公司，什么都想有、什么都想做，互联网科技、高客团队以及市场地位、保费规模，我全都要。结果往往是，新的版块架构如走马灯般，开了又关，旧的利益既得者仍铁打不动。"也许转型并不一定就那么难于上青天，只是在很多地方他们自己给自己搞复杂了，出于各种各样大家想到了与没想到的原因。"

这些话，非常爽快，肺腑之言。这三种模式，哪一种最适合自己的公司呢？

面对2020年以来寿险市场的持续下降，大家似乎都有点迷惘。大家保险集团总经理罗胜说，不知道这个变化是趋势性的，还是周期性的；什么时候结束？还会有以前的高增长吗？保险还算是朝阳行业吗？未来的出路在哪里？①

罗胜指出，"寿险被迫也必然要参与大理财的竞争"，金融产品是价格敏感型产品，收益率或利率就是敏感点，也是最主要的竞争点，寿险产品也要被"纳入收益比价队列"。

同时还指出，"同一产品中保障和理财功能分离，产品复杂度降低，可能更受客户认可"。

对"转型的可行方向和路径"开出了药方：寿险"最直接相关的原生需求，就是健康医疗和养老服务"，虽然目前在"全行业都还没有特别明确的答案"，但"大家样本"正在努力推进，就是"独代模式＋健养生态建设"。

罗胜的《不悲不惧，坚定向前，积极推动寿险转型发展》演讲，我认为是2021年中国寿险业转型发展峰会上，相对而言最有深度、最具逻辑推演的报告。我没有现场参会，但学习了《慧保天下》刊发的文字材料，有感而发。

其实，寿险公司的改革或者转型，主要就是代理人的改革、转型！我对代理人转型发展的前景，还是充满信心的，至少没有罗胜那样悲观，也

---

① 罗胜. 不悲不惧，坚定向前，积极推动寿险转型发展。2021年中国寿险业转型发展峰会上的演讲.

不太会发生文中提到的像荷兰那样"因为难以根除的销售误导,改革的最终结果是代理人模式整个退出寿险市场",至少中短期内在中国不会发生。

资本市场非常关注平安现在的代理人转型能否成功,然而2021年,新保、新业务价值、营销人力继续负增长。科技只是一个基础平台,是工具或手段,虽然重要,但科技本身并不会给平安带来持续的保费收入增长。我个人认为,平安代理人渠道的转型尽管也有挑战,但还是值得期待的。

泰康的"医养康宁"模式最大的优势是起步早,拿地成本比较低,其自身也许可以做到收支基本平衡,但究竟对主业带来多少持续的增量保费?还有待观察。养老管理、健康服务是保险产业链的延伸,其最直接问题是它的营业收入与营业成本是否匹配、是否经得起时间及市场的检验,目前大部分险企是无法明确回答的。

可以告诉大家的是,早在2010年,中国太保寿险公司老领导们就对养老产业有过一个系统的研究考察报告。十多年后的今天,我们还是要警惕以做房地产的方式进行商业养老社区的建设,因为拿地成本很高,重资产养老模式的投资收益存在一定的经营风险,后期的运营成本更是不确定的。有的养老"家园",有700~800张床位,入住的客户只有几十个,如何维持下去?在家园所在地,退休工资能够达到9000~10000元,已经是比较高的水平了,是否愿意入住还是个问题呢。实际工作中,还有一种现象也值得警示,就是为了提高眼前养老社区房间的入住率,降低运营成本,有意识的"超卖"房间数量,并希望因此能够带动保险主业的保费增长。这个问题值得研究,假设某园的养老社区共有100套房间,按理只能销售100位入住资格证。但是,这100位拥有入住资格的人员、年龄结构不一样,到最终是否都如期来入住也是不确定的,所以保险公司就可以适当"超卖",问题是究竟"超卖"多少是合理的。至少至今没有准确的经验数据,建议监管机关进行牵头研究。

我有一次从美国参加年报路演回国,公司买了个"商务舱",临近登机时，航空公司告诉我，我有幸被"抽中"调换为"经济舱"，开始我也不理解。后来他们解释，实际上，这样的长途飞行，商务舱的数量肯定是"超卖"的，万一有的旅客临时改签了呢。此时，航空公司主动对我说要退回我飞机票的差价，要好几千元。但每个旅客的满意度是不一样的，有的人要舒服睡觉，毕竟要飞十几个小时，有的旅客反正在飞机上也不容易睡着，看看电影，拿些意外的差价也蛮好的。

友邦中心城市的发展模式，我比较认同，这是保险的主业及其根基所在。但也不是一帆风顺的，回想当年的深圳友邦、广州友邦等也是有过艰难的历程。现在的增长，多少来自分支机构的扩张？多少来自人力的增长？会不会走平安的老路，这些担忧也须通过不断的完善来解决。如果想拓展中心城市的个人业务，我还是倾向于推荐友邦的发展模式。如何发展三四线及以下广大地区呢，友邦也没有成功的经验。

中国幅员辽阔、人口众多，是最大的发展中国家。中国共产党十九届六中全会指出，"一百年来，党领导人民进行伟大奋斗，积累了宝贵的历史经验，这就是：坚持党的领导，坚持人民至上，坚持理论创新，坚持独立自主，坚持中国道路，坚持胸怀天下，坚持开拓创新，坚持敢于斗争，坚持统一战线，坚持自我革命"。全会通过的《中共中央关于党的百年奋斗重大成就和历史经验的决议》，深刻揭示了"过去我们为什么能够成功、未来我们怎样才能继续成功"。这些经验在保险行业同样必须深入学习和坚决发扬。

太保寿险与外资公司不一样，我们不能照抄照搬外资公司所谓的经验，我们必须坚持走中国太保特色的寿险发展之路，不要在讨论发展模式中迷失自己。中国的保险市场潜力巨大，天高任鸟飞，我非常相信营销伙伴、同事战友们的"盖世武功"。太保寿险只要坚守保险主业，培养专业人才，管控系统风险，借鉴国际经验，坚定走适合自己的路，最终也一定能够继续成功。

5.6 坚持资产负债并重

时任东吴证券首席经济学家任泽平的《2021中国保险行业发展报告》认为，中国保险行业经历四个发展阶段：第一阶段，恢复发展（1978～2000年）；第二阶段，快速扩张（2001～2010年）；第三阶段，松绑创新（2011～2016年）；第四阶段，规范发展（2017年至今）。

从保险公司商业模式，依据资产负债的匹配关系，《2021中国保险行业发展报告》认为可以分为"负债驱动型"与"资产驱动型"，并提出"强负债驱动""弱负债驱动""强资产驱动""弱资产驱动"四种具体类型，并分别对负债驱动型平安、泰康以及资产驱动型的安邦、伯克希尔四家公司作了对应的分析。

根据央视《大国保险》纪录片介绍，中国民族保险业最早起步于1805年，遥望200多年的历史，中国保险业走出了一条"萌芽、初创、停办、复业、扩容、飞速发展、全面开放、政策松绑、纠偏回归的曲折发展之路"，截至2021年6月，中国境内保险机构230多家，总资产已突破24万亿元，成为总保费全球第二的新兴保险大国。

我们姑且不论任泽平这样的阶段划分是否最合理，但回顾改革开放以来中国保险业40多年的发展历程，有一点是非常明确的，就是随着国家宏观经济的持续健康发展，中国保险业也是不断发展壮大，正从"大起来"到"强起来"的转变。保险是经济助推器、资金融通器、社会稳定器的功能正日益显现。

中国保险行业长期以来有一个非常传统的观点，资产与负债的关系，要么负债驱动型，要么资产与负债匹配型，一直担心甚至反对资产驱动型。主要的理由是如果是资产驱动，可能会带来巨大的资产端投资风险。不无道理，高收益背后肯定是高风险。

然而，一方面，保险业的资产总量越来越大，如何提高投资收益？进而如何才能覆盖负债成本？例如太保集团2020年底管理总资产已达2.4万亿元，净投资收益率为4.7%，同比下降0.2个百分点。根据《2021亚洲保险业发展报告》，截至2020年末，中国内地保险公司总资产共计233000亿元，同比增长13.3%。这么庞大的资产规模如何投资？投什么？久期如何匹配？怎样保证一定的收益水平下控制风险？随着长期利率水平下降趋势的不可逆转，优质资产本来就不多，资产端本身的压力确实也不会减少。

另一方面，负债端的保险产品是否有点卖不动的感觉？站在客户的角度，在当今世界特别是中国人民非常喜欢"发财致富"的文化背景下，一款寿险产品的价值和吸引力，肯定是它的收益率或利率。在这个"泛养老金融年代"，如果不比收益还能比什么？这样的情况，负债成本的降低空间肯定是不会太大的。

保险公司的经营究竟如何处理资产与负债的关系？我认为，每家保险公司所处的发展阶段不同，所以应该对应不同的资产负债的"匹配"模式。对已经发展至一定阶段的保险公司，特别是资产规模到了万亿元以上水平的大型公司，是否可以有限度地尝试资产驱动，然后再推动负债业务的稳健发展呢？对一些小公司、新公司而言，肯定是坚持负债驱动型发展模式，老老实实地把握保险的本质，稳步推动保障型业务的发展。而且要注意在细分市场、特色市场、特定客户群方面进行积极探索，慢慢积累资本实力。凡事都不能绝对化，只是发展阶段不同，其侧重点不同罢了。

险　　峰

根据社保基金会《基本养老保险基金委托营运年度报告》，2020年末，受托营运的基本养老保险基金权益总额为1.2万亿元，其中投资收益为1135.77亿元，投资收益率为10.95%，自2016年12月受托以来，年均投资收益率为6.89%！根据社保基金2020年度报告显示，社保基金投资收益额为3786.60亿元，投资收益率为15.84%，其中已实现的收益率为9.58%；自成立以来，社保基金的年均投资收益率为8.51%[1]，这样的投资产品或基金，肯定会"秒杀"或抢购一空的。

反观保险行业投资收益率大概在5%的水平，除了负债成本，还有多少差额呢？可想而知，负债端的产品销售难度怎么不会越来越大。保险公司的"三差"中，"费差"很难存在，"利差"肯定不多，只有依靠"死差"了，这也就是为何要坚持销售保障型产品的深刻原因了。然而，各种"惠民保"又影响着保障型产品的销售。

经济长期发展最终靠供给推动，供给创造需求。保险行业负债端的产品与服务的供给能力高低，最终也是由资产端的投资收益能力决定的。所以，资产端的转型发展、稳健发展更显重要。

现在保险公司的改革、转型主要侧重于负债端的改革、转型，如修订营销员"基本法"、减少分支机构数量、加强营销队伍建设等，很少在"资产端"进行转型升级。无论是长期主义，还是可持续价值增长，好像都是对"负债"端讲的，好像与"资产"端没什么关系。我认为只有"资产"端也真正成为一个价值投资者、长期投资者，寿险公司才是一个完整的长期主义者。

虽然银保监会等国家机关分别出台了一系列的政策、制度，也放开了一些投资限制，但资产端的潜力仍有待继续挖掘和释放。保险公司的"负债"与"资产"，这两个"难兄难弟"，除了相互匹配、特别是"久期"匹配外，只有"资产"拉"负债"兄弟一把，方可避免双方均陷入"两

---

[1] 社保基金2020年投资账单来了. 每日经济新闻，2021-08-18.

难"境地。坚持资产负债并重发展,做到资产负债协同共进、同向同力,才能穿越"低利率、长寿命、资产恐慌、极端气候"等不利周期影响,公司才能成为"百年老店"。

寿险公司为了分散资产风险,应积极探索低增长、低利率、资产荒环境下投资渠道的多元化、国际化等问题。

5.7 坚持数字化赋能

　　数字中国,数字经济,数字保险刚刚横空出世,2021年"元宇宙""全真互联网"概念又高调登场了,虚实融合的未来世界已清晰可见。

　　2016年,太保集团提出了"数字太保"的战略构想,推出了一系列的重要举措。

　　日本软银集团孙正义认为,20世纪最有价值的是石油,21世纪最有价值的是数字。"大数据"时代的保险公司不至于坐拥"数据金山"而"被动饿死"吧?

　　保险业是较早建立科学、完善的数据统计体系且以数据统计运算为主业的行业,精算人才是保险行业,乃至整个社会的"金领"人才,精算人员的用武前提就是模型及大数据。保险公司内部每天每时每秒都在生成大数据,其触角几乎遍布所有的产业,是一个坐拥"数据金山"的行业。但是,寿险公司的数据却存在着较大的问题。"大数据"更多的还停留在口号上,少有人在实实在在地关心关注特别是自动的洞见与研发。就像个险转型一样,人人都在喊转型,人人都不一定在干转型的事。

　　一是数据的颗粒度太大,没有更多的应用价值。有的数据只有姓名、身份证号码、电话号码,如何进行大数据运用呢?本来可以依靠对大数据的分析、识别、标签,可以帮助我们理解风险、识别风险,了解更多的客户动态变化,有针对性地推送相应的产品与服务,可以最大限度地降低风险控制的成本。由于颗粒度太大，为了可分析、可识别，还要与第三方合作，还要先进行脱敏，令人无法理解。

二是数据不准或者数据过时了。数据不准很好理解，但数据不准的程度已经难以想象了，今天调取的数据与明天调取的绝对不一样，你调取的数据与我调取的绝对不一样，同一指标的数据这个系统调取的与另一个系统调取的绝对不一样，上报保监的纸质报表与保监自动从对接的系统中提取的数据不完全一样，这样的数据质量，怎么可以分析洞见？数据治理多少年了，此类问题还是无解；大数据的价值，首要条件是新鲜、及时、细分、准确，而保险公司的数据比较静态，有的数据一年只变化一次，这样的大数据也是很难应用的。

三是大量的存量数据没有专职人员在从事专业的研究分析洞见，也没有人对这干巴巴的数据感兴趣，这主要是国有大型保险公司的体制机制决定的。而中小型公司呢，他们首先要解决吃饭问题，也没有精力顾得上这"苦活、细活"。而大型互联网科技公司已经咄咄逼人，"如果银行不改变，我就改变银行"，其"撒手锏"就是因为掌握了海量的有价值的大数据！

德勤《保险行业展望调查报告》显示，有79%的受访者认为，此次疫情暴露了公司数字化能力的薄弱和转型计划的不足。即便一些公司已经对业务转型计划作出了调整，仍有高达95%受访者希望能够加快数字化转型步伐，以增强抗风险能力。[1] 保险公司对"保险+科技"的应用更主要的是开发手机App，占比达到57%！

现阶段，我建议：一是注意把单频数据变成中频甚至多频数据。平安公司早已经做了开拓性的探索，平安金科的任务之一就是帮助平安活跃用户，其最早推出的积分制度，并不是主要为了让利给客户以及增加黏性，而是千方百计地为用户着想，把积分变成"通用货币"，变成用户可以随意兑换想要的东西，这样的"留痕"数据，慢慢地就有了可分析、可标

---

[1] 2021亚洲保险业发展报告.21世纪经济报道，2021-12-15.

签、有价值的大数据了。

二是注意积累分析大量客户拜访而没有成交的客户数据。保险公司每时每秒又是如何采集大数据的呢？传统的就是投保单的数据、理赔给付的数据而已！这是保险公司的优势，也是上述存量数据的问题所在。可否研发生产带有智能传感器的"神行太保"，可以自动收集数据、自动生成保险需求方案。

三是打破数据边界，建立统一、可控、共享的数据库。目前寿险公司内部在大数据方面最大的问题是掌握数据的部门，不知道数据有什么价值、如何使用，需要大数据分析与支撑的销售部门又无权自主使用数据，只能被动使用相关部门不痛不痒的数据分析报告。我在寿险公司时，看了几篇《客户数据白皮书》，感觉其实作用不大，没有从使用数据者的角度去分析研究与分享。但他们确实也很辛苦，我们也很无奈、很累，还要表扬他们、鼓励他们。

四是建设智能营业厅，试行无纸化、无人工、无边界、全天候服务，并且能够打通保险同业的产品，真正做到以客户为中心，实现"通存通兑"式服务。可否研发生产全智能、全自动、无线无痛"三高"测试仪，自动生成基本要素的体检报告？

五是认真执行《数据安全法》，采取合法、正当的方式获取数据。数据是指任何以电子或者其他方式对信息的记录。数据处理，包括数据的收集、存储、使用、加工、传输、提供、公开等，不得窃取或者以其他非法方式获取数据。

根据《瞭望东方》第848期周刊报道，"技术迭代与'元宇宙'大爆炸的时代背景下，柳夜熙、MERROR、翎、哈酱等'数字人'已悄然走进我们的生活，给文化、服务、金融等各行各业带来了新的想象空间"。江苏卫视虚拟邓丽君与周深同台演唱《小城故事》《漫步人生》等，广州新塘永旺梦乐城打造全国首位商场咨询台"数字客服员工"，面对大型商场内门店众多、路线复杂等情况，数字人可以轻松提供室内导航服务，回答顾客问题的正确率可以轻松达到91%以上。某知名银行打造了具有先进可视化交互功能的"数字人大堂经理"和"线上数字人客服经理",和真人一样,能够自动识别前来办理业务的客户,主动接待问好,并进行亲切专业的互动。

数字人是采用3D建模技术构造的3D卡通虚拟形象。数字人交互技术融合了深度学习神经网络、计算机图形学等诸多学科,让数字人能够理解用户的语音内容并生成对话,最终达到赋予数字人智能化、拟人化的交互能力。

我由此联想,随着人工智能技术继续快速进步,"ChatGPT"时代的真正来临,是否会有一天,数字人或者数字机器人可以替代部分营销人员进行保单销售了?至于理赔、客服工作肯定是可以请数字人来完成的。既降低了人力成本,又实现了百分百的服务标准化,做到从被动式服务彻底向主动式营销的转变。我期待能够早日看到这一天的到来,增员难、留存难的部分问题也迎刃而解。

5.8 坚持中心城市突破

中心城市突破，中高端客户开拓，始终是我们个险营销绕不过去的"坎"。自2012年起，太保寿险公司与同业公司一样，一直在进行各种探索。例如，组建"金玉兰"队伍、实施职场"会所式"改造、"基本法"的改良等。2017年后我们祈求突破的渴望更加大了。

2017年3月14日，太保寿险召开"省会城市突破项目启动会"，选择江苏、河北、安徽作为首批试点分公司。会议除了出台一些政策之外，主要是要回答好"要不要做、想不想做、有没有能力做、如何做"等四个问题，重点做好后面两个"必答题"，至于要不要做、想不想突破，已经完全形成共识了。我当时的要求就只有一句话"省会城市突破不能再走老路！"

2017年4月21日，我们还提出了"中心城市突破——沪深三年改造方案"，基本思路是在保证人均产能稳步提高的前提下，将人力发展作为首要的突破口，因为我们的分析结论是，与先进同业比，我们在特大型城市的主要差距是有产能的人力太少了。主要的做法除了"万变不离其宗"，如成立项目组，签订责任状，新增城市机构布局，加大预算投入，优化考核体系等，更主要的提出了两个大胆的想法，并且获得了公司经委会的审核通过。

针对中国银保监会发布《深化深圳保险创新发展试验区建设支持前海

开发开放的意见》，我们计划在深圳前海设立"专属保险销售子公司"，希望最大限度地突破现有体制的制约，与现有深圳分公司共享后援、自由竞争、互为补充、共赢发展。但由于相关执行层面的认知与魄力，此事没有按计划如期推进。

在上海自贸区，我们设想通过利用新牌照设立"上海自贸区分公司"，梦想"再造一家上海分公司"，因为改造一家老公司比新建一家分公司可能更难。如果这家公司筹建成功，完全是新的增量，上海这么大的城市，常住人口近3000万，在浦东新设一家分公司理论上肯定也是没有问题的。

这事应该说取得了重大进展。我们抽调了一位长期在个险基层工作、担任过两家分公司总经理的人员来上海担任项目组长，实行总公司顶层设计，分公司实际试验操作的模式。通过市场化招聘选择了一名有平安背景的外勤销售主管担任分公司总经理，还异地引进一名曾经是太保中支总经理担任外勤总监，筹建高客团队。还专门组织人员去日本索尼人寿考察学习，回国后创造性地设计了"保险事务所""保险合伙人"等制度，从根本上改变了营销员的法律地位，高端客户的开拓经营也迈出了希望的步伐。

中心城市的突破，高端客户的开拓，如果你不去实践、不去尝试，你还有更好的办法吗？哪个人不希望一举成功呢。我建议继续尝试如下做法：

第一，要集中精力从客户的角度来研究可能改变的路径与方法。因为客户的觉醒已经超越了我们的想象，客户更成功、成熟、理性了。我们必须同时从"客户、产品、队伍"三个维度来统筹、思考和把握。我们以前习惯于管理队伍，后来慢慢开始研究产品了，但研究客户的能力始终没有大的提高。腾讯、阿里等互联网公司为何如此牛，就是因为他们掌握了客户的海量数据及预期需求。主要是"砸钱""考核""换人"等传统方式已经一去不复返了。

第二，研发产品的出发点是满足客户个性化的需求，而不是先满足公司事前确定的主观色彩很浓的保费或价值目标。产品的形态、价格可否更简单、便宜一点？保障型产品的保额可否更高一点？理财型产品的收益率可否更高一点？最主要的是服务举措可否更加人性化、更加有温度、更加减少一些前置条件？

第三，在部分长期发展滞后的主要中心城市可以试行太保寿险公司三支个险队伍"合三为一"。因为这些中心城市太保个险的总体业务量还是不够大，没有必要在城市型分公司继续实行传统营销、顾问营销、服务营销三支队伍、三个"基本法"、三套管理人员的管理体制，应该集中人力、财力、精力办大事，握紧拳头、重拳出击，实现个人业务的真正突破。这绝对不是简单地为了降低成本支出，而是为了更加有效地整合资源。城市型分公司与省级分公司最大的区别在于，其"纵深"不够，回旋余地太小，没有必要全部继续保留三支队伍进行内部开拓性竞争，应该实施城市型分公司的"广度"与"深度"协调推进。

城市型分公司要建立强大的销售支持服务体系，要打破个险管理部只有督导、人力管理、组织培训等"三种人"传统做法，要引进数据工程师、医师、营养师、税务师、律师、会计师、投资大师、体育老师等专家人才，帮助客户实现"身体更健康、财富更自由、传承更顺意"的人生小目标。说实话，如何修改"基本法"已经不是最重要的，因为一方面，还是站在公司自身的角度考虑的，另一方面，即使佣金比率100%，如果没有签下保单，营销员的收入还是等于零。如果公司真的能够做到"帮助"销售人员实现"百万年薪"不是梦、成为"保险企业家"，就不用担心增员问题和留存问题了。

2017年6月我在上海接待了泰康人寿私人健康财富中心董事总经理温总、泰康人寿私人健康财富中心高客战略执行总经理林总一行，他们主要来交流考察我司"金玉兰"财富管理项目。他们当时的私人健康财富中心简称 F1 中心，围绕"健康"和"财富"两个核心，专注于为高净值客户提供全生命链的产品与服务。服务涵盖"品味和健康"，主要包括以下六大私享服务体系：私人管家、私人健康、私人律师、私人旅行、私人收藏、私人企业等。

  在这些方面，泰康公司确实已经走在前面了。2021 年泰康又提出了"长寿时代泰康方案，寿险转型有两条道路：一是拥抱医养，走'支付+服务'的道路；二是走专业化、职业化道路，全面实施体验式营销，开创 HWP 健康财富规划师新职业"；[①] 认为"超级体验"是寿险的一种全新销售模式，体验式长寿、体验式健康、体验式理财等一切皆"超级体验"的新战略。泰康公司确实把自身的特色和优势发挥到最好的状态了。

  2021 年，太保寿险改革力度也很大，把省级公司的传统营销与顾问营销的"基本法"都合二为一了，并且还要大力推行高产能的"基本法"。

---

① HWP 指 health wealth planner，健康财富规划。

5.9　坚持成本管控是保险公司的最大护城河

企业要提高营业利润,只有两条路可走,要么增加营业收入,要么减少营业成本。任何企业都一样,其最基本的公式表达是:

营业收入 − 营业成本 = 营业利润

世界500强是按营业收入排名的,足见增加营业收入的重要性以及不易性,只有有了营业收入,才有可能有营业利润。如果你要增加营业利润,还必须善于控制营业成本。活下来才是王道!千万不要把成本管控当作一个负面的事情,而是把它当作节省现金流并且跑得更快、更轻松的方式。

保险公司的成本还具有特别的不确定性。由于保险产品现时的价格是依据过去的经验成本估算出来的,而现时价格又要足够去覆盖未来可能产生的各项成本,所以对不确定性的评估成为保险企业经营管理中的一项重要内容。保险公司利润的核算也具有特殊性,除了一般企业的各类财务科目外,保险企业财务报表中的准备金及未决赔款,是影响经营结果的重要项目。也就是说,你不能简单地看保险公司的利润是多少,还要看看它的准备金是否足额提取了。

现实情况是,有多少家健康保险公司是赚钱的?又有多少家财险公司的综合成本率是低于100%?当然,财产保险公司可以"免费"使用一年的资金,其投资收益率就是它的核心利益所在。那些中小险企,其生存发展的空间更加狭小了。巴菲特曾说过:汽车保险公司的护城河就是低成本，他认为服务方面实际上各公司都差不多的。

现在有个思维习惯，说起寿险公司粗放经营时，肯定是要说营销员的"人海战术"，其实不然。保险公司最粗放的经营是对分支公司基本没有科学管理和经营评价动作。习惯的主要做法是，选定一名分公司总经理后，下达一个保费任务或者标保任务目标，然后就是核定费用使用比例，最后除了年薪考核办法之外，就没有其他什么了。年薪考核计算兑现也许也是滞后的，并且可能还不知道如何算出来的。

这样，对分公司总经理的要求太高了，也是不太合理的。分公司总经理稍有差错，把公司砸憎了，所在的分公司可能几年"醒不过来"。分公司总经理是如何分配下达任务给各中心支公司的？他是如何启用、调整、评价各中支总经理及分公司各部门总的？他的保费任务最终是怎么完成的？有没有虚假业务、长险短做业务？是花了多少钱"买"来的保费业务（投入产出比）？总公司往往只看最后的结果！有的时候还要对标保完成情况实行一票否决……难免好坏不分。

其实每个分公司所在的市场是各不相同的，这与各地的房价大不相同是一个道理。我们暂且不讲其业务品质如何，也暂且不讲其长险赔付率怎么样，但同样一元钱的标保，其人力成本、职场租金摊销也是不一样的，说白了就是其投入产出比是不同的、人均产能也是不同的。但是在以销售为导向年代，"有奶就是娘"，其他就是看这位总经理的思想觉悟和道德水平了！这也就是为什么同样一家分公司，不同风格的总经理，其经营结果完全不同的主要原因。

对中心支公司的情况，总公司更加鞭长莫及了，说得好听一点是一级管一级，一级对一级负责，说难听一点就是凭分公司、中心支公司的良心了。这在政府公务员系列，因为相互监督制约机制比较完善，有的时候还是要"下管一级"，例如"省管县"等。保险同业公司之间大家是一个模式，大同小异。当然，我要非常明确地讲，分公司与中心支公司总经理大部分是优秀的，也是能够按公司制度办事的，"三重一大"也是严格执行的。

保险公司分支公司的特点决定了"天高皇帝远",是自由度比较高的机构,需要配置德才兼备的总经理。同时还要加强监督、管理及评价。总经理们自身也必须注意提升自己的综合能力,你不是销售总监,你是公司重要的经营管理者。我在分管个险工作时搞了个综合评价指标体系,就是要防止简单地以保费论英雄现象出现。

如何控制保险公司的经营成本呢?首先请看看太保寿险近5年的投入产出比分析数据(全部为太保寿险年报的公开发布数据)。

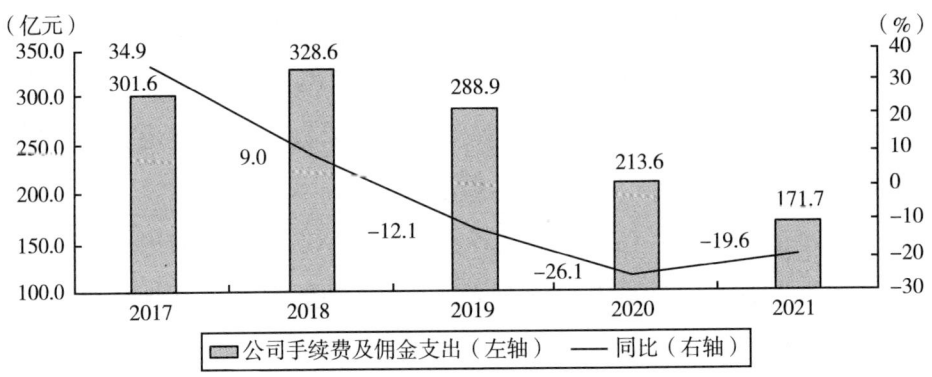

2017~2021年太保寿险手续费及佣金支出

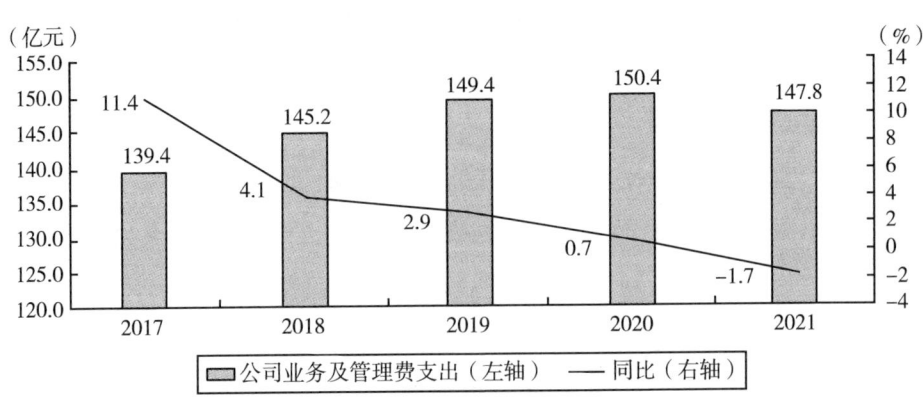

2017~2021年太保寿险业务及管理费支出

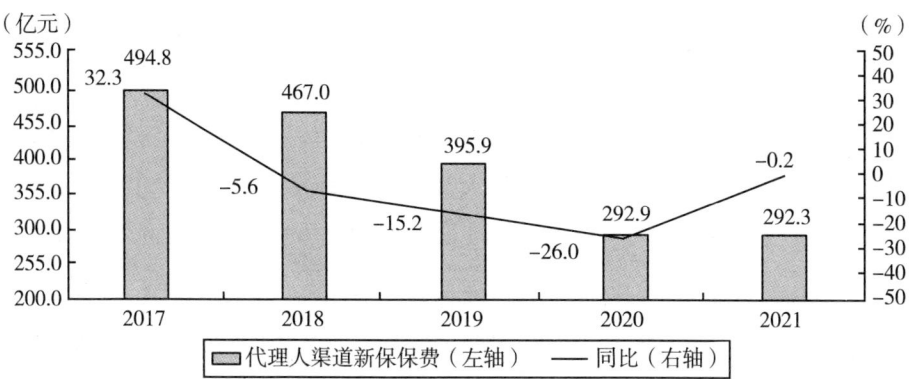

2017~2021年太保寿险代理人渠道新保保费

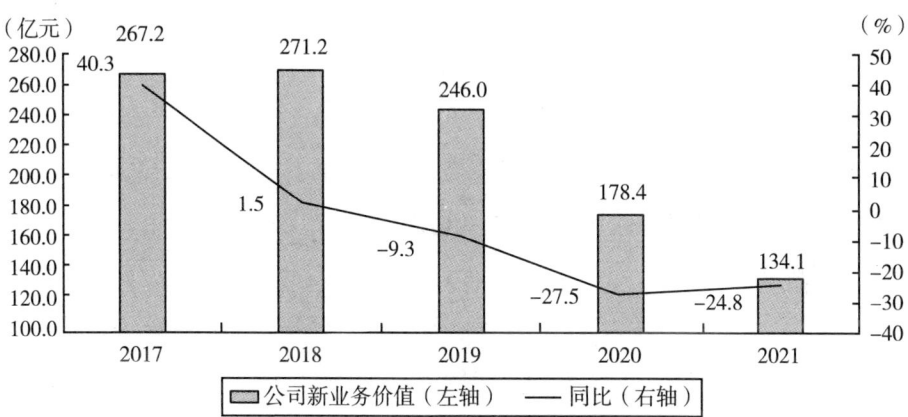

2017~2021年太保寿险新业务价值

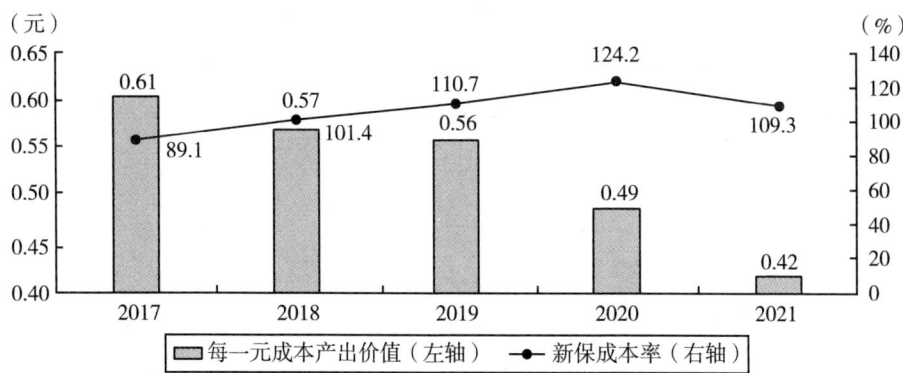

2017~2021年太保寿险新保成本率、单位成本价值产出

注：新保成本率=(手续费及佣金支出+业务及管理费支出)/代理人新保保费

每一元成本产出价值=公司新业务价值/(手续费及佣金支出+业务及管理费支出)

险　　峰

　　从上述五个图中可知，公司的投入产出比是逐年下降的，新保成本率持续突破100%，2020年突破120%，但2021年的成本总量管控还是很有成效的，开始下降了。还有一个现象，就是公司总的佣金与手续费支出呈逐年下降趋势，说明营销员的总收入水平也在不断下降；公司的业务及管理费支出水平基本维持在140多亿元高位，其表明公司希望改变业务的被动局面，保持了一定的投入水平。需要说明的是，这个成本还不一定是公司的全部经营成本，还有一些"其他支出"没有包含进去。上述的两个公式也许不一定是最合理的，但并不影响五年间的同口径的比较分析。

　　为此，笔者建议：

　　（1）严格成本管理，千方百计降低公司二三线运营成本。试想一下，一个保险集团公司，假设按12万名员工、人均15万元"人头"成本计算，人力总成本就是180亿元，而集团公司一年的净利润又有多少呢？大家都知道，人力成本是刚性的，公司利润却不一定年年增长，公司经营层的压力还真的不小。

　　我认为，目前"老六家（国寿、平安、太保、泰康、新华、太平）"寿险公司最大的问题不是如何增加保费收入，而是成本如何管控！这是公司经营管理的最大潜力！事实往往是，拓展销售的力度很大、很热门，管控成本工作"雷声大、雨点小"，因为容易得罪人。总部的部门数量越来越多、总部的高职级员工占比越来越大、二三线人员越来越多，部门间扯皮现象越来越多、办事效率越来越低。由此也反过来说明寿险公司还没有到最艰难的时刻。

　　目前市场上备受关注的新能源自动驾驶汽车，为什么有这么多巨头要投资这个领域呢？为什么美团要花巨资研发无人汽车配送？因为人力成本是最大的、最刚性的成本，只能增加不能减少的。保险公司天天在喊创新，创新了什么？人员减少了没有？效率提高了没有？现在保险公司还有一个怪现象，分公司总经理一调整，当年保费业务肯定达不成了，并且还要出现较大额度的费用超支。这完全是人为造成的亏损，主要是为自己明年的费用开支留下空间，为明年的任务目标降低一些基数。这个现象，不是不可以理解，而是反映总部的管理还是有漏洞。

（2）严格分支机构管理，"关停并转"部分长期低产能、没效益、没成长潜力的机构。这方面要向银行业学习，几大国有银行的营业厅，都大力度地增加了各种自助设备，中后台提高集约化程度，减少不必要的柜面人力投放，通过网上银行等撤并了部分营业网点。

现在寿险公司有多少家机构是多年没有盈利或者没有持续盈利的？说实话是没有人能够准确地回答出来的，因为目前的个别寿险公司财务核算体制只核算到分公司这层级，其下辖的中心支公司及支公司是没有独立的账套进行明细的费用及营业收入核算的！如果没有这样的具体数据支持，如何评价机构的经营效果呢？

我是学财务出身，实体制造企业的财务会计核算都要核算到每个产品、每个半成品、每个车间、每道工序的。现在保险公司只要不超过所谓的精算可用费用，分支机构只要不超过总公司下达的预算费用即可了。整个公司都像个"精算费用承包模式"。精算费用是否真的很精准呢？如果最终影响了偿付能力，降低几个百分点又怎样呢？还可以通过股东增加注资来解决，这是寿险公司经营管理中最重要的薄弱点。

总公司层面可以设立一个虚拟的、独立的、跨部门的机构经营管理评价委员会，跳出个险部门单纯从业务角度、财务部门单纯从费用收支角度的单一评价，而是从市场的角度、综合的纬度、长期主义的战略层面来综合考量分支公司的经营策略与经营绩效，最终决定要关停并转那些长期没有效益的机构。

（3）大力推进分支机构改革。据 2021 年 11 月 14 日《中国基金报》刊发的《一个时代落幕！三家全球百年巨头全要分拆，发生了什么？》，成立于 1875 年的日本商业巨头东芝，计划一拆为三，非同寻常；全球最大的医疗保健品之一的强生，计划将消费者健康部门剥离，专注于制药和医疗器械业务，这也是该公司成立 135 年来规模最大的一次重组；曾经是

险　　峰

美国最有价值的公司和美国商业力量象征的电气巨头通用电气也将拆为三家公司，分别专注于能源、医疗保健和航空业务。不管这些巨头纷纷拆分的原因是什么，但目的基本都是希望剥离负债、集中优势业务，促进敏捷决策，重现当年风光。

太保寿险河南分公司也曾经一拆为四家分公司，为什么要拆？好像没有经过充分论证过，所有的工作都好像在做命题作文。为了减少层级，但又保留了各地市的中支公司牌照；财务上实现集中管理，成立财务共享中心，运营上又分散作业，在各地市都设立有关工作组（或者称服务站），改革确实需要勇气，改革也是有成本的，改革最终的目标是推动公司健康持续发展。

分支机构的改革，不是简单的合并与撤销，而是要理顺生产关系解放生产力，提高效率、优化投入产出比。分支机构是最接近客户与市场的，要给予一定的解决问题的自主权；要进一步优化分配机制，防止简单的"费用承包"形式。

5.10　坚持协同发展

　　客户永远是第一的，如果没有广大客户的认同、理解与支持，其他一切免谈。但作为一家负责任的保险公司，还要兼顾好客户、员工、股东、社会责任四者关系。这是协同发展的第一要义。

　　要坚持市场法则，做到股东价值最大化。如果没有股东的支持，你的公司也就不存在了。在巴菲特2022年致股东的信中有这么一段话。我们可以通过三种方式增加您的投资价值，第一种方式始终是我们心目中的重中之重：通过内部增长或进行收购来提高伯克希尔控股业务的长期盈利能力。第二种方式是购买许多公开交易的良好或优秀企业的非控股部分权益，但如今，我们几乎没有发现什么能让我们兴奋的东西。我们创造价值的最后一条途径是回购伯克希尔的股票。通过这个简单的举动，我们增加了您在伯克希尔拥有的许多受控和非受控企业的份额，当价格/价值等式正确时，这条途径是我们增加您财富的最简单和最确定的方式。这段文字，我相信好多读者肯定也看到了。2019年伯克希尔回购了9%的流通股，总成本为517亿美元。

　　据统计，2021年上证指数由年初的3473.07上升至年底的3639.78，增长4.8%，而中国太保（601601）由38.4元下降至27.12元，下降29.38%，同期沪深300指数也只下降5.2%。

　　在内地上市险企中，除了中国平安外，少有通过回购自己公司的股份来增加股东的价值的做法！真是一个值得思考的问题。2022 年阿里宣布 250 亿美元的回购计划，友邦保险宣布分三年实施 100 亿美元的回购，等等。

由此可知，我当年确实犯下了一个逻辑判断错误，我原以为太保集团及其主要股东肯定会重视市值管理的，由此一定会重点发展个人业务。根据有关公告，2021 年末，上海国有资产经营有限公司增持太保 A 股 9300 多万股，施罗德共同基金增持太保 H 股 5200 多万股，这些长线机构投资者还是比较有战略眼光与魄力的。

再者是坚决维护员工的合法利益，只有感动员工才能感动客户。员工的利益是综合的、全方位的，既要满足其每年收入有一定幅度的增长，还要帮助员工提升能力、拓展个人发展空间，更主要的是要有广大员工认同的、引以为傲的公司文化。

要敢于、善于承担社会责任，尽最大努力做好保险作为"第三次分配"的工具，实现共同富裕；认真履行环保与"双碳"职能，实现人与自然的和谐生态；坚持按 ESG① 评价标准来践行公司治理。

有关寿险公司的协同发展，从业务角度，除了加快个人业务发展外，银保、团体业务怎么做呢？我的基本观点是，在一定条件下，传统寿险公司代理人渠道、银保渠道、团体业务渠道还是要统筹兼顾、协同发展。实际上三者之间是可以相互促进，根本不存在相互影响甚至制约的可能性。

根据友邦保险的 2021 年度报告：友邦与东亚银行达成 15 年的独家银行保险伙伴协议，东亚银行将透过中国香港及中国内地逾 140 家分行网络，向其富裕客户群独家分销友邦保险的人寿及长期储蓄产品。

2021 年，以银行为主的伙伴分销，实现年化新保 17.75 亿美元，同比

---

① ESG 是环境（environment）、社会（society）、公司治理（governance）三者的缩写，ESG 评价标准是一种关注企业环境、社会、治理绩效而非财务绩效的投资理念和企业评价标准。

下降2%，新业务价值率上升至39.1%，增加0.6个百分点，新业务价值同口径增长4%。其最大的特色是利用银行网络、使用专业销售工具，开发代理人渠道难以接触到的中高端客群，销售并满足客户个性化产品需求。这个银保产品新业务价值率39.1%，比2021年度太保寿险代理人渠道的新业务价值率还要高。

友邦保险还认购中邮保险24.99%的股权，进一步拓宽了友邦保险在中国寿险市场的增长前景，并认为与友邦在中国内地的现行策略高度互补。凡此种种，足见其看好中国保险市场及其开疆拓土的宏伟目标。

中国平安银保业务又是怎么做的呢？银保渠道坚持价值经营导向，聚焦"渠道+产品+科技"专业经营体系，提升渠道价值贡献。2021年银保渠道新保保费92.91亿元，同比增长1%，其中期缴保费79.56亿元，去年同期是79.49亿元。银保渠道新业务价值17.69亿元，同比增长9.9%，新业务价值率为19.3%，同比提升1.6个百分点。这是非常不容易的成绩，因为平安人寿公司及代理人渠道新业务价值都是负增长的。银保渠道还实现了154亿元的续期业务，也是有价值贡献的。

我感觉，平安人寿对银保的定位还是比较准确的，打法上也是与友邦相类似，但销售的产品还是比较具有典型的大陆特色。它们充分利用并发挥平安银行的作用，让平安银行成为集团团体客户的"发动机"，让平安银行的财富管理队伍成为"高质量、高产能、高收入"懂保险的专业人才，还专门打造平安银行新优才队伍，已经招募300多名精英理财经理来销售个险产品等，这就是平安"跨界融合"的优势。

太保公司2021年披露的年报有一段话："太保寿险深入打造价值银保，实施价值网点、价值产品、高质量队伍三大价值策略，有序布局战略区域、战略渠道合作，同时加快建设底层支撑能力与体系，实现银保渠道保费收入较快增长。"2021年，银保渠道新保业务收入66.68亿元，同比增长331.3%，续期7.89亿元，同比增长4%，新业务价值3.13亿元，同比增长167.5%，新业务价值率3.33%，去年同期为4.24%，同比下降了

险　峰

0.94个百分点！

从太保寿险银保业务披露的情况看，第一是非常的不容易，从"去银保化"到重新"捡起来"做，又没有自己控股的银行支撑；第二为寿险总公司总保费的增长作出了重要贡献，银保渠道总保费收入是74.57亿元，同比增加了保费51.52亿元！寿险公司总保费为2116.85亿元，2020年为2119.52亿元，同比下降0.1%，如果没有这51.52亿元的增加，同比下降得非常难看了；第三是"三大价值策略"、打造"价值银保"，与实际价值率只有3.33%的结果是有差距的，看来还要继续努力。

我认为银行的中高端客户还是要设法去开拓经营的，关键是如何去做？友邦保险的价值率是39.1%，平安人寿是19.3%，且两家都是正增长，太保寿险是3.33%，从思路与结果看，完全是三种模式。如果是像友邦保险这样的模式，是真正做到了与代理人渠道的协同发展了。

根据有关公开报道，招商银行私人银行稳居"一哥"地位，无论是客户数量、户均资产、管理的总资产等硬指标都是其他银行望尘莫及的，招行将私人客户统计线设在日均总资产1000万元及以上，这样的客户肯定也需要保险服务。

2017年起，由于团体业务及银保业务分管总因个人原因辞职离司，领导安排由我兼管，直至法渠中心成立并相对独立运营，由此我对三大业务板块协同发展的想法更趋成熟。我认为团体业务必须成为公司利润中心，必须处理好规模与效益的关系，亏损业务、违规业务坚决不做。银保业务应该开展试点"新银保模式"，即"不走老路、不建队伍"，全力依靠银行网点及客户资源，主推符合银行中高端客户需求特色的个人保障及长期储蓄型产品，稳步推进银保新业务价值可持续增长。团体业务及银保渠道除了发展一定的业务外，还要健全市场化机制，主要为公司共享个人客户资源。

5.11　坚持向优秀同业、实体经济学习

2022年3月11日友邦保险控股有限公司公布了截至2021年12月31日年度业绩，非常优秀，令人非常惊讶。

新业务价值上升18%，为33.66亿美元，年化新保费增加6%至56.74亿美元，新业价值利润率上升6.3个百分点至59.3%，按相同基准计算，所有报告分部（地区）的新业务价值均取得增长，所有主要财务指标均录得增长。

内涵价值运营溢利增加7%至78.96亿美元，内涵价值权益创新高至750亿美元，上升13%，全年股息增加8%，并宣布一项100亿美元分三年实施的股份回购计划。

其中，在竞争激烈的香港市场，尽管内地旅客前往香港的"个人游"计划于2021年因疫情继续暂停，但2021年仍然"缔造37%的卓越新业务价值增长"至7.56亿美元，新业务价值利润率高达64%，上年同期是44.7%！

我非常想知道究竟是什么原因造就如此优秀的业绩？这份报告我反复看了几篇！我不知道有多少寿险公司的高管看过这份业绩报告。这份报告，我感觉非常具有"正能量"，感到友邦非常看好大陆及亚太寿险市场，其用词也非常优雅、讲究。

险　　峰

号称"友邦之魂"的集团独立非执行主席谢士荣先生在"主席报告"中指出，尽管新冠肺炎病毒大流行难以预测，加上全球地缘政治局势日益紧张，造成近期的不明朗（笔者注：仅仅不明朗而已）因素，但在亚洲的主要人口结构趋势（笔者注：这里没有说人口红利消失）及强劲的本地需求推动下，友邦保险业务拥有强大的长远前景。财富增长、人口老化、私人保险渗透率偏低，加上社会福利覆盖有限，带动市场对友邦产品的殷切需求。随着亚洲消费者敏锐地意识到财务安全和保障家庭福祉的重要性，使我们的目标和主张显得更具意义。友邦保险可用的长远机遇确实无比广大。

这段文字洋溢着满满的自信心和专业、正确的前瞻性，讲得非常到位。这段文字表明中外资寿险公司在"战略判断"方面的差距所在，我个人认为价值连城。中资寿险公司的年报往往是做了许多"铺垫"的解释，美其名曰是管理好投资者的"预期"，实质是"避重就轻""找自己的亮点"等。增长是硬道理，持续增长才是真功夫。

友邦集团首席执行官兼总裁李源祥的报告同样精彩纷呈，并且与主席报告一脉相承，他认为，友邦保险是一家卓尔非凡的公司，拥有优秀的员工和分销商，在每一天共同体现集团的目标，就是帮助大众实现健康、长久、好生活。友邦保险拥有庞大的机遇，投资于卓越的盈利性增长，从而为股东增值。我们投资于新业务增长的能力仍然是友邦保险重要的优先任务，亦是集团别树一帜的关键因素。

友邦保险领先同业，运用技术、数码及分析优化业务是我们的一个核心策略性优先任务……近60%的客户交易完全无须任何人工参与，而超过95%的新保单以电子形式发出。友邦保险自2020年7月开始转型，迈向一个更简单、更迅速、更紧密联系的组织以来，我们在技术、数码及分析方面的人才增加了29%……

报告还透露，友邦营运开支30.31亿美元，按年变动增长10%，费用率为8.2%，而2020年为7.6%，原因是上述人力增长带来的成本也有所上升。

由于成功执行"最优秀代理"策略及迅速数码化整个代理业务价值链，友邦的活跃代理人数有所增长，在2021年，代理渠道录得20%的新业务价值增长至28.77亿美元，新业务价值利润率74.3%，按年变动增加6.5个百分点；年化新保费38.72亿美元，按年变动增长10%；新代理的生产力大幅提升，反映优质招聘仍然是"最优代理人"平台的策略性优先任务！

由此可知，友邦也搞转型，但是公司的效率更高，更加没有部门之间的边界。个别中资寿险公司的转型是越来越复杂了。我不是在为友邦做广告，而是真的非常受启发，想把他们写得比较巧妙的地方摘录出来，供大家体会。原文是中文繁体字，看起来还是比较累的。

关于友邦保险中国业务，贡献了集团1/3的新业务价值，为11.08亿美元，年化增长7%（按固定汇率计），友邦中国自2020年7月起扣除5%的预扣税后呈报，如不包括预扣税的影响，其新业务价值上升10%，新业务价值利润率达78.9%，中国内地总加权保费收入69.99亿美元，按年变动增长16%；年化新保费14.04亿美元，按年变动增长9%。

在友邦中国业务方面还另有特点：（1）通过招募，活跃代理数目于2021年下半年恢复增长；（2）由于客户对我们新提出的长期储蓄主张的强劲需求，带动下半年的储蓄业务比例增加，并使得新业务价值利润率有所下降，同期的新业务价值利润率为80.9%；（3）传统保障型产品贡献了2021年大部分的新业务价值，此乃由于在2021年2月份生效的监管变化加速了对我们产品的需求，使得第一季度录得2021年全年近一半的新业务价值；（4）举例来说，我们新推出的"友自在"退休主张为客户提供医疗保障和康养服务，把我们的客户与各个业务地区的众多高质素合作机构联系起来，让客户可享各种退休及康复服务。

请注意友邦的用词，并且友邦中国的"开门红"业务也占比很高啊！好像友邦没有建设重资产的养老院吧？而是与众多高素质机构合作，这是高明之处。

"AIA Vitality"是友邦共享价值保险模式的基础，通过奖赏客户，鼓励他们投入健康生活，并改变他们对人寿和医疗保险观念。报告指出，"AIA Vitality"继2021年在印尼推出后，现时已扩展至他们10个业务市场。在2021年，结合"AIA Vitality"保障产品的新业务价值录得45%增长，达到6.33亿美元，反映"AIA Vitality"与客户之间的关联。截至2021年12月31日，"AIA Vitality"连同他们在中国内地健康计划的会员，总会员人数进一步增加至接近200万名。

这个"AIA Vitality"，其实我在2017年8月带团至澳大利亚友邦保险考察学习时已经获悉，澳大利亚友邦已经秉持"价值共享"的经营原则，推出了"活力计划"（Vitality）。我们感到非常有收获，回国后，马上在太保系统推广。

友邦保险最具吸引力的主张是基于为客户提供高素质的建议，以帮助客户选择合适的产品与服务。客户与他们的"最优秀代理"和分销伙伴的专业销售团队建立互信的客户与顾问关系，是支持他们长期取得佳绩的关键成功因素。

我非常好奇，马上找出友邦控股2019年、2020年的年报，惊奇地发现，友邦的愿景目标、主要举措、核心观点在年度之间是连续的，不以人的意志而转移。这是做百年老店的基本前提。

人们不禁要问，同样在中国内地市场，为什么友邦中国的代理人业务能够一枝独秀？我概括为三大原因：

第一，愿景、战略目标清晰并持续执行，真正做到价值第一；第二，用合适的人，以正确的方式，坚持做正确的事；第三，基本形成了"高质量发展"的闭环机制。

2022年3月18日中国平安公布了年报，当天上证指数上涨1.12%，香港恒生指数下跌0.41%，而中国平安A股上涨5.34%，平安H股上涨

4.79%，这已经说明了所有问题。平安致力于成为国际领先的个人金融生活服务集团（以前是"金融·科技"），践行"专业，让生活更简单"的核心理念，推动"综合金融+医疗健康"战略升级，打造"中国版联合健康"，坚持以人民为中心、以民族复兴为己任，再造"One Pingan（一个平安）"!

马明哲董事长在年报发布会上说，平安的改革是对整体经营模式的改革，平安34年来核心优势是"战略提前部署+优秀的团队"。寿险改革包括渠道和产品：渠道方面存在增员难、留存难、获客难三大问题，通过代理人、社区网格化、银保、兼职代理人四大渠道的改革进行解决；产品方面包括"保险+医疗""保险+养老服务体系"的建设，公司对本轮转型推动未来十年寿险的发展充满信心。我明显感到马董的思路非常清晰，抓住了改革的"命门"。

我看了长达358页的平安年报后，除了相信平安的战略目标能够实现外，还有一个明显的感觉是其年报的透明度比其他中资上市险企要高很多，而且也体现了"客户第一"（方便读年报的人）一贯思想。我以前没有太在意这个方面，因为主要的数据也是由企划部门提供的。

举例说明：第74页进行内含价值分析时，把"用来计算新业务价值的首年保费"的具体构成、与2020年变动比较，以及相对应的新业务价值的实际数及同期比较，毫无保留地全部公布出来了。同时还另外增加一张表格，把2021年"分业务组合的新业务价值率"与2020年数值全部列表公布，真的一目了然。平安年报的透明度还表现在"内含价值变动"上，一句通俗话"下表显示本公司内含价值如何由2020年12月31日（下表称为'期初'）的13281.12亿元变化至2021年12月31日（下表称为'期末'）的13955.09亿元"。把内含价值、一年新业务价值、内含价值营运利润、内含价值利润、调整净资产、公司分红等之间的关系全部彻底的计算公式化。让没有干过寿险的人也一看都能明白了。

险　峰

平安寿险把产品策略及体系也"全盘托出",通过"保险+健康管理""保险+高端养老""保险+居家养老"等服务模式,为客户提供有温度的保险服务。对高端客户、中高端客户、大众客户推出不同的产品。2021年2月平安寿险重磅推出"平安臻享 RUN",匹配12项服务,为客户打造"省心、省时又省钱"的健康服务体验。特别是"保险+居家养老"覆盖10类养老场景服务,为客户提供"老人舒心、子女放心、管家专心"的居家养老服务体验,开辟了中国长寿时代养老服务的新思维、新模式。

这与我2019年曾经谋划线下招募有护理、护士、医学背景,线上提供心理专家专业咨询支持的新型"保险健养管家"的想法不谋而合!这些年轻专业的"健养管家"当然也会成为兼职销售高手的。伟大的公司一定也是个平凡的公司,而平凡的公司不一定是个伟大的公司。

保险行业还应该拓宽视野,注意向实体经济学习,为我所用。根据《21世纪经济报道》,2021年7月20日关于"阻击医药'伪创新'"一文中指出,国家药监局审评中心发布了"关于公开征求《以临床价值为导向的抗肿瘤药物临床研发指导原则》",该指导原则一公布,有关生物制药、CXO(医药研发及生产外包企业,包括CRO、CMO、CDMO)相关上市公司股价连续三个交易日全线暴跌。这是为什么呢?当前中国还处于"缺医少药"状态,仿制药、"伪创新"应运而生。虽然解决了药物的供应问题但也挤占了医药创新的空间。中国医药行业最终将失去竞争力而无法立足于全球。

在国家推动创新药的背景下,药企必须做真正意义上的创新,需要从大量的 me-too(是在原研药的基础上,再研发、改造一款接近的药物,其风险难度大大降低,适应证不变,能规避专利即可)转变为 me-better(在现有基础上的突破和改良),甚至是 First in class(能治疗某个疾病的第一个药)。创新药要实现从"中国新"到"世界新"。

该指导原则核心内容是要求新药研发"以患者需求为核心,以临床价值为导向",剑指眼下国内创新药靶点扎堆、"me-too"泛滥、低水平重复,缺乏真正的创新等问题。

我不懂医学,但看了这文章,我恍然大悟。保险公司当前最热门的话题,也是投资者、经济学家都有困惑的,从2020年到2022年6月个人新保业务为何还是负增长?而保险公司管理层却是另外一种声音:深化改革、加快创新、推进转型……长期主义。原来保险公司也存在一定的"伪创新""伪转型"问题,或者换个名称甚至换代码,换汤不换药,本质上还是"me-too",甚至还不如"me-too",如此应对"百年之大变局"下的客户之变、监管之变,其结果是不言而喻的。这种"伪创新""伪转型",其实质是愚弄消费者,愚弄销售人员,害人又害己。

面对新冠肺炎疫情,中国恒大是如何组织销售的?根据《新财富》2021年7月16日的有关报道,受新冠肺炎疫情影响,2020年1月底,房企的线下售楼处纷纷歇业,中国恒大2月1日至13日的销售额近乎为零,面对新冠肺炎疫情这"黑天鹅"事件,中国恒大将营销主阵地转至网上。

2月13日中国恒大宣布,购房者只需在"恒房通"平台上缴纳5000元定金并签署《商品房网上认购书》,即可"75折"预订房源。同时,恒大还推出"88天保房价、无理由退房政策"等,接着恒大又放出劲爆消息,"2月18日至29日,恒大全国住宅75折优惠,3月1日至31日为78折优惠",加上其他优惠,最高优惠可达66折。这一系列优惠当时创下中国恒大史上最大折扣力度!至2月16日,三天时间,客户认购房产47500套,总市价580亿元,收到定金2.375亿元,定金可以免费使用3个月。

在传统淡季及受疫情影响严重的2月份,中国最大的房地产信息综合服务商克而瑞公布的百强房企单月全口径销售金额同比暴跌377%的背景下,中国恒大107.8%的涨幅堪称"一枝独秀"。2020年上半年,中国恒大以54%的全年销售目标完成率位居全行业第二位,第一名完成55%。

事实上，当时的房地产市场是相对冷清的，碧桂园的销售亦压力重重，直至5月发起"5.5直播购房节"，"5.5元抵扣5.5万元"等等，后来万科、融创等房企相继参与了这波网上促销潮。

我没有任何要表扬恒大的意思，就事论事。此事如果作为一个EMBA课程案例来分析，也是回味颇多。2020年8月，"三道红线"新规发布以后，中国恒大成为三线全踩的规模房企之一，面临融资受限甚至更为严峻的风险，降负债是其主要目标。如果2月不采取主动出击，恒大后面的压力会更大的。如果恒大是个追随者，也在5月份参与网销，效果肯定不会这样理想的。

此案例最为经典的是，面对"黑天鹅"的影响，恒大第一时间、第一力度、全方位推出网上促销策略，是与"恒房通"的提前准备密切相关的，其效果当然是超预期的。表面上看，恒大让利给消费者很多，但实际上最终受益的还是恒大。如果没有2020年的大力度"促销"举措，中国恒大这颗"地雷"，可能还熬不到2021年就早早引爆了。

面对2020年春节的新冠肺炎疫情影响，同样作为线下销售为主的保险公司是如何应对呢？营销员的业务大幅负增长，业务员的收入大幅度降低，业务员人数也在逐月下降。好像这个受伤的元气至今还没有恢复过来。

其实，国家此时也给予了营销员所得税的优惠，在这个特定时期，对所得税优惠部分，不同的使用方式会产生完全不同的结果。

假如，一万个"假如"，在2020年春节新冠肺炎疫情刚开始、在全国春节假期延长后的第一时间，中国太保公司第一个宣布，把因为营销员税收降低所增加的利润，不再用在对股东的分红了，而是在寿险行业中第一个提出用于几十万名营销大军的收入补助以及赋能培训，帮助他们渡过难关，我想这一定会引起行业轰动的，一定会吸引一批专业人才慕名而来。

试想一下，如果每天有30万营销员在线上参加培训，为了保证培训效果，以分公司为单位，每天时不时地由培训部管理人员出个题目进行线上抢答或必答，答对者给予 5 元或 10 元红包奖励，我想一定会比春节晚会抢红包还要热闹。30 万营销员，每人每天 10 元，连续推行 3 个月，也是花了 2.7 亿元。

由此想到太保寿险公司第二任总经理潘先生曾经说起，他在台湾保险公司任职时，遇到 1999 年 9 月 21 日台湾发生 7.3 级大地震，他在震后第一时间宣布，公司领养地震中所有幸存的孤儿！当时实际有多少孤儿他是根本不知道的，一方面说明公司有社会责任，潘先生的智慧与魄力，另一方面公司赢得了巨大的广告效应，也许最终没有多少孤儿呢。

如果这样对待我们的营销伙伴，我相信，广大营销员也一定会与公司共渡难关的，太保的个险业务也许会比所有同业率先走出"沼泽地"！这也是我们不该忘记的初心与使命。得民心者，得天下。

5.12　关于寿险行业的几点预判

在百年未遇之大变局的宏观背景下,在大国博弈、经济增长降速、长期低利率趋势、优质资产荒等条件下,在疫情防控的不完全确定、健康养老产业远景光明但近期盈利能力无法估量的情况下,在产品同质化、销售队伍发展乏力的行业情景下,寿险行业的业务下行周期何时见底同样存在很大的不确定性。

我从事保险工作 27 年,保险行业发生了翻天覆地的变化。再过 27 年,也就是到了 21 世纪中叶,中华民族实现了伟大复兴,那时的保险业又是一种什么景象,我没有能力回答。

笔者囿于才疏学浅、知识有限,仅仅根据我自己对寿险行业的理解,我对未来 5~10 年寿险行业的发展大胆做出如下几点猜测:

(1) 中国总规模保费预计最终也将成为世界第一,但实现的时间将大幅度落后于 GDP 的超越时间。国际秩序或将重新构建,中国崛起与复兴势不可挡。

2001 年中国的 GDP 为 11.08 万亿元人民币,约 11590 亿美元,世界排名第六,当时的日本为 42451 亿美元,世界排名第二;2021 年中国的 GDP 初步核算为 114.37 万亿元人民币,约 17.73 万亿美元,超过了欧盟 27 国之和,成为名副其实的全球第二大经济体。而日本 2021 年的 GDP 预计 5.1 万亿美元左右,已经停滞很久了。20 年前,中国 GDP 大约是日本的1/4，20年后，日本大约是中国的1/4多一点。这是一种世纪之巨变。

但是，按2021年中美两国保费规模比较，中国保费收入只有美国保费规模的40%多一点，两者的差距比较大，这与国民经济和人口规模不相适应。

随着国民经济的持续健康发展，居民的保险意识和保险购买能力将不断提高，保险的深度、密度也将稳步提升，中国必将成为世界第一大保险市场。保险行业除了加大供给侧改革、改善险种结构差异之外，必须坚持保险本原，必须加强消费者教育，转变保险消费观念。

更为主要的是随着中国城镇化率的继续提高，人口迁移、户籍改革必将配套推行，这些近2亿人的新城镇人口的保险市场潜力非常巨大，对此我们要充满信心。中国保险从业人员使命光荣，责任重大。

（2）寿险业坚持全面高质量发展是必然选择。中国GDP基数也在不断扩大，其增速可能会逐步降低，因此推动并实现国民经济的高质量发展是大势所趋。与之对应的，寿险行业也必须探索并坚持高质量发展，必须要进行彻底的自我革命与自我完善。"长期主义"好喊，"百年生意"不易。

中国将有全球最大的中等收入群体，并且不断增大，中产阶层总量将超过美国3.3亿左右的总人口。原来的人口红利将转变为人才红利、工程师红利。人口结构性红利是保险业高质量发展的根本保证。

老龄化程度不断提升，银发经济、银发健康养老保险伴随发展，机遇与风险并存。

2022年全国高校毕业生将首破千万，二孩、三孩政策的推出等等，都将深刻影响寿险公司的发展策略。这些刚刚走出校门的年轻学者，美好的择业机会可能相对更少、竞争更激烈。他（她）们可不可去、会不会去做寿险销售人员呢？其中的优秀学子如果进了保险公司，成为年轻的管理人员，他们与"70后"的"主管当局"会有什么理念、习惯的冲突呢？我估计公司传统文化或将受到严峻挑战。

险　　峰

寿险公司高质量发展，需要价值增长、利润积累、偿付能力管理、队伍成长四方面协调平衡发展。寿险行业的健康发展，更需要资产端的稳步转型和健康发展为支撑。

（3）金融保险行业守住不发生系统性风险的底线成为刚性要求。规范经营、合规经营、从严监管，防范不发生系统性金融风险的底线思维更加坚定，经营风险的企业必须首先守住自身的风险底线。大国之间金融博弈、金融暗战将更加波云诡谲。寿险公司的负债成本很难降低，但公司的运营成本必须持续优化，这是提高抗风险能力根本出路。

（4）随着"偿二代"、IFRS17[①]的实施，寿险行业格局或将发生重大变化，甚至重新洗牌。如果还是藐视寿险规律，个别寿险公司可能会陷入现金流危机，20%左右的中小险企因生存、偿付能力等问题可能将会被兼并收购甚至倒闭。

寿险业必须遵循保险本原：坚持保险姓保—推动保障型业务发展—提升风险管控服务能力—实现承保赢利—满足客户综合需求，并形成良性循环。这是保险行业的根本优势所在，其他行业无法替代。

养老健康产业会很"拥挤"，它是保险产业链的服务延伸，一定时期内对公司净资产收益率的改善影响有限甚至是负相关的。

（5）数字保险、智能营销将统领市场。随着机器智能与生物智能的进一步结合与进化，"虚拟数字人"终将会横空出世，营销员或者多了一个"智能助理"，甚至部分销售人员将会被替代，但营销员决不会全部消失。保险科技是工具，不会改变发展方向。短期（3年左右）看营销队伍的数量、留存还将持续面临挑战，甚至还是非常艰难，很难再回到以前的高光时刻。数字保险除了要触达"营销员端"，更要直接触达"客户端"。

（6）客户永远第一。谁更懂得客户，谁就更赢得市场。只有真正做到为客户创造价值，与时俱进，因变而变，才能最终实现公司价值的持续增

---

① IFRS17指《国际财务报告准则第17号——保险合同》。

长。客户的核心价值主张无非是：身体更健康、财富更自由、传承更顺意、服务更满意。寿险公司在健康管理、健康促进、健康服务方面有着其他行业无可比拟的优势，也是"保险姓保"的本质体现。所以，不要一开始就"惦记"着客户口袋里的钱，要自觉实现战略升级，实现自我净化。目标再大度一点、战略再长远一点，只有变革者才能看到明天的太阳。

（7）中国寿险业必须跟随"一带一路"加快提高国际化进程，抓紧培养中高级国际化管理、投资人才，首先择机拓展东南亚等人口大国的寿险新兴市场。要想价值持续增长，要想成百年老店，必须要走出国门，必须要未雨绸缪。

6

个险营销何去何从

只要心中有光,遵循规律,何惧路长。

自 1992 年友邦保险将保险营销制度引入中国，1996 年起保险业开始在国内大规模推广以来，中国保险市场迎来了寿险时代，个险营销及代理人队伍在中国大陆取得长足发展，为中国保险业在 2017 年成为世界第二大市场作出重要贡献。总体上讲，个险营销主流是好的，这是基本前提。广大营销伙伴发扬"四千四万"[①] 精神，把保险的温暖、产品与服务送到千家万户，为民族保险业的发展作出了不可替代的奉献。

没有营销代理人，就没有寿险业的今天！

没有个险营销，也就没有我个人的今天！

30 年后今天，有关代理人的说法越来越多了，有的言词还比较尖锐刻薄了，令人深思。

有人说，"代理人是中国保险业最大的顽疾"！

甚至还有一些灵魂拷问："中国寿险业是否还有未来？中国寿险业到底是如何一步步走到今天的左右为难的？"

"寿险业已经走到了关乎自身未来命运的十字路口"。

其实大家最关注的还是：个人业务新保保费、新业务价值、营销队伍负增长的这个"底"究竟在何方？寿险公司最具价值的"个险业务"何时能够重振雄风？

为了寻找这些答案，我学习研究了不少有关代理人方面的文章与报告，重新研读了太保公司有关专家的出访考察材料，特别是关注到 2021 年后某些大型寿险公司营销队伍及业务的分析材料，启发颇多，忧虑也多。

---

① "四千四万"是指踏尽千山万水、吃尽千辛万苦、说尽千言万语、历尽千难万险。

6.1 代理人的痛

由中国保险行业协会编、中国金融出版社出版的《2014年保险营销员现状调查报告》(以下简称《报告》),比较详细介绍了保险营销员的情况以及美国、英国、日本、中国台湾、中国香港等国家与地区营销员管理核心制度。

该《报告》显示至2013年底,全国保险营销员总人数维持在289.9万人左右,其中,人身险营销员约为250.9万人。《报告》指出,统计至2014年5月31日,全国保险营销员中高中及以下学历占比66.34%,大专及同等学力占比为26.23%,本科及以上占比仅为7.43%,2011~2013年,全国有508万人次加入保险营销员行列,同时段有502万人次流失,保险营销员的高频率流动成为一种"普遍"现象,陷入"招聘—流失—再招聘—再流失"的恶性循环。

《报告》显示,2011~2013年,营销员年平均收入为26243.4元,其中,人身险营销员每月收入1333.33元(1333.33元为保险营销员佣金收入的个人所得税免征额)以下的占比达65%,3500元(3500元为劳动合同员工个人所得税免征额)以下占比超过82%;《报告》指出,2013年全国城镇非私营单位就业人员年平均工资为51474元,城镇私营单位就业人员年平均工资为32706元。其中,金融行业年均工资最高,为99659元。虽然保险业也属于金融行业,可遗憾的是,保险营销员年均收入仅高于全国年均收入最低的行业——农林牧渔（其年均工资为25820元）。另外，有42.05%的营销员没有任何社保保障。《报告》还指出，据统计，1995~2011年的17年间曾有4000万~5000万人从事过保险销售，但17年间留存下来的人只有300万人，而且近50%的人员为近5年内新加入的人员。

这样的人员结构、学历结构，这样的年均收入水平，怎能不高频流失？更为严重的是情况并没有随着时间的推移而有所改变。

《2018年中国寿险业发展成果回顾与未来发展趋势研判》课题报告（课题研究实施单位为普华永道，以下简称《课题报告》）指出，"个人营销渠道面临的困境在于，一方面成本居高不下，不能高效率、低成本地满足普通大众客户需求，另一方面销售人员的保险知识和业务能力，不能有效满足中端及以上客户的需求"。

《课题报告》发现，"'人海战术'招揽的营销员与保险消费者已经出现年龄断层，如太保集团与普华永道近期联合发布的《中国保险消费者白皮书》显示，2017年保险消费者平均年龄为37.4岁，而根据中国保险行业协会近期开展的营销员调研数据发现，2018年我国寿险业营销员平均年龄已达到41.7岁"。确实如此，"80后""90后"，甚至"00后"客户及准客户的保险认知、保险意识、保险消费能力，对新技术、新模式、新元素的适应能力已经远远超越了营销人员的能力及基本思维定式，这将对个险业务的发展带来革命性影响。

2014年我已经是中国保险行业协会第三届保险营销专业委员会副主任委员，但是，非常遗憾，上述《报告》与《课题报告》，主要的寿险公司都参与了，唯独太保寿险没有参与。现在再读这两份报告，感觉整体水平还是比较高的，但我并不完全认同某些对策与建议。

《2019年中国保险中介市场生态白皮书》（由北大汇丰风险管理与保险研究中心、保险行销集团保险资讯研究发展中心联合发布）指出，从2019年调查的最新数据看，保险营销员群体有两大特点：一是保险营销员普遍感受工作压力加大，工作满意度下降；二是2019年新人营销员的整体素质有明显提升。2019年入行13个月以下的新人保险营销员占到了总样本数的40%左右,这与2018年的样本数据基本相同,正所谓得新人者,得天下。

这《白皮书》非常励志,良苦用心地在结语中还刊发了一首清朝诗人袁枚的小诗:

《苔》
白日不到处,青春恰自来。
苔花如米小,亦学牡丹开。

意思是说:人生在于绽放,就算是白天太阳光照射不到的地方,苔花也依旧楚楚盛开;生命无轻微,苔花虽如米粒般的微小,依然像那高贵的牡丹一样热烈绽放。我们营销伙伴也要善于绽放自己,追求生命的内在超越,活出生命的精神属性。

《今日保XIAN》2020年第17期《解密营销员之殇》指出,一个营销员的生命周期:"洗脑—入职—将自保件、家人亲戚朋友的保单做完—社会资源渐渐枯竭—连续6个月没出单—从公司系统中清退";"大部分寿险公司营销员13个月留存率不足30%,25个月留存率更低得可怜,仅有10%左右";"曾经脱落的3500万人意味着3500万个家庭,保守估计影响人群高达2亿人口"。这也是本人所认为的:好像一夜之间,突然感觉客户都"成熟"了的原因之一!这么多人曾经从事过与保险相关的工作,如果我们还是运用原有的销售"老套路"肯定行不通了。

并且认为,营销员窘境根源,主要集中在两点:一是营销员的销售模式、销售能力与客户的需求、客户的购买能力出现了严重的错位;二是营销员的基本素质亟待提高。

文章《减员清虚200万,代理人改革迎来哗变时刻?》[1]认为,奈何

---

[1] 《今日保》2021年10月8日。

2019年前的几载透支岁月，保险营销大军以年均近百万人力之增幅急速扩张。一场保费盛宴过后，一地鸡毛。

其间，行业始终有一个疑问，中国保险行业到底有多少代理人？中国保险行业又需要多少代理人？

文章认为：30年寿险营销，营销员只有三次负增长，第一次人力负增长，出现在2000年后，主要是两次"投连危机"的原因；第二次负增长发生在2011年后，主要是资本市场不振带来的寿险盈利低谷；第三次负增长就是当下，距2019年973万人的顶点减少了200万人，这是最严重的一次负增长，寿险业进入深度调整期。这是该文章的主要逻辑。

2021年上半年中国保险代理人官方公布的执业登记数字为770万人（即认为是减少清虚200万人），其中，高中学历人数378.6万，占比49.2%，初中及以下学历110.6万，占比14.3%，大专及以上学历人员281.5万，占比36.5%。

这个学历结构，与2014年数据相比，高中及以下学历合计占比63.5%，7年以后降低了2.84个百分点，还是稍有成效的。

根据某上市公司2021年最新数据，营销员已经从2019年初的81.31多万人，暴跌至2021年9月30日的36.26万人！我原还以为这36万人"留下来的都是精华"，但实际上代理人的结构仍没有达到想要的"理想状态"：一年内新人占比还是高达40%左右，5年及以上的"老人"占比约21%；营销主管从2019年初的90456人下降至2021年10月1日的52240人，下降42%，这是队伍核心骨干的大幅下降。高中及以下占比达75%，大专学历占比18%，本科24174人占比约7%，硕士及以上647人占比不足2%；这个学历结构分布状况还低于2014年的全国平均水平，更低于2021年上半年的全国平均水平！

这是一支什么样的销售队伍？怎么会瞬间变得如此凄凉？有多少人能够真正理解代理人？难道他们不想长期生存和发展下去吗？

代理人的流失，就是客户在流失，就是收入在流失，就是心中的梦想在流失！

代理人的流失，是代理人的眼在流泪、心在流血！

有多少普通客户，因为营销员苦口婆心的推销，危难时刻最终还有风险保障。

如果他们都流失了，再也没有机会为普通老百姓提供有温度的保险服务了。

综合多方提供的全国各年份的代理人统计数据，我还发现一件很有意思的事！

（1）2000年第一次负增长时，我正在太保苏州分公司，人生第一次开始接手分管个险营销工作，可以认为起步时基数比较低。全国营销员总数在2007年突破200万人后，2009～2012年分别为290万人、329万人、335万人、227.7万人，这其中2007年、2011年分别是两个高点，而本人就是2006年10月兼任广东分公司、2011年到了总公司分管营销工作的，应该说此时的基数不低的，这个"点位"卡得很准。

（2）2012年第二次短暂的负增长时，正是我到了太保总公司分管个险营销工作的第一个完整的年度，从此以后"一路长虹"，2015年因为取消代理人资格考试以后，更是爆发式增长！2013～2019年全国代理人总数分别为289.9万人、325.3万人、471.3万人、657.3万人、806.4万人、870万人、973万人！这是标准的"人口红利""政策红利""机会红利"！这也许也是太保寿险个险营销工作的最鼎盛时期，全司营销员从28万人上升至80多万人。2019年4月我离开寿险公司，正是全国代理人总数的历史最高点，我完成了"高位"退出，我的运气很"爆棚"啊。

这个人口红利是时代给予保险行业的大机遇、大趋势，我们怎么可以不紧紧抓住？并且还持续跑赢了行业大盘。既是历史的机遇更是我们太保个险同仁共同努力的结果。抓住"人口红利"的历史性机遇，发展壮大公司，为公司以后的发展打下坚实的基础。所以我认为"人口红利"本身没有任何过错!

（3）2020年全国代理人总数843万人，开始第三次最猛烈的负增长，2021年上半年只有770万人，根据银保监会最新发布的《关于2021年底保险公司销售从业人员执业登记情况通报》显示，截至2021年年底，全国保险公司在保险中介管理信息系统执业登记的销售人员为641.9万人，相较2020年减少200万人。我认为这可能既是新冠疫情惹的祸，更是行业发展规律的必然结果。并且，根据我的判断，"底在何方"目前可能还真的不知道呢。

我认为中国保险行业个险营销发展经历这么几个阶段：

第一是起步阶段，1995~2000年，社会大众保险意识普遍不高，或者基本不认同、不相信保险。这个时候，增员难、销售难！曾经有这样的说法，"一人做保险，全家不要脸"。监管机关也曾对保险营销有"三个不认同"之说：即社会不认同、家庭不认同、监管不认同。

第二是规范阶段，2001~2006年，2005年及2006年总人力分别只有146.8万人、155.8万人，标志性的是2006年推出"资格证""展业证"制度，必须持"两证"上岗，并且实施代理人资格考试，还规定不能"一女嫁二夫"，只能为一家寿险公司代理业务。因为出现"投连险风波"①，监管趋严。

第三是爬坡阶段，2007~2011年，营销人力徘徊上升，直到2007年才突破200万人。2006年国务院推出《国务院关于保险业改革发展的若干意见》，业内称"国十条"，像雨露春风，滋润保险大地，2011年营销人力达到阶段性高点为335万人。

第四是"人口红利"阶段，2012~2019年的"人海战术"，人力爆发增长，其实这阶段的业务质量、人均产能、13个月留存率还是比较健康

---

① 2003年某些保险公司一个投资连接产品所引发群体性退保的震动与风波。

发展的，也是至今为止中国保险业个人业务发展最快的阶段。如果没有这阶段为上市险企留下的"家底"，现在拿什么来"释放"？

第五是转型阶段，2020年起，又现增员难，留存难，业务基数很高，产能没有提高，"自保件""自杀保单"① 比较严重，13个月继续率有的分公司已经低于50%了！中国保险代理人渠道遇到了前所未有的挑战，个险改革真正驶入深水区。几乎所有头部寿险公司都推出了"基本法"改革，力度之大、范围之广、影响之深，前所未有。转型还在路上。

第六是高质量发展阶段，转型成功，逐步走出"沼泽地"。我认为，大部分寿险公司目前正处于第五阶段或者处于第五阶段末期、第六阶段起步的时期。

---

① 一般是指自保件、互保件保单，大多是保险销售人员为了完成业绩而投保的保险。

6.2 他山之石可以攻玉

下面说说日本寿险营销员制度的主要特色①：

(1) 明确营销员的法律地位。日本将营销员制度由代理制转变为雇佣制，明确了营销员与保险公司的法律关系和双方的权利义务，稳定了营销员队伍。日本保险公司与新招聘的营销员先签订委托合同（试用合同），然后进行规定的培训，在初级课程考试合格后先要到金融厅（也有称到内阁总理大臣处）进行注册，取得营销员资格。然后，营销员一边接受培训一边进行展业活动，业绩合格者与寿险公司再签订雇佣合同，转为正式员工。以日本大型寿险公司"日本生命"为例，其营销员的试用期一般为3个月，在培训部至少满2年后才进入专门部，每次职级晋升也都要经过考试。通过考试者，还可以获得一定的技能津贴。

(2) 严格的培训制度。20世纪90年代后，日本寿险行业统一的教育培训制度严谨合理。其进修时间、考试学分、考试成绩都有明确的要求，比如，对于参加寿险一般课程考试的营销员，要求在登记注册前完成8天32小时以上、30学分的课程学习，登记注册后再完成7天28小时以上、15学分的进修，考试成绩必须在70分以上。1992年以来，参加寿险专业课程考试的营销员人数逐年增加，但考试合格率保持在50%以上。其实，由此看出考试是比较严格的，因为通过比例不高。

---

① 窦元. 日本寿险营销员制度改革及启示 [N]. 中保网.

(3) 保单持续率奖励也很有特色。"住友生命"自2005年10月开始，对持有一定数量有效保单的营销员实施奖励，即使没有达到新单件数指标要求的也可以维持其原有工资水平。"第一生命"也于2007年4月对在职2年以上、所负责的有效保单指标满足一定时期的营销员发放额外奖金。其目的是强化保单保全服务，特别是为了改善保单的继续率。"明治安田生命"公司也增大了月薪中"固定工资"的部分，并且认为"这改革从长远看是降低公司成本的，是对未来的投资"！我的理解是因为队伍留存、业务品质提高了，实际的有关招募成本就相应降低了。1976~1986年，日本寿险业的脱落率由56.2%平稳下降至1986年的38.3%。实际上，20世纪60~80年代日本营销员队伍也是"大进大出"的局面。

(4) 职业生涯规划暖人心。"日本生命"的营销员在入职第三年便可以根据自己的规划选择进入管理领域工作还是继续从事专业销售领域工作，并接受更加专业、具体的培训。其他公司还引进了内部公开竞聘机制，为营销员实现职业规划提供更多的发展空间。

(5) 收入比较稳定。2013年日本保险公司营销员平均年收入389万日元，平均年龄47.2岁，平均工龄10.4年，男性平均年收入589万日元，女性平均年收入356万日元，女性占比达85.8%；日本营销员的收入比较稳定，2001年的平均年收入也达到359万日元。一般工薪阶层的年平均收入2001年为448万日元，2012年为408万日元。由此可见，日本营销员队伍收入与稳定性与其他行业差距不大。

(6) 日本"门店经营"非常有特色。门店模式出现于2000年，最早是在售票处、诊所等设立一个保险柜台，搭售保险产品。随后，保险公司和中介机构开始开设专业保险门店。以日本生命人寿为例，共在全国拥有98家门店，其中50家为精品保险沙龙。重点开设在市场份额较小的地区，多在购物中心内。这样客户可以更加放心地进行咨询、了解与购买保险。据统计，大约平均3年可以收回所有的投入成本，首次投资约1500万日元（约 92 万元人民币）。①

（7）日本保德信人寿生命规划师很有启发。公司成立时便树立了重塑日本寿险业并成为最受客户尊敬的寿险公司的发展愿景，公司的战略重点是服务，而不是通过低价抢占市场。受二战影响，日本在战后产生了大量的寡妇，她们也成为战后寿险代理人的主力。保德信另辟蹊径，筹建"Life Planner"（生命规划师）代理人队伍，其核心是帮助客户规划其在不同生命阶段所需要的保险产品，降低客户未来生活中的不确定性，将保险产品作为对家人的爱和责任的纽带。

2011～2015 年，日本主要寿险公司当年个险新保总量持续负增长，部分公司降幅超过 50%，而依靠"生命规划师"队伍，保德信集团却实现逆势增长，其中保德信人寿增长 59%，直布罗陀人寿增长 242%，集团总体市场份额达 12.9%，跃居市场第一。代理人月人均新保达 193 万日元（约 11.8 万元人民币），同时主要 KPI 指标也大幅优于主要同业。保德信保单 13 个月继续率为 95%，13 个月留存率达 85.8%，月人均新保件数为 7.8 件②。

我在想，他们为何能逆势增长呢？当下的中国保险市场，已经是世界第二大保险市场，其总量已足够满足个别几家公司脱颖而出。说白了，即使整个行业是负增长的，某几家保险公司也可以正增长！

"生命规划师"建设的关键主要是达到"三高"：高素质队伍、高质量产品、高质量服务！公司每收到 100 份简历最终仅招募一名生命规划师，平均录取率低于 1%；公司专注于医疗、年金等寿险保障产品，尽量减少产品对利率的敏感度；公司除了常规的生存给付或死亡给付外，还推出了"器官捐赠津贴""丧葬金补贴"等理赔服务举措。其产品很有特色。

---

① 中国保险行业协会 . 2014 保险营销员现状调查报告［M］. 北京：中国金融出版社，2015.

② 摘自太保寿险总公司王珏、张世杰赴日本出访报告，2017 年 6 月 19 日。

（8）拓展中老年市场。日本保德信旗下销售银保产品的寿险公司，根据对市场的研究，发现日本老龄化程度较高，但大部分财富都集中于50岁以上的中高年龄人群手中，为此推出了一款包含长期护理津贴的美元寿险保单，既可以准备自身晚年护理费用，又可以让子女借助保险赔偿金缴纳遗产税。同样都是可怜天下父母心，谋划考虑很周到！

这是两位太保公司个险条线的中层管理人员参加 2017 年 5 月 25～30 日在东京举办的"公益财团法人亚洲人寿保险振兴中心 2017 年春季研讨会"后写的出访报告。说实话，当时我肯定没有认真看，现在还真有点后悔。

其实，我也带队考察了日本索尼人寿公司，后来还专程到了新加坡考察日本索尼人寿在新加坡的门店经营，在"金玉兰"理财规划师队伍建设上，还与索尼人寿的专家进行合作，也是受到启发才改名为"人生规划师"。

再聊一聊英美国家营销员制度的有关特点：[①]

英国是现代海上保险最古老、最发达的国家，国民的风险观念和保险意识较强，保险经纪人先于保险代理人产生，从而形成了以保险经纪人为中心的保险中介模式。

在英国寿险领域，代理人充当了主要角色。其代理人有专职与兼职之分，并且兼职代理人的人数还不少。

英国代理人最大的特点是，寿险代理人必须接受并完成强制性的培训计划，在任何一个阶段的培训完成之前，不得为客户提供投资建议和办理保险业务。新代理人必须在两年内，在一名监督人员的监督下，完成第一阶段的强制性培训后方可开始展业。对资深保险代理人，同样要求每年必

---

① 中国保险行业协会. 2014 保险营销员现状调查报告 [M]. 北京：中国金融出版社，2015.

须参加至少 50 小时的专业发展课程，接受持续的专业培训。

另一大特色是，代理人的佣金比例由市场决定的，并且告知被保险人其收取的佣金比例。

美国保险代理人是美国保险中介市场的中心角色，有专属代理人和独立代理人之分。在人寿保险公司中，美国保险公司主要依赖于专属代理人。在美国，代理人同样必须通过相应考试获取专业资格，领取相应的执照。大约 1/4 的州采纳了保险监督官协会《代理人持续教育法》规定的代理人教育模式，要求新领取执照者每年必须完成一系列的课程，或参加相当于至少 25 课时的研讨会，4 年后每年接受相当于 15 课时的培训教育。

美国保险中介人需要遵守的自律性守则包括全国人寿保险协会职业道德守则、美国特许人寿保险经销商和特许金融顾问协会的职业道德守则，以及百万圆桌会议（MDRT）的职业道德守则。

在这里主要是想说明，英美国家对营销员都规定了严格的培训考试制度，我国 2015 年取消的代理人考试制度，我个人认为从现在的结果看这是不合适的，今天的代理人素质乃至于当下代理人发展的被动局面，与没有重视新人招募质量、没有重视营销员的培训、没有严格的考试晋级制度有关，"出来混迟早是要还的"。

同时，中国保险行业推动 MDRT 时，主要是推 MDRT 的首年佣金数量是否达标，其职业道德守则是否也要学习推行呢？MDRT 资格是国际寿险业的至高荣誉，它表明会员在寿险和金融服务领域拥有渊博知识和最高的职业道德。中国大陆则简单地以首年佣金是否达标为标准。目前营销员的大进大出，是否与这条也有点关系呢？

美国代理人虽不是保险公司的雇员，但许多保险公司迫于工会压力，还会为代理人缴纳社会保险金。美国市场的代理人不需要缴纳公司相关的税赋，更重要的是他们个人所得税的缴纳是基于公民的身份执行统一的纳税标准。

险　峰

再看一看中国台湾地区、中国香港地区保险营销员制度的主要做法。

根据《调查报告》，中国台湾地区的保险公司与营销员的合约模式大致有两种，一种是双合约制，就是与新进业务员先只签订承揽合同，待业务员晋升为业务主管后再签署劳动合同。另外一种是单一合约制，与全部业务员只签订承揽合同，但在合同中加入了和公司员工同等的福利项目。由此可见，中国台湾地区的保险公司营销员的法律地位比大陆保险公司更加明确。针对营销员的脱落和身故情况，通常还有"主管赋益权"和"客户世袭权"等规定。

为适应金融综合经营的发展趋势，通常中国台湾保险公司要求营销员至少取得人身保险业务员、财产保险业务员、理财规划人员、投资型保险业务员、证券初级营业员等五张执照，并大力推动其他高级金融执照的取得。

2001年"金融控股公司法"和2010年"个人资料保护法"的颁布是中国台湾地区寿险渠道发展的两个里程碑，2011年之后银行保险渠道保费占比超过55%，成为中国台湾地区寿险市场第一大销售渠道，营销员渠道排名第二，占比35%~40%左右，经纪代理渠道占比5%左右。这是大大超出我预期的渠道结构，2017年中国太保寿险个险渠道占比已经90%左右了。台湾富邦人寿成立于1987年，2016年市场占有率16.1%，排名第二。但保费收入按渠道分，银保、营销员、经纪代理渠道分别占比55%、39%、6%。台湾保险市场确实比较发达成熟，2015年寿险深度高达15.74%，2007~2015年连续9年蝉联世界第一。[①]

然而，2017年12月8日中国台湾友邦人寿发布公告，终止与所有业务人员的契约关系，现有业务员推荐转任至"定律保险经纪人股份有限公司"。这公告在当时引发了大陆保险市场热议。其实，这也是与中国台湾

---

① 摘自2017年7月27日太保寿险总公司李晓岚、梅琦参加中国保险行业协会赴台湾地区富邦集团参加全媒体营销交流考察报告。

保险市场发展相对成熟、新建营销员队伍比较艰难等因素有关。

中国香港保险代理人均采取代理制的管理模式，平均从事保险代理的时间有6年左右，对公司的忠诚度比较高。保险代理人作为"自雇人士"，法律地位也比较明确。香港保险中介采取完全市场化的运作模式，监管当局实行保险中介登记制度，保险行业的"同业组织"非常多，有20多个！这种完善的行业自律监管制度对营销员的发展发挥了积极作用。

香港保险业联会的各项措施中，最有特色的是设置"冷静期"，凡在保险联会下属公司购买寿险的投保人，可在保单签发后14天或者填写投保单后21天内向保险公司取消保险合同并取回自己的保费。

根据2021年版《中国保险年鉴》收录的《香港特别行政区2020年保险业概况》（以下简称《概况》）所示，"香港共有164家保险公司……保险中介人方面，获登记保险代理和获授权保险经纪分别有117488名及11825名"。

总的感觉，内地的保险营销员的管理办法与中国香港有一些类似的地方，我们一段时间以来有关的主要举措都可以在上述介绍中找到对应之处。

中国银保监会也有要向中国香港保险业监督局学习的地方，要进一步处理好监督与服务的关系。我完全认同，监督姓"监"，保险姓"保"。根据"江山就是人民，人民就是江山"，是否可以推理出"监督就是服务，服务就是监督"？是否可以增加一点服务式监督，或者把服务寓于监督之中？

"社会各界更加意识到人生充满风险，为了促进投保人和潜在投保人对保险产品及保险业的认识，保监局成立专责小组负责政策研究及公众教育，并推出有关人生阶段风险的公众教育活动，旨在教育公众财富管理和个人保障分别。基于此背景，保监局开展2021年保障缺口'身故风险'研究，提高大众对保障缺口的认识，并促进大众讨论个人风险状况、不断变化的风险敞口，以及填补缺口的方式，从而鼓励他们养成习惯，根据其不断变化的保障需要定期检视保险组合。"这是香港保险业监督局上述《概况》的最后第二段话。在内地，保障缺口分析、保单检视都是少数营销高手自己在研发推进的事情，缺乏行业数据共享的分析，也无法完全避免误导行为的发生。

  以上这些，是根据我的学习理解而归纳整理的，有的可能理解有误，有的可能已经过时了，仅供大家参考。我感到欧美、日本等保险公司，由于起步早，经历过"高利率""金融危机"以及业务发展"波动周期"等考验，他们这些举措都是一定背景下的产物，他们是"过来人"，一些做法值得我们参考借鉴。

6.3 个险发展比较被动的原因透视

从保险深度、保险密度看,按照十三五保险发展规划,到 2020 年,全国保险深度达到 5%,保险密度达到 3500 元/人,2019 年我国保险深度为 4.3%,保险密度为 3046.07 元,从我们自身角度看发展很快了。但是与发达国家与地区比,我国的保险市场潜力还非常巨大。根据"课题报告"[①],中国台湾地区 2017 年保险深度已达 17.89%,中国香港地区 2017 年保险深度为 14.58%,保险密度方面,中国内地约只有欧洲平均的 1/4,约美国的 1/10!

尽管中国保费规模已居世界第二位,但保障水平还有很大的提升空间,如定期寿险保单数量占寿险保单数量的比重,2019 年美国为 40.9%,中国只有 0.36%。[②]

从保险需求看,根据第七次人口普查公布的结果,人口老龄化程度进一步加深,60 岁及以上人口为 26402 万人,占比 18.7%,比 2010 年上升 5.44 个百分点。年轻人也在增加,0~14 岁人口为 25338 万人,占比 17.95%,比 2010 年上升 1.35 个百分点[③]。因此健康保险、长期护理保险、银发保险等潜力较大,我国人均保单的拥有量还有待提高。

---

① 2018 年中国寿险业十月前海峰会《2018 年中国寿险业发展成果回顾与未来发展趋势研判》课题报告。

② 孟慧新. 寿险业发展与转型研讨会综述 [J]. 保险理论与实践,2021 (10).

③ 第七次全国人口普查主要数据情况. 国家统计局网站,2021 – 05 – 11.

险　　峰

　　2015年瑞信研究院发布的《全球财富报告》认为，中国当时的中产阶级已经达到1.09亿人，处于全球首位。2018年诺亚财富联合清华大学发布《2018中国高净值人群财富白皮书》表明，中国的中产阶级人数已经达到3.85亿人，为全球第一。中产阶级的消费能力和保险意识将为人身保险行业的发展带来巨大空间。人口红利可能不复存在了，但人口结构性红利却依然巨大。

　　从保险代理人占总人口的比例看，代理人的发展也有较大空间。据"课题报告"，中国保险代理人占总人口的比例为0.58%，日本为0.98%，中国香港为0.86%，美国为0.35%。这是从代理人的数量发展空间讲的。我也认同要高质量发展，也认为代理人数量在以300万～500万人比较符合中国国情。

　　中国的总人口已经超过14亿了，为何还要出台二孩、三孩的生育政策？简单而言，如要养护好越来越多的65岁以上的老人，必须增加一定数量的年轻人员。这与保险行业所谓的"人海战术"、不断地新增营销员是否有一点异曲同工之处？

　　总之，我认为中国保险行业特别是个险业务确实还是处在黄金机遇时期，至少还可以辉煌近20年，作为保险从业人员必须对此充满信心。寿险市场的发展，与国民经济发展趋势和居民实际收入水平密切相关，中国GDP的增长和人均可支配收入的提高是寿险可持续发展的基本保障。

　　然而，现实是骨感的。2019年以来个险业务持续负增长，根本的原因是：

　　（1）队伍发展"掠夺化"，没有坚持"三高、三化"发展。整个寿险行业，在第一阶段经历"增员难、留存难"以后，一旦政策放开，各公司都是在"抢人头"，开展掠夺式发展。只要愿意来做保险销售的，不问学历、不讲经历、不管来历，统统"照单全收"，怎么能不出现"大进大出"？各公司之间还推行业务收入"市场对标"，导致首先对标的是人力数量，认为有人就有保费。没有从根本上严格制度管理、严格增员选才、强化培训考试，而是一切以"金钱"为导向，用"百万年薪不是梦"来忽悠准销售人员。一旦业务下滑、增员难度再次加大了，全社会都知道保险营销是怎么回事了，行业整体发展就进入了"深水区"。此时，再推行"高素质、高产能、高品质"（也有人说高素质、高产能、高收入，还有人认为是高素质、高产能、高留存，我更倾向于高品质，因为高产能与高收入、高留存基本可以是同义的）、希望实现"职业化、专业化、数字化"，需要付出更大的代价，需要市场给予更大的耐心。

（2）产品研发"短视化"，没有兼顾客户利益"最大化"、客户需求"差异化"。产品研发的出发点是满足不同客户的差异化需求，而不是简单地追求公司价值最大化。目前寿险公司的产品复杂化、同质化现象还是比较严重，"卖不动"的情况普遍存在。今年我家添了个小孙子，我想送份保险给他，希望是"保障＋年金"类产品，比较了两家寿险公司推荐的产品，还是有点看不懂、看不明白，还是感觉没有从客户需求的角度去研发产品，有点遗憾。寿险公司确实需要新业务价值增长，也需要保费增长，但不能不考虑客户的利益，如果客户长期利益得不到保障，公司的价值即使短期是增长的，也是难以为继的。寿险公司为了推动当年新保业务的增长，对取得养老家园入住资格的规定，只计算当年新保保费，以前年度买的保单一概不计，这样对老客户、对长期持有保单的客户也是不公平的，还会导致先退保以后再购买新保的现象发生。这些规定也是非常短视的，不利于公司长期健康发展。

（3）客户服务"原始化"，没有跟上时代发展的"现代化""贴心化"。保险公司是传统服务行业，改进服务水平，提升服务能力，注重服务体验是立司之本。2022年7月的一天，气温高达37℃，我突然想起要去"公安局车辆管理所"办理驾驶证期满换证手续，因为前几天我收到吴江交警大队的短信通知，提醒我驾驶证目前已经逾期，请尽快办理，如逾期一年未换证将被注销等。当时已经是下午4点半了，5点钟就要下班的。我驱车10分钟，来到车管所"办证大厅"，我通过核酸核查后，走进大厅，立刻感觉大厅"宏伟、整洁、有序"，从拍照、体检、缴费、制证、取证，效率非常高，特别是制证过程已经完完全全自动的，无须任何人工帮助，最多一分钟，完成了塑封、拿到了新驾照。在整个换证过程中，没有一句"责问教育"的话，因为事实上我已经是无证驾驶了。这种体验的感觉非常好，让我马上想起我们的保险理赔服务什么时候也能如此高效、贴心？不要始终停留在最初"原始"状态，不要把我当作是"骗赔"的小偷。因为我刚刚经历了保险理赔报案被"问话"的体验，还被认为是"不配合"工作，还要被"上课"，并且从此杳无音信了。

如果保险服务做到位了，成为"贴心"的保险顾问了，不愁没有客户自动购买保险。应该说，保险公司的服务是有提升的，但与"公安机关"的服务相比，还有进步空间。

（4）经营管理"人为化""行政化"，没有遵循寿险营销规律。个人业务的经营管理，有其自身规律可循，不是能够"随心所欲"、想怎么干就怎么干的，也不是人人都可以来干的。现实情况是"个人味道"比较重，"行政味道"比较浓，调换一个总经理或者分管总经理，可以产生完全不同的经营结果，这一现象值得关注。

个别寿险公司这几年的业务发展为什么如此艰难？为了业务发展，各类推动举措包括产说会、产品退市运作、分支机构之间各种对抗比赛、分公司管理干部末位淘汰、对管理人员实施任中综合评价、分公司班子成员到总公司述职、砸钱搞竞赛或扣减奖金、调整公司架构、招聘启用市场化人士等应用尽用了，所有的"药"都吃过了，为何还是没有预期的效果呢？

更加可怕的是，个别机构因为简单地追踪业务达成、同比增长，导致"逼良为娼"，假业务、假人力、假团队应运而生，甚至形成"黑产业链"，导致继续率大幅下降，结果是少数头部上市险企续期保费收入也开始负增长了，寿险公司"滚雪球"经营模式都受到严重挑战了！

个别营销主管"刻苦钻研""基本法""吃透"公司业务推动政策，

通过"投资项目"等方式搞增员，通过"赠送首年保费"拉客户获取身份证，甚者伪造照片及身份证件，通过"强制退保"收回垫资，或者根本不用垫资，还可获取巨大"基本法"利益。更为严重的是，导致劣币驱逐良币，认认真真做销售的人，反而没有这么高、这么快的收入，公理何在？这必将彻底摧毁公司的价值底线、文化属性。

这些现象，肯定是极个别，但还是需要我们静下心来，理性思考，寻找问题的根子。

一是信心不足，总部"定力"不够，分公司执行不到位。分支机构迫于总部的业务压力，以完成当期业务目标为使命，赋能培训等有关的基础工作长期欠账太多。总部上面千条线，基层机构下面只有几个人甚至一个人，分公司天天要视频追踪、微信汇报、点赞互动，下面机构是月月被扣奖金。基层机构最大的心理不平衡是上面多头指挥、甚至盲目指挥，下面还要挨骂挨批。分支机构不是不想按总部的要求去做，而是没法按你的方针去执行，只能按自己理解的、认为可行的方法去做。

总部口头上喊要坚持"长期主义"，行动上最终还是要推动卖趸缴、卖短期产品、卖银保产品来充保费规模数量；表面上看新保增速领先同业或同比增长，实际上新业务价值率大幅下降。对此，不乏有思想、有专业水准的分公司领导也会因此而陷入"两难"境地。

我经常在想一个问题，全世界的主要经济体，大家都面临新冠肺炎疫情，为什么只有中国2021年一季度的GDP是正增长的？还增长高达18.3%！比2020年四季度环比增长0.6%，比2019年一季度增长10.3%，两年平均增长5.0%。2020年，只有中国交出了一份人民满意、世界瞩目的答卷，成为全球唯一实现正增长的主要经济体。这是为什么呢？按照我的理解，至少说明我国中央政府能够保持战略定力、决策英明、举措有力，各省市思想统一、执行到位！要知道中国GDP的基数也很大了吧，也是连续几十年的增长了吧？所以我们个险工作要防止讳疾忌医，要真正按规律办事，迎难而上，要坚信中国保险业的主流是健康的。

险　峰

　　应该说，寿险公司的决策者也是非常努力、非常辛苦的，也很想把公司业务做好，已经采取很多举措，但如果业务还是持续负增长，只能从总公司、从你自身找原因了。中国的保险市场已经非常大了，也是世界第二了，即使整个行业是负增长的，通过公司的自身努力，完全可以保证几家公司实现正增长的。除非是公司的决策、举措像其他国家、其他经济体抗击疫情一样，或延误战机，或不得要领。

　　二是急功近利现象比较严重。整个行业好像都是"一个师傅教的"，具体打法都是差不多的，最大的特色就是急功近利，一年内多次反复、切换、炒作新产品，就是一个证明。大家有没有认真去深入研究市场与客户的变化？有没有沉下心来研究把握保险规律？有没有反思公司经营指导思想是否端正？有没有真正做到守正出奇？是否可以这样说，种什么因，得什么果，这个行业的阵痛是必须要经历的。这就是这个行业不太成熟而要付出的代价！保险行业的发展可能是有起起伏伏、有周期性的，确实需要时间的磨炼与考验。

　　保险行业还比较内卷，从大公司跳出来的"聪明人"，到中、小公司做了领导、"老板"，往往玩的是前期公司的老套路，也要拼搏上规模，想的是要与老东家平起平坐，耐不住寂寞，不愿深耕细分市场，不仅烧光股东老板的钱，最后的结果是保险公司的股份也不再"吃香"了。

　　三是客户变了，公司没有变！当今世界，唯一不变的是变化，而且是百年未遇的大变局。环境变了，市场变了，监管变了，客户变了，什么都变了，只有公司、你还没变。你还是传统做法：下达任务、开会启动、喊口号、表决心、追踪达成、扣罚年薪、凭领导的感觉再调整干部，希望"天降奇兵"，最后只有"上帝保佑""阿弥陀佛"。

　　无论是潜在客户的收入水平上升、还是人口学历水平提高、新生代、"Z世代"[①] 的崛起等都深刻地改变了保险消费的传统习惯。以前，我们

[①] 网络流行语，通常指1995年以后出生的一代，又称互联网世代。

对客户的分群分类等细化研究是不够的，我们关注最多的是营销队伍，然后对产品也只是一知半解，最多也只是站在公司角度去研究、研发产品的。在"遍地是黄金"的高速发展阶段，这样做也是无可非议的。

现在，保险消费者的主体发生变化了，已经摆脱了以往被动消费、被动推销的模式。"Z世代"的主要消费特征是：喜欢社交性消费，更愿意为自己的兴趣买单消费，对产品"颜值"有强烈的追求等，表现在保险消费上，就是喜欢在网上自主购买保险产品体验，寻求"一揽子"保险服务方案等。

总公司、分公司个险管理人员还是"老三件"为主，只有督导、讲师、人管三类人员。很少有医学博士、资深律师、税务专家、体育运动人才等人员组成的专家支持团队，凡此种种，一切都以客户为中心的思想、做法、举措还有待革命性的突破。

四是误认为转型"包治百病"，忽视了培训的重要性。面对当前的困境，主流公司喊得最多的一句话就是"转型"！转型似乎可以包治百病，而且转型的核心内容也大致相同：修改"基本法"、调整组织架构、撤换人员。这些事，谁不知道？谁没有干过？如果是"新瓶装老酒"，效果是可想而知的。转型来转型去，最后把自己也转晕了。我们不能把所有希望都寄托在转型项目上，更不能把业务发展不达预期的责任最终也归结于转型！

很少听到哪家寿险公司在个险培训工作方面搞"转型"、持续加大基础投入。"总结以往教训，发现忽视教育是造成中等收入者比重低的根本原因。教育不足使低技能人员大量失业，造成贫困的再生且恶性循环"[1]。多么专业、到位的判断！难道个险培训不是这个道理吗？这些低技能的失业人员，如果被忽悠进了营销队伍，还不重视对他们的培训工作，这样的队伍，除了"洗人头"还能做什么？

---

[1] 刘鹤. 我感到了真正的危机, 中国要建一道防火墙[J]. 国投智库, 2022-04-02.

6.4　自觉遵循营销规律

（1）持续的、超预期的负增长也是推动形成新的发展共识的机会。

主要寿险公司个人业务新业务价值持续几年承压，个险代理人队伍持续下滑，这肯定是大家不愿看到的，但"危"中也有"机"，名人有言，"永远不要浪费一场好危机"，负增长不一定全部是坏事。

面对当前个人业务的负增长，最重要的是先用实际行动来感化、统一大家的思想，形成新的发展共识。重点是要做好核心队伍的沟通与稳定工作，主管领导要放下身段、深入团队，通过换位思考、满腔诚意来为基层所想所急，尽最大限度地解决实际困难，最大限度地调动各方的积极性，确保人心不散，提倡团结奋斗。此时，如果还是高高在上，还是认为你讲的都是对的，都要按你的要求去做，甚至还玩一些"小聪明""小手段"，那么最后只能是"无药可救"。

中国市场这么大，分支机构这么多，不可能全部由总部独揽大权、自言自语的，必须充分调动所有分公司总经理、中支公司总经理的积极性，最大限度地给予信任与赋能，稳定压倒一切。最大的犯忌是，搞"一朝天子一朝臣"，导致"劣币驱逐良币"，破坏了重要干部层面的生态环境。我们要坚信，信心比黄金更重要，办法总比困难多。

大胆启用员工认同的优秀的年轻专业干部，充实到分公司、中支公司的班子里面。他们是最了解公司的，也是最渴望得到认可、赏识、提拔、重用的。转型1.0金玉兰项目,经过五年的锤炼、打造、培养出来的一批年轻优秀的干部,如郝明波、喻芬、沈宏、吴建军等人,最后离开太保去了泰康、友邦、中信保诚等公司。没有离开太保的项目骨干也调整了岗位,实在可惜了。

对于组训、讲师、营销总监与经理层级的核心人员,先分层级逐个沟通,要尽最大努力稳定大部分人的收入水平,甚至还要适当增加收入,提供有针对性的培训赋能。公司的经营决策不是组训、讲师们作出的,也不应该由他们来承担经营成果好坏高低的后果,越是困难的时候越要给予人性的温暖。只有充分地了解、尊重他们的意见和想法,才能统一思想、统一行动,才能找到"扭转乾坤"的金钥匙。人心齐、泰山移。

为了应对成本压力,如果采用简单的"裁员"办法,规定每家分公司、每个部门必须要减少多少比例的人员,这些都不是聪明的办法。减少几个管理人员,能减少多少费用支出?但对公司基层机构、普通员工、保险同行传递出的信息却是负面的,最后可能导致一部分优秀的人才也因此早早"另谋出路",真的得不偿失。发展是硬道理!只有加快核心业务可持续发展,才是公司的根本出路。

(2)寿险营销员是寿险公司的"命根子",也是最重要的核心资产。

任何个险营销的转型方案、销售举措,都必须遵循寿险营销规律。寿险公司如果没有一定质量与数量的营销队伍,谁去卖保单?同时对营销人员必须严格招募选才,严格考试培训,严格"基本法"考核,严格基础管理,两者并不矛盾。

在中国14亿人口的大市场,如何满足各类客群的客户需求?没有一定数量的营销队伍是不现实的。"二八定律"就是20%的人做了80%的业务,问题是20%的人从何而来?没有"八"可能就没有"二"了!我们希望通过严格的增员选才,最后逐步实现只要增五个人,或四个人,或三个人就能成就那"二"个人的效果,"人海战术"就自然避免了。

我完全认同营销队伍要走"职业化、专业化、数字化"道路,这是时代的要求,也是与客户相伴共荣的前提。如果某一天中国有一半的人成为中产以上阶层了,有7亿的中高端客户了,那是可以改变一切的强大市场!但就目前情况而言,如果所有的保险公司都去开拓中高端客户市场了,其他10多亿人就不需要保险产品与保险服务了?我们要有发展的眼光、长远的眼光,他今天也许还不是中高端客户,明天、后天可能就是了。所以,我认为中国的寿险公司,坚持发展一定数量的专业销售队伍是不二选择。

我们不能因为中国寿险公司的营销队伍总量较大,有80万人、100万人了就认为是搞"人海战术"!因为中国本来就人口众多,任何总量除以14亿后的结果都不是个大数字。我去欧洲一些保险公司学习考察,当他们听说太保寿险有60万、70万营销员时,都非常惊奇、惊讶,然后马上竖起"大拇指",他们自己又"面面相觑",因为他们一个国家也只有几千万人。在中国,如果按总营销员人数占总人口数量之比来衡量,我国大陆的占比还远远低于日本和中国香港的水平。所以,营销员队伍的建设一定要坚持走中国特色的发展之路,在坚持高质量发展的同时,还要兼顾三四线城市及县城、乡镇客户的覆盖。从总量上讲,"健康人海战术""有效增员"是没有问题的,错的是没有留住人员从而导致"大进大出"。在中国实体企业,体量很大,质量不一定就是低的,反而大量的中小微企业,其盈利能力、发展能力、发展质量还亟待提高,其道理是一样的。

为了保证营销队伍的高质量发展,我建议尽快恢复并严格推行营销员入职资格考试、严格执行分类销售资格考试,从源头上防止素质不高、"大进大出"的现象再次发生。越是困难的时候越是要严格"基本法"考核,严格各项基础管理。如果良莠不分、得过且过,也会付出代价,甚至是恶性循环。

强化赋能培训工作是个险营销的根本出路之一。现在像太保寿险这样的头部公司,应该抓紧建设营销员的培训基地、培训中心,特别是长三角、珠三角地区统一的培训中心非常必要,应该重点研发基层认同的体系化教材,应该提高优秀培训部总经理的职级与待遇,应该大力度增加培训部优秀讲师的人员数量。我在分管个险营销时,也没有解决好此类问题,非常遗憾。他山之石可以攻玉,现在学习改变还不晚。

我时常在妄想,如果把用在养老社区的重资产投入的钱,拿出一半用在青浦或附近的江浙地区建设一个强大的培训基地、配置先进的培训基础设施以及提升优秀讲师的收入等方面的投入上,这个结果会是怎样?会不会从中期角度从此扭转了增员难的被动局面?

"培训是公司最大的福利",这句话,在公司起步阶段可能是合适的,便于吸引营销员加盟。但是,这么多年过去了,这句话还是有点误导了。我认为培训是营销员自我提升能力的需要,是营销员自己需要培训,而不是公司需要你参加培训。所以,培训必须是自愿的,培训必须是收费的。这样的培训,对公司、对讲师就提出了更高的要求,这样的培训才会有更好的效果。

要切实增强培训效果,还必须分类分群组织培训班次。例如,对新人培训必须按年龄段分班培训,对1980年出生的40岁左右的新人,与1995年以后出生的新人,如果放在同一个班级内培训,一定是有问题的。还要按专业背景进行适当的分群培训,对全日制金融、保险、财务等专业毕业的学霸型人才如何培训?对大量普通专科毕业生如何培训?电大与北大毕业的应该是有区别的。

(3)保单件数是寿险营销员的"命根子"。

只有强化拜访活动量、提高拥有客户数量、提升保单件数才是营销员生存发展的基本法则。人人都想签大单、人人都想"一夜暴富"是不现实的,MDRT是靠一件一件保单"堆"出来的。如果每月坚持能出保单2~3件,营销员的留存问题、活下来的问题就基本解决了。所以,我们要千方百计提高营销员的基础能力、基本素养,帮助营销员实现每月至少2件保单。抓保单件数,是提高人均产能的基本路径。

任何代理人渠道的转型,都脱离不了这个基本公式:

保费收入 = 出单人力 × 人均件数 × 件均保费

或者：

保费收入 = 有效人力 × 人均产能

如果转型工作，脱离了这几个基本因素，都是空中楼阁，都不会有现实结果的。

所以，我们所有个险经营动作都得围绕如何增加出单人力、如何提高开单件数、如何提高件均保费来展开，也就是所谓的"双轮驱动"，人力有效增加，产能持续提升。

《保险行销》2021年有篇文章《寿险件数就是寿险事业的生命》，观点非常鲜明，切中要害！文章指出：2019年营销员完成保单件数情况，"年均件数在36件以上的代理人占比不到10%，年均12件以下的占比达34.6%"，"74%的代理人月均少于2件！"

行业基本的观点是，人力"大进大出"的根本原因在于营销员的收入水平低，没有收入怎么能留住人？而收入低的原因就在于成交的保单件数太少了。件数少，客户数就少，又影响后续的转介绍及其开单数，如此恶性循环。

现实工作中，有多少总公司在狠抓"件数"这个"牛鼻子"呢？他们往往关注的是新业务价值、保费收入等是否同比增长。这也对的，但就是无法"落地"。简单地抓保费收入、抓营销员的收入，可以追求"大额保单"啊，如果搞到一张百万大单就可以吃一年了。但是寿险事业的基础还是不坚固的，"大保单来自大量的保单，没有量的积累就没有质的飞跃"。

该文章还引用了美国寿险行销调研协会曾经就保单件数做的一项专项调研，数据显示，"前6个月成交9件的从业人员，3年后还留存在保险业的仅有29.7%；成交件数20~29件的从业人员，3年后还有46.3%的人留在保险业；如果成交件数在40件以上，则留存率为67.7%。也就是说，在从业的前6个月，成交的保单件数越多，在保险业留存的概率越大"。

这些数据，再次说明了中国的那句老话：良好的开端是成功的一半！营销的基础要从开始抓起，要从件数也就是"活动量"抓起！现实情况呢，"开门红"高额奖励、新人开单高额奖励、"自保件"应运而生。"欲速则不达！"

如何提高件数呢？我过往的经验是：

"件数为王"。"基本法"以及所有的奖励推动方案中，都必须有件数的考核要求，不管保费有多少，公司必须营造"件数为王"的生态环境。

"活动为王"。鼓励业务员多见准客户、多谈保险、多成交保单件数，让寿险事业的根基扎得更深。无数件数高手的成功经验，我概括总结为：销售人员只有对客户（准客户）发自内心的真心、贴心、耐心、细心、专心、责任心，才能赢得客户的"动心"，才能克服"闭门羹"、质疑、挫折等一切困难，才能找到客户培养、客户经营的最佳方法路径。坚持客户利益为先，从不误导销售。

"专业致胜"。通过学习、培训、进修，甚至上EMBA，不断提高自己的专业水平与专业修养，做到与客户共同进步、共同成长。寿险公司能不能喊出"培训第一"的口号？

"资源支持"。保险公司应该尽最大责任与努力，给予销售人员在科技手段、客户资源、获客方式方法等方面支持与帮助。代理人与保险公司，虽然法律关系上是甲乙双方的关系，但只有代理人成功、成长、成熟，保险公司才能发展、发达、发扬光大。

（4）坚持适度的"开门红"。

保险公司的个人业务发展最大的特色，是非常重视"开门红"。其实也是有一定道理的：新的一年开始，大家都想掌握当年的主动权，都想把新的一年任务目标完成得好一点；从客户端来看，新的一年有新的资金预算安排，一月份肯定资金相对宽松一点，以后月份的客户资金也会逐步使用。再加上中国特色，发放年终奖金，发放年终红包，所以年初，无论企业或者个人，资金都相对宽松一点。因此，各保险公司都非常重视"开门红"并且争夺得比较激烈。

太保公司过去几年一般预算进度安排是第一季度35%，二季度20%，三季度25%，四季度20%，表面上看是比较均衡的。实际执行的结果往往是，一季度可能突破35%，甚至要达到40%以上，4月份往往是4%的进度也可能没有，12月更加可怕，一般只有2%左右的进度了。这也很好理解，一季度猛烈地冲一下，4月份肯定要歇一歇，顺便开一个"开门红"总结表彰会，12月份最难控制，做得好的、进度快的分公司肯定不做了，有的任务已经超额完成了。做得不好的分公司也可能就放弃了今年，希望明年能够主动一点，否则今年即使冲到最后一天，也可能还是没有达成目标，而明年又陷入了被动的局面。

更大的问题还在于，假如今年"开门红"非常顺利，完成得非常好，达到年预算进度的40%，全年任务也顺利达成了。那么第二年"开门红"如何安排？如果预算安排低于40%，很有可能当年实际完成还是个负增长的！第三年呢？结果是"开门红"的压力越来越大，最终总有一年的"开门红"要"爆表"，预算进度没有达成，同比也是负增长。这样的"高台跳水"现象，在现实生活中普遍存在，确实是个难题。

同时，董事会上的外部董事可能还不理解，一季度达成这么好，如此推算，全年不是完成得很超预期吗？能不能每个季度都像一季度一样开门红呢？

公司内部财务精算条线特别是集团层面的要求也很高，提出季度之间要均衡发展，全年任务又要如期完成，还要保证业务质量，还要保证新业务价值率逐年提高。有说，领导永远是正确的。业务均衡发展，对财务预算及资产端的投资安排都可以自如一点。还有说，营销员也需要月月有收入啊，总不能一月收入几十万，以后月份就没有了。理论上都是正确的。

我的意见是，第一，肯定要抓好"开门红"；第二，必须保证全年任务完成并实现正增长；第三，新业务价值率尽量基本稳定，第四，在此基础上，尽量实现季度间相对均衡发展。

均衡是相对的，完成任务是绝对的。做销售的是运动员，是最累的，能不听裁判员吗？

均衡发展主要是指年度之间的均衡、协调发展，季度之间是很难均衡发展的。自然界也是春夏秋冬、四季分明、各有特色，一年一个轮回。道理是相通的。

现在有一种理想的做法，个别公司开始不做"开门红"的推动举措了，希望因此来实现各季度间真正均衡发展。我觉得理论上也是成立的，实际操作上会遇到很多的挑战，特别是基层员工及营销人员会有个艰难的适应过程。

事实上，实体经济也有"开门红"的安排。根据新浪财经报道，2022年1月4日，新年首个工作日，上海市重大项目集中开工仪式在上海展览中心7个区的分会场同步启动，全市64个重大项目集中开工，总投资达2734亿元。"起步就是冲刺，开局就是决战"，都是为了保证经济发展能够在良好开局中稳步发展。

（5）明确法律地位，公平税收负担。

有条件的寿险公司可以对符合条件的营销员试行"雇员制"，签订劳动合同，坚持税收政策上的国民待遇，最大限度地减轻营销员的税收不公平负担。呼吁监管部门能为保险行业的持续健康发展再发挥引领作用，继续为营销员这个弱势群体多办实事，继续营造制度优势。

6.5 坚持以客户为中心，打破一切条条框框

目前，寿险公司个人客户经营，可以概括为两种形式：感性经营与理性经营。用"心"经营，主要是侧重于与客户的情感、心灵沟通与交流，千方百计地让客户认可营销员这个人，我称之为感性经营。还有就是用"脑"经营，侧重于理性思考、理性消费，靠营销人员的专业水准赢得客户的尊重和认同，可称之为理性经营。个险营销，经过30多年的发展，开始时更侧重于用"心"经营，现在更偏向于两者结合，既要用心经营，也要用脑经营，所以其销售的难度、要求也不断提高。西方成熟市场，可能更偏向于理性经营。

搞清楚客户的价值主张是什么，这是坚持以客户为中心的基本前提。

我们中欧国际工商学院EMBA同班同学张宇（语嫣），阿里巴巴集团荣誉合伙人，她最近出版了个人首部著作《生长：从战略到执行》，写得非常好，也很有启发。书中在讲到"我们能提供什么客户价值？"时举了个例子：有人想要往墙上挂一幅画，先要在墙上打一个洞，所以他去买了一把电钻。那么作为卖电钻的人，究竟卖给客户的是电钻本身还是墙上的洞？

如果我们的目光停留在电钻之上，那就会特别关心钻头的功率、耗能、价格等；当我们转身把视角放到为客户解决"洞"的问题上时，就会发现世界大不一样，关于钻头都是服务工具，这个"洞"才是我们提

供的客户价值。

当进一步思考可以发现：客户要这个"洞"不一定必须买一把电钻，如果这种需求市场足够大的话，也许可以提供专业的"打洞"服务，那就是另外一种商业模式。

再深入思考，客户需要"洞"其实是为了挂画，那么也许能做的就会更多！解决的手段包括粘钩、专门挂画的钩子……

我们会发现自己提供的产品、服务是解决客户问题的手段，而手段是开放性的，我们最终目的是寻找最有价值的解决之道。

由此可以想到，客户究竟为什么要购买保险产品？是为了投资收益还是为了风险保障？如果是为了追求较高的投资收益，可选的产品很多，没有非买储蓄类保险产品不可。从风险保障的角度，这是保险公司的优势与本源！如果客户在健康、养老、身体、意外等风险发生时，这个保险保障就显得很有意义了，并且还有随之而来的各种保险服务。当然保险公司还可以提供两者相结合的产品。

国泰君安非银行业务金融团队出了一份"保险行业2022年春季策略报告"，很受启发。报告的核心观点之一就是，在供需错配的当下，提供满足客户需求的"产品+服务"更为重要；客户认知加速提升导致原先'重销售、轻产品'的模式效用递减，2021年上市险企的'价值投入比'均面临进一步下滑；从需求角度出发，当前客户更加聚焦满足健康、理财和储蓄需求的产品与服务，我们认为，保险公司能够提供满足客户需求的产品和服务比单纯的渠道改革更为重要。

他们的"价值投入比"就是指NBV①/手续费及佣金支出，这与我提供的数据分析有相同之处。该报告更为直接地指出，当前保险公司转型的

---

① NBV 是 net book value 的简称，是保险公司的一项重要业务指标，又称为边际新业务价值，这项指标越高，表明每新增部分保费对公司当年新增利润的贡献越大。

难点在于提供的产品与服务尚未完全触达客户核心痛点，实际上就是指出了当前重点推进的所谓的代理人队伍、"基本法"等渠道改革不能完全解决当前的问题。我非常认同，当前应当同时重点推进保险"产品+服务"的"供给侧"改革，为客户提供更有价值的产品与服务。

这两位保险分析师，我都认识，都是很有水平的。报告还提出了健康养老服务可以采用"自建+集采"模式，提炼得非常精准，非常有新意。

个人客户究竟如何经营？如何才能触达客户的核心痛点？如何才能掌握客户的真正价值主张？个人客户由谁去经营呢？最重要的是打破现有制度、体制的条条框框。

（1）做好存量客户大数据分析，为精确营销、精准定价提供核心支持。根据太保集团 2021 年报，集团客户数达 16839 万人，较上年末增长 1945 万人。集团个人客户客均保单数达 2.28 件，较上年末增长 7.0%，持有两张及以上保单的个人客户数达 3257 万人，较上年末增长 2.9%；太保寿险老客户加保率达 8.7%，同比提升 2.7 个百分点，太保寿险 30 万元以上重疾保额客户数 471 万人，同比减少 0.4%；这些成绩非常不容易，可喜可贺。但是，这些数据背后的故事是什么？应该进行大数据洞见分析。

集团保险业务收入 3667.8 亿元，同比增长 1.3%，增加 47.2 亿元保费，对应客户数量增加 1945 万人，人均保费只有 242.7 元，这是什么险种的保费？这是什么脸谱的新增客户？寿险公司老客户加保比率提高 2.7 个百分点，那是一个惊人的成绩，那为什么个人新保收入还是负增长的？老客户都是加保了什么险种？这些情况如果不搞清楚，客户经营的工作还不能说"完成了"。

对存量客户的分析，至少有两大重要作用。第一，可以搞清楚太保客户的脸谱特征，他们为什么选择购买太保的产品？什么产品最受客户欢迎？目的是精确指导营销员有的放矢地开展客户经营活动。第二，通过对既往承保客户数据系统分析，可以更加精准地掌握目标客群身故、重疾等保险责任的实际发生率,为产品研发、保险责任、产品定价、核保核赔等各环节提供直接数据支持,从而保证产品一定的盈利能力。这是寿险公司最核心竞争力,也是完善精算假设的基本依据。

(2)要坚持以客户需求为导向,防止以渠道利益为导向。一般寿险公司内部,都会区分三大渠道,即个险渠道、银保渠道、团险渠道。在实际工作中,三大渠道分别由三个销售管理部门及三位分管领导来经营管理,这样的渠道分割,难免形成只在渠道内部进行工作优化,不能做到以个人客户为中心。银行保险渠道大量的中高端个人客户由谁去经营?团险渠道在开拓团体法人保险的同时,大量的中高端个人客户由谁去经营?保险公司内部的组织架构能否设立一个整体的"个人客户中心"?统筹个人客户经营服务工作,统一开展所有个人客户大数据分析、洞见、分类经营的问题。然后再在中心内部建立市场化的对价机制,把客户资源分配给部分优秀的有能力去经营的营销精英。有的公司已在探索,例如在银保渠道、团险渠道分别另外建一支销售队伍,分别负责银保客户及企业法人的员工个人业务开拓,还分别设计"基本法"和业务系统。虽然说有进步,但管理比较复杂,效果也不是很理想。

(3)要坚持以客户需求为导向,防止前、中、后台各自为政问题。一般保险公司内部还会设置销售部门、核保核赔、财务精算等前、中、后台三层部门,这也是有一定道理的。但是实际工作中,前线部门要保费、中台部门要控制风险、后台部门要精算费用,相互打架经常发生,各有各的利益及关注点。其实,前、中、后台都要与公司业务价值挂钩考核,三方的利益本质上是一致的,要先一致对外做好客户经营工作,然后再回来分别考核计奖。更或者可以把中后台的部分职能前置到销售部门,让其成为真正的价值创造中心。

(4)坚持以客户需求为导向,解决集团公司内部各子公司之间的客户资源共享问题。一般的保险集团公司内,都会设立产险公司、寿险公司、健康保险公司、养老保险公司等各子公司,虽然大家都在推动交叉销售工作，成效也比较显著，但是从客户的角度，他们的感觉还是不太良好的。

产险车险客户大部分是个人客户，他（她）们很有可能同时也是寿险公司、健康险公司的个人客户，难道一定要由三个公司的三个业务员为其服务吗？

这个问题如何解决？是否在集团层面成立一个业务协同部，就可以推动子公司间的个人客户资源共享了？问题可能没有这么简单。中国有句谚语：宁愿独养一只狗，不愿共养一头牛。这也是有一定道理的，其职责更加明确。

但是，现在是21世纪，已是大数据时代，如果还是依赖这样的"小农思想"肯定做不大的。我的意见是要改造组织架构，建立矩阵型管理模式，通过IT系统支持，做到既可以按现有子公司模式统计、归集、考核，也可以按个人客户事业中心模式进行统计、归集、考核，条块结合。只有坚持真正以客户为中心，为个人客户提供保险"一揽子"解决方案，才能形成比较优势。

（5）坚持以客户需求为导向，做好分客群经营。对高端客户，例如，可支配资金在1000万元以上的高端家庭客户，他们最关注的应该是资产安全与传承或者个人健康等。据说，目前对高端客户的流行切入点，主要是从未来的"遗产税""信托计划"等相结合的角度开始的。例如，某先生上海拥有一套4000万元的房子，在"百年"以后如何让他的儿子继承这套房子呢？方法很多，但成本是不一样的。在"共同富裕"的大背景下，以后可能要进行二次、三次的财富再分配，遗产税的推出也是有可能的。就拿4000万元的房子来说，他儿子要继承，假如先要按45%（完全是假设）缴纳遗产税，即需准备1800万元的税金！本质上说，房子还没有到手，反而增加了1800万元的应缴税金负担了。这个时候，如果该先生"百年"了，同时还持有一张1800万元身故金的保险合同（或者保障赔偿金），他儿子就可以从容地继承这套房子的遗产了。为什么还要推行"保险+信托"呢？主要是保证他的保险身故金能够完整、足额、有序地让他儿子获得，不因为其他或有债务而被法院强制执行。这也是为什么一线城市高端客户大额保单比较多的原因之一。

对于月收入在 2000 元以下的普通大众，他们的保险需求又是什么？

李克强总理在 2020 年 5 月 28 日出席记者会并回答中外记者提问时指出：中国是一个人口众多的发展中国家，我们人均年收入是 3 万元人民币，但是有 6 亿人每个月的收入也就是 1000 元，这 1000 元在一个中等城市可能租房都困难。对此，6 月 15 日下午国家统计局新闻发言人对此热点作了回应：根据《中国统计年鉴 2019》相关数据，低收入组和中间偏下收入组共 40% 家庭户对应的人口为 6.1 亿人，年人均收入为 11485 元，月人均收入近 1000 元。这 6 亿人的保险需求如何解决呢？难道所有的寿险公司都去抢夺那些高大上的高端客户吗？这 6 亿人，也许 5 年后、10 年后的一部分人也慢慢转变为中端客户呢！长期主义首先要有长远的眼光。

2020 年被认为是"惠民保"的元年，"惠民保"通过"低保费、低门槛、高保障"的产品特性，由于"政策推力、需求内力、外部压力"，"三力"叠加，"惠民保"迅速拓展。截至 2020 年 12 月 31 日，全国共有 23 个省 80 多个地区上线 100 多款产品，累计超过 4000 万人投保，保费收入超过 50 亿元。大多数"惠民保"的价格在 30 元～150 元之间，但报销上限高达百万元，同时不限年龄、不限职业，只要有当地的医保就可购买，还允许带病投保，虽然有一定的免赔额，但确实属于普惠型补充医疗保险，定位在医保之后提供二次保障，大大缓解了因病致贫、因病返贫的现象。

然而，"惠民保"对保险公司长期保障型、商业医疗保险产品的销售可能会带来一定的冲击和影响。营销员普遍习惯于把重疾险当作医疗险来卖，面对有"惠民保"的客户，营销员很难讲清楚"为什么有了惠民保，还要买保险公司价值主力产品的重疾险"，这些问题值得深入研究。

我们不能简单地为了追求高产能，为了抢占高端客户市场，把三四线城市的普通大众、暂时的低收入客群忽视了，特别是这 6 亿人的子女（中小学生市场）保险，更是值得期待的。寿险公司应该根据不同客群的特点，匹配不同类型的产品与服务。

6.6　加大个人产品的创新力度

保险公司的产品是公司的硬实力,是吸引客户、实现价值、服务社会的主要手段。但保险公司的产品同质化比较严重,你开发一款产品,3~6个月同业公司肯定也有类似的产品推出了。其实这也是没必要大惊小怪的,银行业之间的存贷款产品其实也是非常同质的。

即使这样,保险公司还是比较注重产品创新的,推出了各种各样的、五花八门的产品,有的注重产品的功能、保障范围的改进,有的比较注重产品名称的噱头,如2013年11月11日"光棍节",同业公司上市了一款据说是用于积累客户的产品叫"脱光险",还有什么"赏月险"等等。

"新国十条"明确指出,"保险要成为政府、企业、居民风险管理和财富管理的基本手段,成为提高保障水平和保障质量的重要渠道,成为政府改进公共服务、加强社会管理的有效工具","商业保险要逐步成为个人与家庭商业保障计划的主要承担者、企业发起的养老健康保障计划的重要提供者、社会保险市场化运作的积极参与者","为不同群体提供个性化、差异化的养老保障,推动个人储蓄性养老保险发展","发展多样化健康保险服务",应该说"新国十条"早已经为我们指明了保险产品的研发方向。简单而言,保险产品也要实现"风险管理+财富管理"的双轮驱动、"保险+服务"的协同发展,这是大原则、大方向。我始终认为,保险姓"保",要坚持提供保险保障产品为主,同时兼顾长期储蓄性业务。

太保寿险转型1.0期间，之所以取得行业比较认同的成功，是与产品开发职能前置到个险条线有较大关系。太保个险的产品曾经引领市场，无论是产品名称、产品形态，还是产品上市以后的客户认同度，最主要的业绩表现，都是引以自傲的。

2012年，"金享人生"，保额分红险，当年期缴保费占比32%。

2013年，"金佑人生"主附险全面升级，保额会长大的重疾险，当年期缴保费占比达34%，成为多年来主力产品的常青树。行业首款融保险与服务一体的保障型防癌产品"守护安康"。

2014年，东方红·老来福（东方红·少年智）上市，还推出"安行宝"，最高保额可达500万元意外伤害保险。

2015年，高保额、免体检，投保手续简单的防癌险"爱无忧"；投保年龄从行业普遍定为65周岁提高到75周岁的防癌保障型产品"银发安康"。

2016年，"超能保""心·安怡"及件均保费180元左右的女性专属保险"花样年华"。

2018年，长相伴增额终身寿险上市。

我们凭着精准的风险定价能力，将"保额更高、保龄更宽、保障更广、保费更省"的客户需求转变为公司业务的增长点，打造能够提供"身故、意外、重疾"等全面保障需求的产品体系。根据中国太保年报公布的前五大产品排名情况得知：

2015年排列前五大产品第一的是"金佑人生A（2014版）"，当年保费收入80.3亿元；2016年排名第一的是"金佑人生A（2014版）"，当年保费收入142.1亿元；2017年排名第一的是"金佑人生A（2014版）"，当年保费收入191.5亿元；2018年排名第一的是"金佑人生A（2014版）"，当年保费收入181.4亿元；排名第二的是"金佑人生A（2017版）"，当年保费收入为80.99亿元！

太保寿险的主力产品"金佑人生A"，是长期保障型产品的典范，威震江湖，引得同业纷纷研究效仿。我们没有简单地炒作、改名，而是希望

"金佑人生"成为家喻户晓的公司品牌。什么时候"金佑人生A"不卖了，可以夸张地说，意味着茅台集团不卖"茅台"了。这个案例值得深入研究总结。

寿险公司的产品研发、推动策略还必须与"偿二代（二期规则）"的执行有机结合。根据有关测算，一些寿险公司2021年末核心偿付能力充足率，如用偿二代二期规则测算大概只有偿二代一期的一半，这将成为业务发展、风险防控的重要考虑因素和约束条件。我想各主要寿险同业间差异不会太大，银保监会也同意给予不同的"过渡期"政策，但还是规定了最晚执行期限。为了提高偿付能力充足率，从外延角度，必须做好资本补充规划，开展股东增资或者公开发行资本补充债（永续债）等筹资工作；从内含角度，必须做好产品研发策略的管控，优化产品结构，防止销售、炒作过多的短期产品，努力提高新业务价值率较高的产品业务占比，建立完善资本约束机制，最终形成完整的"资本需求—消耗—成本—回报—约束—补充"闭环管理以及应急预案。

中国已经是第二大保险主体了，可以不再继续片面地以销售为导向，而是要敢于严格管理销售行为，限制不利于高质量发展、长期价值增长、过于激进的产品策略，坚持稳中求进，对寿险公司而言，慢就是快。

保险产品的核心竞争力究竟是什么？能够轻易被模仿的，肯定不能算是产品的核心竞争力。一个最完美的产品形态，短时间内就会出现在同业公司的产品目录中。现在有一种比较流行的观点是，产品的核心竞争力是嫁接在产品之上的服务！但它又不仅仅停留在简单的一哄而上的定期体检、绿色通道、看病预约之类的项目上。附加在产品之上的服务应该是体现公司服务理念、管理水平的，能够长期坚持做下去的、对客户有价值的服务内容。要防止"喊口号式"的服务，要防止一年一个花样地"揽客户式"的服务。

设想，如果我们的理赔能够真正像社保一样实现全部直接支付的功能，不仅方便了客户，也能推动保险保障水平的提高。如果客户使用她的保险生存金就像使用她的银行卡或者支付宝账户一样方便，保险就会离我们日常生活更近了！保险保单可否作为客户资产证明的一部分呢？如果能够得到除了保险公司以外的整个社会的认同那是一个巨大的进步。凡此种种，有的已经开始探索了。

除了产品的研发要创新，还有就是产品的经营管理方面也要创新。财务上要实现分产品核算成本与利润，销售条线要分产品来推动与追踪。什么样的销售人员，最适合销售什么样的产品，如何匹配相应的客户，这是一件很有学问和艺术的事。现在保险公司内部核算与管理还是不够精细化，还不能满足现代保险服务业的管理需要。

由此还联想到，是否可以设立寿险行业大类产品精算利润率平均水平管控线？超过部分要逐步平滑降低。例如，产品利润率超过70%的，提倡逐步降价，如果公司要获得较高的利润率，必须通过控制成本来实现。说实话，目前有的公司有的产品利润率超过70%甚至高达90%以上，产品条款、保险合同又长又难懂，怎么能够卖得多呢？以前是你教育消费者，现在是消费者教育你。

6.7 产销分离是大势所趋

中国保险中介市场才刚刚起步,空间巨大,大有作为。

"专业寿险中介公司在寿险行业所获得的保费占比从2017年的1.4%提高到2018年的1.9%,增长非常迅速,但其力量还相对薄弱"①,"2019年寿险专业中介市场份额仅有2个百分点,澳洲专业保险中介占市场份额50%以上,美国占比40%以上,欧盟占30%以上"。②

根据2021版《中国保险年鉴》收录的《中国保险中介市场2020年概况》,截至2020年末,全国共有保险中介集团公司5家,全国性的保险代理公司241家,区域性保险代理公司1523家,保险经纪公司497家,保险公估公司373家……2020年保险专业中介渠道实现保费收入5650亿元,同比增长4.6%,占全国总保费收入的12.39%,同比下降0.19%。其中,实现财产险保费收入4711亿元,占全国财产险保费收入的33.79%,实现人身险保费收入938亿元,占全国人身险保费收入的2.96%;实现业务收入1102.7亿元,同比增长3.67%,实现净利润27.14亿元,同比下降26.79%。

充分说明人身险保险代理发展的空间非常大。其中保险专业代理机构实现人身险保费收入540亿元,同比增长39.75%,保险经纪机构实现人

---

① 赵敏.北美流行独立代理人,中国怎么办?[J].今日保险,2019(5).
② 半梳.怡安并购韦莱,造保险中介成长标本[J].今日保险,2020(4).

身险保费收入 398 亿元，同比增长 15.11%。

"今后将借鉴欧盟出台的《保险销售指令》经验，立足全渠道管理，研究我国保险销售指引制订工作，引导保险中介从销售为主转向服务为重"。①

2022 年 2 月 1 日起施行《保险中介行政许可及备案实施办法》以及《保险中介机构信息化工作监管办法的通知》正式执行后，保险中介市场将会迎来更加健康规范的发展机会。

目前中国市场规模最大的中介公司是泛华金融控股集团，该公司 2007 年 10 月在美国纳斯达克主板上市，曾多次入选国际贝氏评级"全球二十强保险经纪公司"。2018 年泛华个险新单保费达 25 亿元，以此计算，泛华的个险新单保费位居寿险公司第 12 位，超过 70 多家寿险公司。②

2020 年泛华大胆提出了寿险职业化理念，实施"云桐计划"，计划打造一支"职业化、专业化、精英化"的规划师队伍，并且试行将传统的"代理制"转型为"员工制"，截至 2021 年 11 月 23 日，泛华年度寿险期缴保费规模突破 100 亿元！2021 年 12 月 16 日，泛华董事会宣布将启动私有化，开启回归中国市场之路。

永达理保险经纪公司更有特色，2011 年开业，至 2018 年，短短 7 年之内，累计达到 MDRT 资格的人力超过 2000 人，累计实现 fyp 65 亿元，人均 fyp 40 万元，2015~2018 年 4 年累计营业收入达 40 亿元。永达理有着怎样的经营密钥呢？一是打造优质的训练平台；二是打造营销员行为追踪系统；三是打造保险企业家，成功吸引成功；四是坚持素质提升，每周六举行全国统一的财经讲座。永达理的成功还依赖于"两套销售与组织密码"：2161 销售密码，就是每周至少 2 次初访且填写问卷，每周至少 1 次二访，三访起的客户每周至少要安排 6 次，每周至少要送 1 次建议书。2163 组织密码，就是每周至少邀请 2 位外宾参加单位讲座，两个月至少邀

---

① 施强. 补齐加强制度机制短板——五大监督政策走向 [J]. 今日保险，2019 (5).
② 刘力冲. 转向大寿险——详解千亿泛华模式 [J]. 今日保险，2019 (5).

请16位外宾参加讲座，至少选才入司1位，一年第一代育成有效主管6位，持续3年，第一代育成有效主管18位。① 永达理比较注重对销售行为量化追踪，他们既重视结果，更重视过程。

2021年12月25日，全国第一家授权专属职场、拥有工商执照的独立保险代理商，大家人寿保险公司深圳分公司"诺思事务所"正式开业，三位创始合伙人周丽红、王琨、方佰球中，主要来自太保寿险深圳分公司的营销主管。

美国1973年专属代理人数为25.7万，逐年下降至2001年的17.9万人、2016年14.5万人，43年间，下降趋势是一目了然的。与其相反的，独立代理人却一直在增加。LIMRA & LOMA 大中华区首席策略官赵敏认为：所谓的独立代理人未必是指个人，主要的群体还是以机构、法人的形式存在。②

我的理解，北美的独立代理人就类似我们的中介代理公司，而北美的专属代理人就类似于我国目前的营销员。大家人寿的试行的专属独立代理人，我理解其本质上还是营销员，其结果虽然具有不确定性，但至少开始探索试行了，《人民日报》2022年2月14日第18版还进行了《一位保险代理人的职业转型》的专门宣传报道。

根据彭博社2020年3月9日消息，怡安集团和韦莱韬悦宣布一项最终协议，将以全股票交易的形式合并，收购价格为300亿美元。至此两家公司合并后的股权价值约为800亿美元，超过了当时行业市值第一的保险中介巨头威达信集团。

怡安集团前身于1979年注册成立于特拉华州，是风险管理、保险与再保险经纪、人力资源咨询服务的全球领先服务商，2019年总营业收入达110亿美元，其中商业风险解决方案占总营业收入的比例达42%，韦莱

---

① 高五季. MDRT育成术——营销员就是保险家 [J]. 今日保险，2019 (5).
② 赵敏. 北美流行独立代理人，中国怎么办？[J]. 今日保险，2019 (5).

韬悦是全球最大的保险经纪公司之一。成立于1828年，总部设在伦敦，2019年营业收入达90亿美元。两家合并之后，机构分布于全球140多个国家和地区，全部员工近10万人。一家真正的世界级的保险中介巨头，最主要的是其保险专业能力与全球布局能力相匹配，做到风险分散的全球化。

800亿美金的市值，已经超越了大陆部分上市险企的总市值。

中国专业中介公司的力量如此弱小！根本的原因还在于，中国中介公司主要依赖于单一的佣金收入，集中聚焦在销售保单，没有拥有靠技术驱动的综合风险服务能力。而国外巨头的营业收入来源于专业风险管理、大数据分析应用以及延伸出来的咨询服务，甚至还拥有著名的人力资源公司。

无论是国内还是国外，专业中介公司已经客观存在并越来越展现出她的生命力。但是我没有搞明白的是，为何这些头部的寿险公司不太愿意与中介公司合作？有的还有点排斥中介公司。一方面是保险公司的体制决定的，另一方面说明保险公司平均利润率还很高，还没有必要通过"产销分离"来提高效率、降低成本。

保险中介公司最大的优势之一，是可以销售多家保险公司的产品，可以更多地为客户提供个性化的服务，至少还可以降低保险公司的固定成本。

与保险公司相比，保险中介公司虽然没有品牌方面的优势，从公司收益的角度，保险公司有"三差"，中介公司也只有"费差"，收入来源比较单一。但正因如此，中介公司为了获取续期保费的费用奖励，中介公司将更加高度关注业务品质。据公开渠道统计的数据显示，保险业务品质（继续率）排列前三的均为中介公司，第一名为明亚保险98.35%，第二名为大童保险经纪公司97%，第三名为鑫山保险代理97%！[①] 太平洋公司

[①] 赵敏.北美流行独立代理人，中国怎么办？[J].今日保险，2019（5）.

为92.9%，平安人寿为91.4%，分别排列第六名、第七名。这也是我之前没有预想到的。

  主体公司应该进一步解放思想、转变观念，主动顺应市场，让广大客户有更加公平的获得感。专业中介公司也要主动摒弃保险公司的那套传统销售方法，主动求变，自觉壮大，除了做好"代销"外，更多的还要为客户做好风险管控与服务工作。

  我始终觉得产销分离、分工协作是大势所趋。但我对专业中介和代理人的现状提出四个疑问：保单销售是否完全可以由营销员个人来独立完成？专业中介公司究竟能够为销售人员提供什么样的专业支持与帮助？为什么目前的专业中介公司与代理人之间主要偏重于比较佣金比例的高低而不是推行"佣金分配＋公司利益共享"模式？这样的一分了之，代理人完全"看价出单或高价挂单"，专业中介成为"空壳"公司难以避免，由此可知独立代理人也很难独立长久的。是否可以学习试行"阿米巴"工作室模式？

  不可否认，保险中介公司也确实存在"小、乱、散、差"的现象，但随着科技运用与迭代，更多的资本、资源、禀赋的加持，保险专业中介正在成为下一个超级风口。

6.8 对代理人渠道转型的建议

代理人渠道的转型，我完全理解与支持，问题是怎么转？何时能见到成效？任何转型永远都改变不了如何做好客户服务、如何把保单卖给客户这个客观事实。无非是在"谁去卖""如何卖""卖给谁""卖什么"等问题的改进与完善。结合本人在书中提及的观点，再提出如下建议或忠告：

（1）寿险公司代理人渠道的转型，必须实施"系统转型工程"。为什么代理人渠道转型这么艰难？转型2.0还没全部结束，转型3.0也许已经开始，但还是很少看到转型的希望效果。其主要的原因，就是把代理人渠道的转型孤立起来了，把代理人渠道的转型仅仅定位在个险条线、个险渠道，这显然是不会取得预期的效果的。我的意见是，上述的转型可以称为"单点转型"，就是在代理人渠道这个"单点"转圈，主要的做法是借力咨询公司，开展顶层设计，重点突破"基本法"、队伍建设、产品研发等，这些都很重要，但显然已经严重不够了。

转型还要解决如何"落地"，必须做到"向下转型""向下传导"。中心支公司如何转型？营销业务部如何转型？这些问题不解决、不配套，转型只能是空中楼阁了。对分别拥有30个客户、100个客户、500个客户的营销精英，其客户经营的方式肯定是有区别的，寿险公司考虑到这些差异性没有？个险转型必须给予不同的赋能支持。

转型还要"向上转型",解决"资产端联动"问题,在中国老百姓发财致富的习惯思维非常强大,买保险能否赚钱?投资收益率是多少?这些想法还是比较强烈的。因此,资产端的转型升级、能力提升已经迫在眉睫了。

转型更必须"左右转型",要坚持以客户为中心,实现公司价值与客户价值的统一。这方面的潜力巨大,难度更大。

最为主要的,还需要监管机构配套的监管政策、法律环境的转变,这是"惊天动地"的转型,我建议逐步推行优秀营销人员签订劳动合同等办法。2007年《南方周末》那篇文章罗列的那些现象,15年后的今天也许还没有完全彻底改变。这是保险行业的转型必须突破的痛点、难点。

这些转型的有机结合,构成完整的"系统转型"工程。

(2)转变传统营销理念,尽快构建甲乙双方"命运共同体"生态圈。传统的营销理念,营销"基本法"更多的是"刚性、冷漠""铁板一块",营销员必须严格遵守,如达不到"基本法"考核要求就会被自动"清退""清零",这是营销起步阶段、"人海战术"时期类似的"冷战思维"。后来有的公司感觉这样也不行,又从"极左"走到"极右"了,对长期"挂名"人员故意不清,以防止或者应对市场的关注与担忧,从而继续"画饼充饥",实际人力其实一半也没有了。可谓"清"也不是,"不清"也不是。

我认为,即使是"单点转型",也要转变传统观念,积极处理好"严格考核清退"与"主动赋能帮助"的关系,要坚持有效增员、坚持增员选才、坚持严格管理,更要坚持赋能帮助,要全力以赴地帮助这些热爱保险、认同营销的人员提升能力、提供资源,共克时艰,共渡考核难关。崇尚公司好、大家好,营销员好的"命运共同体"理念,弘扬"共赢"模式,并且构建全方位、全体系、多维度的"命运共同体"生态圈,而不是简单的甲乙双方的代理关系。所以,我还是相对看好"专属独立代理人"这个模式的。

寿险行业有一句比较时髦的话，就是做"有温度的保险"，太保集团公司也提出树立以"责任、智慧、温度为标签的太保服务品牌"，讲得非常好，我们应该先从广大营销伙伴这里做起，让我们的营销伙伴首先感受一下现代保险的温度与责任吧。

（3）加快健全个人业务高质量发展的"闭环机制"。我国经济发展已经迈入高质量发展阶段，保险行业直至代理人队伍也必须与之相协调，坚持走高质量发展之路。代理人队伍简单的"人海战术"确实已经不可持续了，客户端的需求变化也要求代理人必须改革转型，但绝不是不需要队伍健康发展了。

"十分清楚，使广大低收入者转变为有固定职业、有房产和努力向上的中产者，是避免中等国家陷阱的战略举措，是实现社会和谐的重要内容"①，中国中产阶层的进一步崛起，这是大势所趋，这是难得的人口结构性红利。

我建议逐步形成"高质量发展"的闭环机制：锚定高端目标客群（对价格不太敏感）—匹配高素质代理人（可与客户平等相伴）—销售较高利润率产品—获得高佣金收入（队伍相对稳定）—提供高品质专业服务（客户体验满意）—建立高信誉度的文化品牌（形成正向循环）。

一般认为，代理人队伍的高质量发展，主要体现在"高素质、高产能、高品质"上。高素质，就是要与时俱进，代理人队伍与客户群体相协调，做到年轻化（目前营销队伍的平均年龄与目标客户群体的平均年龄相差越来越大，这是一个容易被忽视而又比较重要的问题）、专业化。高产能是高绩效、高留存的前提条件，高素质与高产能必须有机统一，否则高素质也是空话一句。高品质是指业务品质高，体现保险长期稳健的特质，13个月、25个月继续率必须高水平、高稳定，高品质也是高绩效的基本要求。这"三高"仅仅是从代理人角度出发的，上述的闭环机制是从公

---

① 刘鹤. 我感到了真正的危机，中国要建一道防火墙［J］. 国投智库，2022-04-02.

司整体出发,这才是关键所在。要做到个险渠道、代理人个人、公司整体协同一起转型提高。

实际上,高素质是最重要的。最优秀的保险公司,不是因为它的产品、它的"基本法"最优秀,而是它的营销队伍的整体素养最优秀,让每位营销员都拥有从业的自信力。这是保险公司之间的最大本质区别,也是核心竞争力根本所在。

(4) 建立一套科学的分类考试、分层管理、分群经营、分别实施的"差异化"管理体系。差异化是寿险营销最基本的工作方法。这个不用多说了,这是最简单的道理。寿险行业非常复杂,无论是"基本法"制定,还是产品投放、预算下达、业务考核、客户经营等都必须实施差异化,在遵守基本规则的前提下尽量做到区别对待。所以提倡要建立营销员分类考试、产品分层管理、客户分类经营、各分支机构分别推进实施的差异化管理体系。

我们既要系统思考,又要理论联系实际,保险公司同样必须认真学习深刻领会"习近平新时代中国特色社会主义思想"的本质特征与核心要求,坚持实事求是,坚持一切从实际出发,反对教条主义、形式主义、官僚主义。

我们既要坚持中国特色的保险营销体制,也不能简单地因为考虑差异化、发展不平衡等因素而放松了对营销员的素质与管理要求。管理真的是一门艺术,确实要把握好分寸。

(5) 要坚持物质激励与精神激励相结合。营销员的首年佣金很重要,是一个基本的评价标准、追踪抓手、追求目标,但不是营销管理的全部。与此同时,对分支机构、内勤人员的薪酬激励也很重要,但这也不是激励的全部内容。这个道理很简单,点到即可,关键是如何才能创造性做到物质奖励与精神激励相结合。

目前中国保险中介市场的经纪代理公司基本做不起来的主要问题可能就在于:哪家公司给营销员的佣金比率高,营销员就往哪里"飞单"!营销员拿了高佣金就走人,没有任何归属感,经纪代理公司同时也得不到发展,更不要说给予销售人员专业赋能与特色支持,并且形成长期恶性循环。这些都是片面追求金钱激励惹的祸,简单以首年佣金多少来论英雄的价值观,最终一定是害人又害己。

坚持长期主义,就是要坚持精神激励与物质激励相结合。特别在保险公司,营销员以"首年佣金"论英雄,管理人员以"绩效"高低为导向,肯定是不完整的。如果业绩下来了,薪酬降低了,是否会出现士气低落、不满公司、人心涣散等情况?我认为要有透明、公正的绩效考核办法,同时还要激励员工树立为公司多做贡献、受到其他员工信赖与赞赏,是自己最高荣誉等理念,要逐步培养两种激励兼顾的生态氛围。

稻盛和夫为什么能够亲自缔造两个世界500强企业?他的"敬天爱人"、抓住人心、"阿米巴"经营模式等成功经验值得我们学习。

除了首年佣金,还可以把保单件数、客户净推荐值、培训进修等事项挂钩结合,还可以类似于微信、小视频里公司领导"点赞、关注、转发"等方式,表示认同与赞许。保险营销是大家共同奉献爱心的事业。

太保寿险公司推动营销队伍向"职业化、专业化、数字化"转型升级,并且提出"五最"就是最丰厚的收入空间、最强大的创业平台、最温暖的太保服务、最专业的成长体系、最舒心的工作环境,这是非常好的举措,也是物质与精神相结合的做法,前提是要管控成本支出。

(6)努力建设一个专业、高效、强大的个险总部。营销队伍的改革转型是一个系统工程,涉及公司的各个方面,也需要给予一定的时间。无论是市场投资者还是股东老板、公司经营层,都要有一定的耐心与定力。

主要寿险同业个险营销曾经的"三板斧":第一波,抢人头,发展营销人力,比赛谁人增得多与增得快;第二波,抢保费,搞产品运作,看谁家缴费期限短、客户收回本金快、产品停售推动力度大、产品名称"噱头"好;第三波,抢高端客户,出国豪华旅游、高端医疗体验、基因检测、"生命银行";现在开始讲故事了,推行"保险+":"保险+科技"

"保险+健康""保险+养老""保险+医疗""保险+互联网"等。

凡此种种，也许都是有必要的，都只有总部方可做到的。包括主要同业公司都在探索建设"三高"队伍建设、"三化"队伍发展等，我都不反对。但是要防止新的"一哄而上"的转型模式，可能还没有找到自己公司真正"症结"所在，就已经开始"下药"了。营销策划专家叶茂中曾说："创意的80%，是靠脚走出来的，20%才是策划人的智慧"，说明他非常重视市场调研。寿险行业现在有点"抱团取暖"的现象，要错大家一起错，只要不是"最差"的，就能跑赢平均水平。

整个行业都在做"保险+"，不讲这个故事、不做这件事情反而要成为另类。但这个"保险+"是否就是当前营销转型或者营销改革的全部内容？是否就解决了当前营销存在的主要问题？

我认为，1992年引进的营销制度，本质上没有什么大的问题，当前，最重要的是要改革个险营销运营机制问题！说白了，不仅要做"革他人的命""转他人的型"，还要"革总部自己的命"。

根据我的理解，目前某些寿险公司个险营销总部运营存在的主要问题是：总公司与分支机构的思维方式不同，基本属于各想各的；总部市场调研频率、市场洞察能力严重欠缺，解决基层实际问题的针对性不强；总部个险销售支持队伍的培训与培养亟待改善，其履职能力与营销需求存在偏差；资管、养老、健康、核保核赔与分支机构的保费销售、客户服务的协同不够；总部自我革命、自我完善的魄力、能力及意识没有完全形成，"火车跑得快全靠车头带"，一个强大的、充满活力的、颇具狼性的个险总部亟待成功构建。

这些问题，不是一个销售管理部门或者个险条线完全能够解决的，需要总部整体的转型、协同推进。

（7）中心支公司这个"营级"战斗单位是转型发展的重中之重。寿险公司的转型或者代理人渠道的改革，如果要达到预期的效果，必须做到顶层设计与基层实践相结合，缺一不可。个别寿险公司的转型，把主要精力、主要资源全部集中在总部,请一个高大上的咨询机构,成立七八个SBU项目组,这是不能解决千姿百态的基层问题的。转型要妥善协调解决好各方的利益,至少要做到减少利益伤害。这就要求转型必须落实到加快发展这个结果上来,"总财富"或者"总资源"是增加的,转型就有能力来调动各方的积极性。反之,如果局限于"存量资源"的重新分配,没有"增量资源"的产出和再分配,这样的代理人渠道的转型很难获得成功。

对中心支公司这个"营级"战斗单位的重要性认识不到位,"营长"之间的能力差异决定了中心支公司间的业务发展差异。

根据太保寿险公司2018年各中心支公司个险续期保费收入的统计,排列前五名的分别是杭州、乌鲁木齐新市区、徐州、广州及潍坊中心支公司,当年续期保费收入分别达到20亿元、17亿元、16亿元、15亿元及14亿元,杭州与乌鲁木齐同比分别增长40%以上,而年度累计续期保费低于5000万元的有20家,有的是3000万元也没有达到。

请问:同样的产品同样的"基本法",为什么乌鲁木齐新市区中支(乌鲁木齐市有两家中心支公司)在2018年还能全国排列第二名?是它们的市场规模大、高端客户多吗?这些续期保费长期低于1亿元的中心支公司,有多少家还有继续存在的价值吗?什么时候能够实现当年费用收支平衡?

原因肯定是多方面的,但我认为最重要的是这个"营长"选任。行政区域上它是独立"地市",在保险公司内部完全是"五脏俱全"独立作战单位,不能认为个险条线强大了,"基本法"全司统一,佣金系统发放、考核系统处理,这个中支总经理就不太重要了。至少这个中支的文化环境、营销生态、社会地位等方面主要是由"营长"这个人决定的,千万不要出现"成事不足,败事有余"的现象。重要的"营级"单位发展情况又决定了该分公司的发展结果。

现行财务费用预算管理办法严重制约中支公司持续、健康发展的积极性,"长期主义"好像与"营级"单位关系不大。

个别寿险公司对各分公司、中心支公司的费用预算管理基本上多少年没有变化,一直沿用"固定费用+新保费用率"这个模式,这个模式最大的优势是促进分公司尽量多做新保保费,但是最大的问题也是因此造成"续期业务"的大小、业务品质的高低与中心支公司原则没有什么关系(只是考核挂钩),寿险公司的核心模式是"滚雪球"、是坚守"长期主义",最直接的话,就是等到某一天可以不做新保业务了,只靠续期保费也能养活这家机构、养活所在机构的全体员工了,这是我们多少"寿险人"的梦想与故事。现实是与产险公司基本一样,年年要做新保,而且新保任务目标越来越重,有时还压的中支总经理"气都透不过来",难免没有短期行为、难免没有虚假业务。

所以,这个模式必须改变。营销员的当年新保的佣金也可以连续拿3~5年了,有的公司还可以获得10年的连续佣金,目的是鼓励营销员长期发展、长期留存。公司要坚守"长期主义",但中支总不仅有任期制,最为严重的是衡量考核标准只看"新保业务",这种制度上的矛盾,一天不解决,营销转型就一天不会突破。

(8) 头部公司代理人渠道的转型可以期待。平安人寿一向以勇于改革在业内著称。根据平安2021年报披露,平安代理人渠道同样面临巨大挑战,其长期保障型首年保费为144.29亿元,同比下降46.2%,对应的新业务价值125.12亿元,同比下降51.4%,相应的新业务价值率是86.7%,同比下降9.3个百分点,长期保障型业务占代理人渠道首年保费的比例为20%,2020年度为34.3%!好在其长交保障储蓄混合型(指缴费期为10年及以上的两全险、年金险等)业务同比增长了23.1%,新业务价值同比增长5.1%,短交保障储蓄混合型(10年期以下)首年保费367.15亿元,同比增长11.7%,对应的新业务价值71.78亿元,同比增长16%。

这些都是寿险公司最具价值的核心业务,平安也受到了不同程度的挑战,最终导致平安寿险公司新业务价值378.98亿元同比下降23.6%,新业务价值率为27.8%,2021年同期是33.3%,其中代理人渠道新业务价值310.76亿元,同比下降27.6%,2021年12月31日代理人数量为60.03万人,同比下降41.4%,而月均代理人数量为79.6万人,同比只下降24.5%。说明平安寿险代理人渠道的发展情况影响了整个公司的新业务价值的增长。

尽管如此,我还是比较看好平安寿险等头部公司代理人渠道的转型,估计他们会率先取得优于同业的预期效果。当然,不同背景的人士,看平安的年报会得出不同的结论。

年报还指出,平安寿险将进一步培养钻石队伍,通过圈定经营管理优秀、具备发展潜力的营业部,提供高端客户及专属产品资源支持,持续扩大钻石队伍规模,提升产能。新人队伍方面,平安寿险将实施"优+"增员升级,以优增优,严控入口,逐步提升优质新人占比;同时还要实施新人经营工程,通过培训升级、政策支持和组织保障,提高新人队伍留存率。未来,平安寿险将持续推动数字营业部改革试点,在确保质量的前提下逐步深化推广。

这些观点,我想大家也都看得到,但其他上市险企没有在年报上说得这么多,这就是差距。平安明明白白告诉市场与同业,他们接下来会如何发展人力,如何发展绩优队伍及培养新人!而不是仅仅喊几句空洞的口号。我还是相信平安的战略定力、专业能力以及最为重要的执行实力,再加上其通过独有的"跨界生态融合、科技赋能业务部"等的举措,平安个险也许还有可能继续辉煌。如果平安寿险等头部公司代理人渠道转型不能成功的话,其他寿险公司转型成功的难度就更大了。

根据平安人寿的其他介绍,他们将采取"机构分类发展、队伍分群经营、数字化赋能"三大核心策略。我们已经说过了,即使广东省内,各地市之间差异也非常大。这就是为何太保寿险以前要设定六套不同类型的营销员"基本法"的原因。

险　　峰

　　平安人寿还曾提出"三新三强一创"计划①，三新就是"新优才、新行销、新主管"，三强是指"强品质、强考核、强规范"，一创就是创新队伍发展模式，打造特别招募计划，定向培养高质量主管和高绩优队伍，吸引各行业销售及管理精英的加盟等。

　　我们共同期待，谁是这轮代理人渠道转型的最先成功者。

---

　　① 李致鸿. 代理人队伍何去何从、成效几何？平安人寿周卫东详解转型路径 [N]. 21世纪经济报道，2021-12-15.

我的体会与教训

到得还来别无事,庐山烟雨浙江潮,初心难忘。

人生能有几个 24 年？回首往事，酸甜苦辣，百感交集，人生如此丰富多彩，也不枉此生。

加西亚·马尔克斯在《百年孤独》曾说，无论走到哪里，都应该记住，过去都是假的，回忆是一条没有尽头的路，一切以往的春天都不复存在，就连那最坚韧而又狂乱的爱情归根结底也不过是一种转瞬即逝的现实。但回忆至少可以让自己更充实。

回顾自己 24 年保险生涯，为什么能从一个支公司（办事处）副总经理一步步走到行业前三的总公司的总经理，除了历史的机遇和领导的关心这些既重要又众所周知的原因之外，还有什么原因呢？我常常在想这三个问题：我究竟是否算一个成功人士？如果有点成就，我的经验体会有哪些？更主要的是有什么教训？

在保险行业、在我高中同学中、在我老家的公务员同事里、在常规的思维模式下，我可能也算个成功人士，多少还有点被县城里的人羡慕吧。

然而在我心里却有明确的标准，一个人的成功与否，不能以职位高低、财富多少来衡量，要看他的境界、格局、修为……是否领悟人生价值的真谛。

我反思、我自省，我要努力、我要继续前行！

诗人汪国真的《热爱生命》：我不去想是否能够成功，既然选择了远方，便只顾风雨兼程。

7.1　不想当元帅的士兵不是好士兵

人不可无志，人不能没有追求。

自从进入保险行业后，我的理想就是要做保险总公司的总经理。别人能做，为何我不能？人生一定要有自己的理想目标，方向明确，才有动力。不同的阶段，要有不同的目标，万一实现了呢？即使没有实现，人生也很有价值。因为我努力了，因为我体会到了为了成功而奋斗的艰辛历程。

我在一次教师节上致辞，听说是给大家留下了较深的印象，主题就是"思想、理想、梦想"。用现在时髦的话来说，就是要敢于担当！自己要有主见与思路，想都想不到怎么能够做得到？不想当元帅的士兵一定不是好士兵！

我在吴江支公司时，由于离上海较近，很方便地接触到总部的一些领导或专家，我有更多的机会向他们学习，同时也更加坚定了我的决心。我觉得我的优势就在于了解基层，能够解决一些实际问题。总部的专家可能更擅长于理论总结、宏观研究。

目标确定以后，必须坚定不移，不达目的，誓不罢休。人间正道是沧桑！作为一个农民的儿子，我没有捷径可走，必须一步一个脚印地负重前行。

回顾自己的职业生涯，有三次关键职位的变化，都是因为"战绩"，都是因为我始终坚持结果导向。凭什么一个城市型分公司的总经理可以兼任广东这样战略要塞的分公司总经理？凭什么一个分公司总经理可以直接成为掌管公司核心业务的副总经理？凭什么掌管核心业务长达6年之久以后最终还是登上"险峰"成为总经理呢？我没有背景，我也不搞关系，我只有"战绩"！虽然过程肯定并不一帆风顺，但最终的结果还是符合自己的预期目标。任何人、任何事都会遇到困难、挑战甚至挫折，只要我们永不放弃，善于反思总结，相信自己，成功一定不负有心人。

当然，其中也有一个基本的判断：老板是英明的，保险公司主要会"以业绩论英雄"的。作为上市公司，必须关注市值管理，公司的所作所为一定会得到市场所有参与者的客观、公正的评价。我就是在这样的判断下埋头苦干的。

自2000年分业经营至2022年，总公司前后有九个分管销售的副总，从分管的时间来看我也是最长的，从最后结果来看，除了第一位和本人没有离开太保公司外，其他分管销售的副总（除现任的）最终均已离开了太保公司（本书在此郑重表达对他们的尊重，他们分别是H、Z、F、B、W、Y先生），大部分都去了同业公司，分管销售的老总在保险行业还是有一定的市场价值的，其中的5位都是同业公司的总经理职级。

7.2　凡事谋则立

目标明确以后，必须要有周密的行动计划，必须经得起时间的考验、挫折的考验。

我之所以现在能够写点东西，全有赖于我的习惯：在公务员时，主要是记大事记，把我自己每个阶段、每件大事都记下了。开始时是记日记，但真的很难坚持；进太保系统工作后，把我的每次讲话材料、每次的离任稽核或审计报告、每年的公司年度工作总结或个人述职报告、民主生活会材料等都留了一份，特别是职务任免文件、重大制度、办法修订、重要合同、重要证明材料都存有备份，后来随着办公自动化水平的提高，存储文档也更加方便了。就连吴江支公司的1996~1998年的"制度汇编"都备有一份！开始时，确实是为了备而不用，这可能与自己喜欢财务专业、理解"簿记"的功能有关，到了深圳分公司后，我已经开始有意识地做准备了，希望在退休以后可以整理点文字。虽然四处交流、南征北战，但这些材料一点也没有丢失。1979年高中毕业后的高考"准考证"以及"成绩通知单"至今依然保存完好无损。我要说的核心是，凡事谋则立！我们必须从长计议，要打有准备的仗。

谋事在人，成事在天。工作上也是这样，如果你是有勇无谋，很可能是一事无成。这个社会是现实的，没有人可以随随便便成功，只要你真心付出，一定会有所收获的。

7.3 依靠学习走向未来

《习近平谈治国理政》第一卷中有一篇文章就是《依靠学习走向未来》，文章写得非常好，其中的一个要点就是要解决"本领恐慌"问题。说实话，平时也没注意读这样的原著，在古田党校培训时，才认真读了几篇，领悟颇多。

没有人什么事都懂。我从财政局到纪检委，从寿险公司到集团审计，从长三角到珠三角，每一次转型、每一次岗位变化，最重要的任务就是学习！向书本学习、向他人学习、向基层学习，利用一切机会和工具去学习；还要结合各自的实际情况，到不同的山砍不同的柴，不同的职位有不同的要求，必须主动地尽快与之相适应、相匹配，要主动解决本领恐慌问题。好学才能上进，可以说我的工作史就是我的学习史。

1990年我从财政局被调到了纪检委，公务员对岗前培训还是很重视的，我被安排至苏州市委党校脱产住校培训三个月。在党校期间，初步了解纪检工作的职能之后，明显感觉不符合我的个人志向，我把大部分的时间，都泡在图书馆了，研读了《孙子兵法》的各种版本的书，写了一篇文章"与厂长经理谈赏罚"，公开发表在《中国厂长经理报》，核心的观点是"奖不逾日，罚不还脸"，对当时的经济责任制提出了批评和建议。我可能是一个比较适合搞企业经营的人，不适合走仕途。

《第五项修炼》的作者彼得·圣吉有言：只有懂得如何激发组织内各

层次学习热情和学习能力的企业才能傲视群雄。一定要把其他员工也变成狮子，你才能打败对手。因此，不光自己要善于学习，更要把公司培养成为善于学习的组织。这也就是我把太保"个险精神"调整为"善学习、敢创新、会经营"的另一个原因了。

我在1979年高中毕业之时，为了能够早点工作，只报名参加了中专考试。那年，中专考试与大学考试是分别进行的，1980年我弟弟考试时，已经合在一起了，他是大专毕业，这在当时我家乡的农村里，兄弟两个"书包翻身"已成很大新闻了。那一年中专考试是三门课，满分300分，我考了240多分，考上了当时非常热门的苏州财经学校，我的好多优秀的农村同学，也报考了中专，最后上了师范学校吴江分校，毕业以后有的在小学做老师。那年本科考试是五门课，满分500分，在江苏得分300分可以保证上一本的大学了，这也许就是命运的安排吧。我没有参加大学考试、没上全日制大学学习，这是我终身的遗憾。

后来我参加了各种学历学习：先后取得苏州大学财务专业专科毕业、中央党校法律专业成人本科毕业、2008届中欧国际工商学院EMBA毕业；还参加了苏州大学两年制的研究生班学习，参加了英语专业本科、经济专业本科自学考试等。

学习的目的主要是为了提高自身的能力，不是为了文凭。当今世界，最有效的学习方式与路径之一是通过网络和各种媒体进行学习，只要你想学习，只要你想了解情况，可以随便搜索求知。学习永无止境。

欲知此事要躬行。我在深圳、广东分公司特别是在总公司的每次重要会议发言、总结报告，基本上都是自己提前准备或直接提供提纲后反复修改定稿的。这样既是学习、思考、总结、提炼，更是不断完善、充实自己，久而久之，我好像也比较专业了，至少不会人云亦云。否则，离开了秘书就不会讲话，离开了稿子就没有逻辑与观点了。

7.4 学会抓主要矛盾

学会抓主要矛盾就是要善于抓重点问题，这个很重要！前提是要善于抓住事物的本质，善于把握规律，这样的话，解决问题的举措，就不会偏差太大，就能做到事半功倍。每一个成功人士都有一套适合自己的工作方法。

个险营销最核心的问题是谁去卖保单？究竟是线上为主？还是线下为主？时至今日，答案肯定是线上线下的融合，特别是新冠肺炎疫情暴发之后，大家会更加认同线上线下的融合了。但是五年之前、十年之前呢？保险发达国家又是如何看的呢？

我出访考察了主要发达国家的保险市场和主要保险公司，每到之处，都要请教讨论这个问题。他们认为，他们是成熟市场，客户的保险意识已经很高了，保险的密度和深度远高于我国，他们说：客户保单拥有量到一定程度之后，其保险的需求需要持续的沟通、激发、培育、推动，最后还要临门一脚，才能促成。原本客户已经没什么保险需求了，特别是长期保障型保险，复杂难懂，互联网解决不了这些问题。所以他们并不担心互联网对营销队伍的所谓的冲击，但互联网确实是一个平台和工具，可以为我们所用。互联网是一种生态，可以实现共荣共享。

内地市场上的互联网保险业务，哪怕是像众安保险公司，其销售的保险产品主要是短期简单产品。这些长期的主要的核心业务谁去卖呢？是老总去卖吗？是组训、讲师或内勤去卖吗？答案当然是否定的。所以，如何有效地解决销售队伍的发展问题，是中国保险业一段时间内的主要矛盾。日本寿险市场比我们成熟发展早20多年，但至今其代理人渠道的业务占比还有60%左右。

中国最大的国情是人口众多，这么多的潜在保险客户，需要相匹配的销售队伍去服务；培训肯定很重要，但没有人，你培训谁呢？类似"姚明"这样高素质的人才单靠培训不能解决全部问题。人均产能的提高也很重要，这是实现高质量发展必由之路，但是，在产能较高的情况下，不是人越多越好吗？所以，我2011年到了总部以后，首先推行的就是"有效增员是解决个险营销所有问题的关键办法"，重点推动主管晋升、团队的组织发展等。太保寿险营销队伍从28万人，一路"顺势"上升到80万人！2019年新华保险公司公布的年报中有一句话叫作"业务增长，队伍先行"，讲的也是这个意思。

不同时期有不同的主要矛盾，不同公司之间的主要矛盾也不尽相同。当人力发展到60万人、80万人，甚至100万人的时候，主要矛盾肯定发生转移了。因为，人力发展也有个合理的限度，不是越多越好，此时的主要矛盾是如何提高人均产能！应该注重产品研发，应该重点突破客户经营，帮助营销员提高活动量等。所以，我们又提出了坚持"双轮驱动"，即坚持"人力健康发展、产能持续提升"的策略。

从保险公司的角度，负债端问题解决了，资产端的压力也不容小觑。1万亿元资产，10%投入股票市场，上下振荡10%，就是100亿元的盈亏啊！承保利润有100亿元的保险公司没多少家吧？特别是低利率时期，如何保证取得稳健的投资收益，又是保险公司的主要矛盾之一了！坚持资产负债相协调发展，说起来很轻松，做起来却非常艰难。

7.5 干部是关键

胡锦涛同志2011年7月1日在庆祝建党90周年大会上的讲话指出，回顾90年中国的发展进步，可以得出一个基本结论：办好中国的事，关键在党，90年来党的发展历程告诉我们，政治路线确定之后干部就是决定因素，要坚持凭实绩使用干部，让能干事者有机会、干成事者有舞台、不让老实人吃亏、不让投机钻营者得利，让所有优秀干部都能为党和人民贡献力量。这段话朴素而伟大，好像就是为我们保险公司讲的。在20世纪末期，人们的保险意识还不太高，正是靠我们的各级干部，不辞辛劳、不怕"白眼"、走遍千家万户、说尽千言万语、历尽千辛万苦，把保险的真爱送给成千上万客户与家庭，保险行业才有今天的成就和地位。其中，同样包含各级营销人员的努力。

善用各类人马，是我的一大特色，因为我不搞拉帮结派，所以可以使用各种人才；因为我的目标明确，所以用人的标准就很简单，就是坚持"以业绩论英雄"。用同事们的话来说，我的眼光比较"毒"，看人"入木三分"。其实不是天生这样的，而是教训的积累、见多了自然识广了。作为分支机构的总经理，其主要的任务就是发现人才、使用人才、激励人才。我深深地知道，所有的活儿要靠兄弟姐妹们去干的，总经理本领再大，也只有两只手、两只眼，不能包揽一切。

所以，我到了深圳，第一任务就是广交朋友，发现、引进人才。在广州开始阶段，营销外勤经理引进，最后都是我一个一个亲自面试的，百闻不如一见。他们在同业工作或广州打工，他们都很聪明，也很能干，大部分是优秀的，但其中也不乏小混混。无亲无故，他们为何要"慕名而来"呢？究竟看上了我们太保什么呢？只有亲自面试了，自己心里才清楚这支队伍基本情况，才可以避免一些隐患。

为官一任，致富一方。我们在分公司工作，能够为分公司留下什么呢？不是保费（保费已经上划总公司），不是费用（费用已经用完），而是干部队伍！只有干部队伍的可持续成长，才能带来公司业务的可持续发展。有些机构，面对同样的市场，同样的产品，为何业务不能持续健康发展？主要是因为干部的心态、动机和能力不同，根子还在你这个"伯乐"上，因为你没用好、培养好干部。个别机构非常可惜，现在的中层干部或核心骨干，可能还是十年前培养使用的那波干部，业务怎能有新的变化？外勤队伍在"洗人头"，内勤干部却"十年如一日"，难免不进则退啊。个别机构甚至出现"劣币驱逐良币"现象，破坏了员工发展的生态环境，业务怎么能健康发展？明明当地有优秀人才，偏偏要从外地甚至自己的"老家"引入干部，结果是外来干部语言不通，文化不同，能力再强也很难融入，本地干部也因没有被欣赏、没有被使用，自然也会束手旁观甚至逃之夭夭。有的分支机构领导靠盲目自信，第一年拍胸脯、第二年靠砸钱、第三年拍屁股，他自己不走人就要被他人"拿下"了。世道是公平的，出来混一定要还的。

所以，要选拔那些政治坚定、心地善良，有真才实学、业绩突出、群众公认的干部，形成德才兼备的用人导向，真正做到太保集团强调的"让有为的人有位、让吃苦的人吃香、让实干的人实惠"的人才观，公司无往而不胜。

回顾八年的个险分管工作，最大的成功举措就是大胆启用了一批年轻化、专业化、经得起时间考验的优秀个险干部，这是中国太保个险能够持续八年新业务价值增速领先上市同业的根本保证。中国太保个险的市场口

险　峰

碑主要是由代理人渠道的率先成功转型以及个险干部的茁壮成长并输出同业而形成的。

当然，我同样也有明显的用人不当问题，让极个别干部得到了快速提拔使用，有点"吃苍蝇"的感觉。对分公司分管总这个层级的干部有时也存在偏信偏用的情况，个险分管总的异地提拔使用，也许先在当地锻炼一下、验证一下，可能更稳妥一些。人间正道是沧桑，识人断物功夫硬，在工作中用人失误真的是最大的失误。

7.6 机遇很重要

年龄是个宝。我 1995 年是办事处（支公司）副经理，到 2017 年当上总公司总经理，时隔 22 年！寿险公司每个层面一般都有三个职位：总经理助理、副总经理、总经理，从支公司、中心支公司、分公司到总公司共有四个层面，共计 12 个职位，如果不跳级，假设每两年升一级的话，也至少 24 年！因此，如果你想当"元帅"，除了起点要高，还有就是年龄不能太大，否则你熬不起啊，也许还没有等到，你已将要退休了。

机会不可少。人的一生，会遇到好多次重要的机遇。上天是公平的，机遇只会留给有准备的人。上级公司特别是公司最高层主要领导来你公司调研座谈，可能是你一生中最难得的机会，你一定要好好准备。请你想一想，作为一家全国性的较大规模的保险公司或银行，地市一级的机构一般都有 200 家左右吧，总公司或总行的主要领导能到你所在的机构来调研、听你汇报工作的机会几年有一次？假如他一个月走一家中心支公司或中心支行，需要 16 年才把 200 家机构平均走一遍；每次重要的业务竞赛是机会，你要认真对待，万一你做好了请你去介绍成功经验呢；每次干部公开选聘是机会，如果你符合条件尽量报名参加，即使不成功，也表明你的态度是积极的，有敢于担当的意识，愿意为公司的发展贡献自己的力量，还可以为下一次的成功作点铺垫。

如果还是没有"表现"的机会，那只能靠你主动发表论文或经验介绍文章来推广自己、来引起他人的关注了,这样的成功案例还真的不少。总之,只要你是"金子",公司业绩也是过硬的,再加上一定的口才和文字表达能力,莫愁天涯不识君。

  当总经理不是为了享受,而是为了承担更大的责任,为民族保险业作出更多的贡献。

7.7 认真工作的人永远不会吃亏

凡是做过我的下属或同事的人，都会认为我对工作的要求比较高、比较认真，确实如此。

但是也有例外，我在分公司工作期间对自己住房没有什么要求。我在深圳工作期间，我住的房子是前任总经理住过的那套租赁房子与家具，我没有做任何变化与调整，福田区香榭里小区在那个时候也还是不错的。2006年10月我主要在广州工作了，我在广州租住的那套房子还是前任总经理住过的，天河北路芳草园小区，继续租赁并没有任何调换，一直住到2011年到上海为止。中国民俗中有好多独特的东西，只可意会，不可言传，前任总经理住过的房子有人会认为有点"犯忌"，甚至有的将其工作过的办公室、办公桌都要换的。特别是在广州，人们是比较相信"风水""招财进宝"等习俗，主要是图个吉利、图个安心。

我没有在意这些事，我只有两个要求，一是晚上睡觉时外面不能太吵，安静即可，二是离办公室越近越好，加个班、开个会不需要惊动司机，自己走走最好。我想前任总经理在住之前肯定已经"深思熟虑"过，最终选择住这里一定也是有道理的。我可以把精力集中放在工作上，不要折腾自己。

到了上海，我完全可以免费住进吴淞路388号太保公司160多平方米的公寓房，由于房子建造时间已经很久，门窗都是木制的，不太密封，晚

险　　峰

上睡觉时可能不安静。为了验证是否可以"忍受"外滩隧道出来的汽车声音，我特意安排两个晚上10时，去房子里体验，关紧所有门窗，结果还是感觉有点难受，最后我自己自费在公司附近的"耀江国际小区"租了一套房子，一直住到2016年。这些小事，从一个侧面也反映我是一个比较仔细或者说要求比较高的人。

我在工作上，比较认真甚至可以说是追求完美。写一篇会议报告，没有修改4~5稿是不可能定型的。个险条线帮我整理材料的同事一定也是有这样"体会"的，有的时候，他们发我邮件时已经注明第几稿时，我自己也觉得有点对不起大家。

日本"商圣"稻盛和夫曾经给年轻人这样的忠告：你难得来这世上走一回，你的人生真的有价值吗？你要坚持"愚直地、认真地、诚实地工作"；"我拼命做眼前的工作，认真解决眼前的问题，但总是见不到成果，见不到进展"。年轻朋友中有许多人可能这样想的。但是我劝你们要更加努力，"努力已达极限，比这更大的努力绝对不可能了"。如果努力达到这种程度，你或者会获得灵感，就像神给你的礼物一样；或者会出现承认你的努力、向你伸出援手的人！这话讲得非常到位吧，这也是我追求的人生哲学。

和夫小时家境并不富裕，好不容易大学毕业，从事第一份工作时，开始也不是很顺利，差一点要辞职离开。有一天晚上，他睡不着，就起床去了公司边上的圆福寺，静静听了两个多小时，"唯有静下心来问问自己，真正目标为何，然后极尽努力，一往直前"。老师傅的话，让他顿时领悟。回到公司，吃睡都在实验室，认真埋头苦干，终于研发成功了新产品。否则也就没有后来他自己的"京都陶瓷"。他屡仆屡起，终于展翅高飞，成为世界第一。

我主要也是靠认真工作，以"战功"或者"结果"来证明自己，靠一步一个脚印才攀上曲折而又艰辛的顶峰。我深深地体会到，做任何工作，必须认真对待。认真工作的人最终肯定不会吃亏的。

7.8 登高方能望远

2011年3月底第一次参加年报路演，第一次跟随集团高董事长去香港、出国去美国见H股的主要投资者，印象非常深刻。

2011年10月9~18日，我率团赴英国怡安奔福公司和瑞士再保险公司进行交流访问，前者是当时世界规模最大的再保险经纪公司，她们介绍说，英国保险销售渠道的主体为IFA（独立财务顾问），占比达60%以上，代理人销售不足15%，网络销售占5%~10%。IFA不受聘于任何一家保险公司，由英国监管机构管理。并且对不同类型的产品佣金收入获取方式进行了调整，理财型产品的佣金由客户支付，保障型产品的佣金由保险公司支付，因此代理人与IFA之间存在相互转换的现象。对于这一点，我们初次出国考察的国内保险高管还是感到有点惊讶的。

瑞士再保险公司也是世界上最大的人寿与健康险再保险公司，2010年11月与太平洋寿险公司合作开发设计与癌症相关的产品，通过电销渠道进行销售。他们还为我们邀请瑞士人寿保险公司的专家进行介绍交流。据介绍，瑞士人寿面临最大的挑战是人口老龄化严重，已经将产品研发的重心逐步转移到养老产品上。瑞士人寿的销售人员都是员工制，与公司签订劳动合同，一经录用，一般都是永久雇员，不会被轻易解约。不同国家的保险公司之间差距很大。

2012年3月26日在香港四季酒店参加2011年业绩发布会及媒体见面

会，当天下午及27日参加投资者一对一会议。2012年4月9日从上海飞纽约，10日纽约投资者会议，12日波士顿投资者会议，15日墨西哥城投资者会议，17日旧金山投资者会议，18日从旧金山飞上海，行程非常紧凑。

2012年7月12~19日，我组团前往日本、韩国交流访问，先后考察访问了日本索尼人寿公司、日本第一生命公司及韩国三星人寿公司。这次是与总部个险年轻人一起出访，比较开心，还去了北海道，吃了很多海鲜。当然受到的启发更大！可以说对我们以后的增员、培训、管理产生了革命性的影响，也从此开始了索尼人寿与太保金玉兰的合作。从事人寿保险的同事，有机会一定要去索尼人寿看看，他们为什么月人均保单件数能够达到7~8件？三星人寿培训基地的硬件设施一流，三星人寿在培训上非常舍得投入。

2013年9月6~13日，我带队赴法国、意大利考察访问，拜访了法国安盟保险公司、法国再保险公司、意大利忠利保险公司。还在法国和意大利"意外"遇到了分公司个险分管总的竞赛达标旅行团，我们一起喝了法国红酒，大家非常尽兴。

2014年9月，我带团赴德国、荷兰考察访问。安联集团是全球最大的保险公司之一，世界500强排名前30位，因为与我司合资成立了太保安联健康险公司，所以对方安排非常周到，参观了他们公司博物馆和地下建筑长廊，还与集团主席在公司内部餐厅共进午餐。这次访问最大的收获是学到了NPS（净推荐值）等精华内容。

2015年8月，我们一行拜访了美国国际集团（AIG）、美国大都会保险公司和加拿大宏利人寿公司。主要讨论学习了独立代理人发展和经营，以及如何打造精英销售团队。在多伦多，他乡遇见苏州老同事，格外开心。

2017年8月，我们应邀出席了在墨尔本举办的2017年国际龙奖IDA年会，还拜访了澳大利亚友邦保险公司和新西兰Partners Life公司，对年会主题"宁静致远"、友邦的"活力计划""价值共享"的经营理念印象深刻。回国后,我们马上推出了太保"活力计划"。这也是第一次以总经理的身份参加的出访活动。

2018年5月,我带团赴新加坡、印度德里和孟买,考察了索尼人寿新加坡公司、新加坡大东方人寿保险、印度SBI人寿保险、HDFC人寿保险、印度Axis Bank,学习考察了新加坡索尼"门店模式"、参观了大东方2000多平方米的培训中心,对印度银行艰苦的办公条件、会议室及热情招待记忆犹新。他们的点心和茶水,大家开始都不太敢吃,对方又非常客气,使劲拿到我的身前,我只能"硬着头皮"带头先吃,其实是非常好吃。印度真是个神奇的地方。

登高而招,臂非加长也,而见者远。如果有机会,一定要争取多出去看看。此所谓"读万卷书不如行万里路"。如果你又能用外语自然与对方交流的话,你的收获一定会大大超出你自己的预期。

从2011年到2018年这八年间,我几乎每年都要出国参加年报路演及专程组团考察学习国外主流保险公司的经营理念与实际做法,这对我个人的能力提升、视野开阔、自信度提高等产生了深远影响。后来因为疫情,都不再安排了,但就像"人口红利"一样,我都遇上了,这是中国太保给我的又一独特机遇,也是我与其他分管领导不一样的地方,非常感谢太保。我国保险业起步虽然有点晚,但发展非常快,一些举措已经起到了引领全球保险行业的作用。

7.9 格局决定结局

保险公司在推销、经办保险业务时说的最多的一个词就是身故，就是与死亡有关的一系列话语，例如：保险责任至身故、领取身故金、领取丧葬金、得了癌症赔付多少万、财富传承、遗产继承、法定继承人等，这些话在中国传统文化中是有点忌讳的。格局与境界，只有在死亡面前方显英雄本色。按理说，保险公司员工特别是老总们，应该是对人生的领悟最彻底、最明白的一群人之一。事实并非一定如此，可能还有相互算计、相互拆台、争权夺利、明争暗斗等现象存在，说明格局还是不够大。

乔布斯曾说过的"记住，你将死去"是我一生中遇到的最重要的箴言，它帮我指明了生命中的重要选择，因为几乎所有的事情，包括所有的荣誉、所有的骄傲、所有对难堪和失败的恐惧，在死亡面前都会消失。任何一个拒绝死亡的人，最终结果还是死亡。死亡面前绝对人人平等，死亡是生命的一部分。想明白了死亡，就应该充分"享受无限的自由"，就应该非常珍惜生命，寻找生命的意义。就应该做到拿得起、放得下、Hold得住。这应该是人生的最高境界。

马斯克认为，公司本身没有任何价值，它唯一的价值是作为一个高效的资源分配机制而存在。客户是公司存在的唯一理由。所以，做企业要聚焦于价值的创造，而不应该只是为了钱。

保险公司的营销员靠什么来营销？时代变了，消费者不再可以随便被误导了，如果公司的产品与服务不行，最好的广告或者营销技巧都是噱头。一个企业如果把稻草当金条卖，那就在欺骗客户，不是真正以客户为中心。对保险公司而言，保费收入的增长确实很重要，但还不是公司存在的全部价值，我们还应该换位思考，还应该更多地承担一些社会责任。这也是ESG蓬勃兴起主要原因。

无论是一个人还是一家公司，你的格局决定你的命运。千万不能斤斤计较，不能为了那点儿蝇头小利、为了自己的私心杂念而忘了初心与使命；千万不要把公司害了，同时把自己也害了。如何提高自己的格局？主要还是要注意自己的修养与内涵，多读一些历史书籍，多从"跳出保险看保险"角度来思考问题。

7.10　性格决定命运

1990年,我已经是吴江市财政局的企业财务科科长,统管全市国有企业的财务管理、资产管理等工作。当年,分管副局长提拔为局长了,我与另外还有一位科长,两人当中只有一个可上,结果是我的同事做了副局长,我被组织调离财政系统,进了吴江市纪检委。虽然职级是一样的,同样是"提拔",但按当时社会的价值标准来衡量,一个是天,一个是地,至少给其他人的感觉,财政局副局长是非常风光的。我到了纪检委后,听领导说市委常委会讨论干部的时候,其中的一个理由是说我相对外向一点。后来那位兄弟,做了十几年的财政局的副局长,最后也离开了财政局,成为某党务部门的党委书记。我是学财务出身,我非常喜欢我的专业,离开财政系统时,我心情是非常糟糕的,不是名利问题,而是担心被人误解为没有与局长搞好关系!有时我还自己安慰自己,局长对我还是很好的。否则可以不让我当副科长、科长,可以不把年龄还不大的老科长提前退下来。1990年我才28岁,在那个年代,财政局的老领导还真的很有魄力与魅力。这么一个意气风发的年龄,在改革开放前期,从事如此重要的财政经济管理工作,会是怎样的人生体验与价值?

在纪检委工作期间,除了具体工作比较压抑外,其他都是非常开心的,特别是两任纪委书记(市委副书记兼任的)都对我非常关心,他们为人都非常谦虚、低调、和蔼。我在担任市纪委信访室主任期间,学到了好多为人处事的原则与道理，现在每每讲起这段经历，我还是非常自豪的。

然而，现在看来，20世纪的经验教训，并没有被我重视并吸取。我与那位提拔为副局长的同事很有缘分，名字中只差一个字，我俩都是农民出身，并且还是校友。但他比我聪明和乖巧，更会为人处事。遗憾的是我没有完全领悟到，更没有学会。实际上，一个人的秉性是很难完全改变的，也就是性格决定命运。

我这人可能一生都是个有争议的人，无论在财政局，还是后来到了保险公司，始终有一部分人说我好，认可我，也有一部分人不太认同我。因为我是一个很有个性的人，宁折不弯、直来直去，讲话喜欢一针见血，喜欢指出他人缺点，要求比较高。我常常说，如果你考试得了90分，我还会追问你，为什么这10分没有得到？现在我自我狡辩一次，这其实与善于发现问题、善于抓重点一样，可能是一个问题的两个方面吧？不过，如果不讲场合的批评，确实让人受不了。

"实话实说"，有时真的也行不通的。要学会"读懂人心"。因为只有知道对方在想什么，你才能说对方想听的、给对方想要的。如果不懂人心，效果往往适得其反。大多数人还是爱听好话的，"好孩子是夸出来的"。

一个人的性格，也是逐步修炼成型的。在苏州中心支公司做总经理时，我多次对员工们表达我的处事原则：八小时之内，你必须听我的，因为你是我的下属；八小时之外，如果你不认同我，即使在马路上碰见，我们可以装作不认识，如果你认为我还可以，我们可以一起喝老酒，一起光着膀子进澡堂。从此以后，我一直坚持这个"底线"。我自认为已经明白了职场规则，我希望简简单单。我的工作原则就是结果导向。只要有利于公司目标达成，不管你是谁，我都会重视重用。如果不利于目标达成，即使你我曾经喝过老酒，是老同学、老朋友，我也会批评指出。现在看来，特别到了上海滩以后，这样的为人处世可能还是有问题的。有的时候还是需要捣一下糨糊，哪个人不喜欢听好话？要善于改进工作方式方法，要注

险　　峰

意运用"三明治"批评法，第一层先"肯定"、中间是"批评"、最后收尾还要多"勉励"。

2011年到上海后，吴淞路400号20楼2001室，我的办公室面积比较大，墙上没有什么东西，怎么办呢？我请一位老朋友帮忙，找了一位保险行业的书法家写一幅字。写什么呢？经再三考虑，我决定用毛主席的《忆秦娥·娄山关》。

> 西风烈，长空雁叫霜晨月。
> 霜晨月，马蹄声碎，喇叭声咽。
> 雄关漫道真如铁，如今迈步从头越。
> 从头越，苍山如海，残阳如血。

这是毛主席在沉寂三年重掌兵权后写的第一首诗词，也是红军长征以来打的第一个胜仗，但毛主席还是表露出战前的凝重、战后的悲壮，心情是压抑和沉闷的，"万里长征，千回百转，顺利少于困难不知多少倍"。从现在来看，我当时的预判还是有点道理的。已经预感到我最终可能的结果了，所以才选这样的诗词。

2007年底，我开始彻底戒烟了。要知道，我是在财政系统时学会了抽烟，已经有20年了！由于长期一个人在外交流，都会认识一些新烟友，所以基本上两包烟一天抽完。直到广东中山中心支公司的那位梁总送了我《中国最美的100个地方》和《全球最美的100个地方》后，深深地触动了我。我想我们来到这个世界上，如果退休后不能到世界上最美的地方去看看，那不是白忙乎了吗？如果要去这么多的地方，有两个前提条件：一是要身体好，二是要有经济能力。所以，我开始彻底戒烟了，且没有第二次再抽了，同时还要努力工作多赚年薪。这是否说明，只要你目标明确、意志坚定，就一定能够实现！是否还说明，人的潜能是无穷的，一些习惯、毛病也一定能改掉的！有人调侃，一个能够戒烟的男人是个可怕的男人。非常遗憾，我另外的一些毛病、缺点，没有像戒烟一样早点被改掉。

7.11 "两手都要硬"

我是中国太平洋人寿保险股份有限公司的第四任总经理,除了第二任潘先生是海外背景、代表外方股东之外,其他两位都曾经是集团公司的老领导,为人和蔼可亲,是沪上优秀的企业家代表,他俩是我终身要学习的老师。这一点,也只有现在这个空闲的时候,我才更加清醒地认识到。一个人必须懂点政治,要拥有一点政治敏感度、政治眼光以及政治智慧。现代企业经营,要善于凝聚大多数人的共识,要善于居安思危,要善于求同存异。只有既懂业务又懂政治,做到"两手都要硬",才能让自己信念更坚定,才能敢于担当善于作为。

保险公司个人业务发展果然重要,但也不能只懂业务不讲政治,不能老是以"业务型"自居,更不能墨守那个所谓的"基本判断"。"打江山与守江山"肯定是不一样的,作为行业三甲的保险公司,多1个亿与少1个亿保费收入是没有什么区别的。

有个分管个险工作的领导对我说:"你始终为了要保费,我现在保费也不要。"我忽然惊醒,哑口无言。

曾国藩,中国近代历史上也是个奇才。我曾专程去过他的家乡,也读过他的书,还在喜马拉雅听过熊猫播讲的《曾国藩传》,全书四部,边走路边听讲。该书是曾国藩的一生一世全传,传承成功经验,传真失败教训,传奇英雄事迹。他因担心功高盖主而主动裁撤湘军,他的深谋远虑、思维缜密值得我学习体会。当然他始终没有得到皇上充分的信任，差一点还要背上"卖国贼"骂名而遗憾终生。我没有类比曾国藩之意，也没有资格与此相比。我的意思是，我们即使取得一点成绩，千万不能居功自傲，要继续保持谦虚谨慎的政治素养。

从个人而言，尽量做到"又红又专"。从工作来说，政治是灵魂、是统帅，经济是基础、是保障，两者必须有机结合，做到"抓党建从业务出发，抓业务从党建入手"，以高质量党建引领公司高质量发展。

在我 41 年工作经历中，在党校脱产培训有五次，其中时间超过一个月的共有三次。第一次 1988 年 4 月是在财政局工作期间，我才 26 岁，作为吴江市历史上第六期中青年后备干部培训班学员参加培训，这是非常自豪的一次培训，由吴江市委组织部主办、市委党校承办的，凡是参加培训的学员，基本上都是各单位、各部门的青年后备干部，事后基本都得到了提拔重用；第二次 1990 年到吴江市纪检委后，在苏州市委党校参加的为期三个月的纪检干部岗前培训班；第三次就是 2019 年 2 月 28 日在上海市委党校举办的培训班，是我领悟最彻底、洗心革面的一次培训。

2019 年 3 月我们全体学员包机飞古田，在古田市委党校培训学习了一周时间，参观考察了古田会议等革命根据地。其间，我系统学习了有关党史文献资料，学习了《星星之火可以燎原》《湖南农民运动考察报告》《二月来信》《习近平谈治国理政》等原著原文，观看了党建教育片。

印象最深刻的是毛主席在井冈山身患重病期间还指出：党指挥枪、枪杆子里面出政权，坚持武装割据，坚持根据地建设，要把根据地连成片，走农村包围城市最后夺取政权的道路。事实证明，这是一条光明之道。

由此联想，身为职业经理人，有时也会比较被动与无奈，不是我想怎么干就能怎么干，我想干多久就能干多久。如果我们没有公司的股份，就类似于没有"根据地"，就没有最终的发言权。我在这里说的"股份"或者"根据地"，不是为了一己私利，而是为了更好地坚持原则，更好地保证公司行驶在正确的轨道上，更好地发挥职业经理人的作用。

7.12　争做一名优秀的基层公司总经理

万丈高楼平地起,先争取做一名优秀的支公司总经理或者在这岗位工作一年,不能一山望着一山高,更不能好高骛远。其实,保险基层机构总经理或银行基层支行行长的活是最难干的!因为什么活你都得干,什么责任你都得承担。你要认认真真干活,要把公司当作自己的公司来干。不追求短期的回报,才能最终得到你要的回报。

从基层机构的角度而言,保持一定的业务发展速度,始终是总经理的第一要务!没有保费收入就一切免谈,没有健康、可持续的业务发展就没有你存在的价值。

当业务发展到一定水平后,要重点关注费用收支是否平衡?你的投产比是否优化了?业务发展很好,费用收支也平衡了,那么员工的收入水平是否也逐年稳步提高呢?员工的满意度和积极性也很重要啊。这三个都做好了,作为分支机构的总经理,还有一项重要工作,就是合规经营问题、党建工作做得怎么样。不要弄了半天,业务发展了,费用平衡了,收入也提高了,最后您因为违规经营而被组织"拿下"了,不是很悲哀吗?

基层机构总经理是最实在、最锻炼人、最可以大有作为的工作,把基础打扎实了,总有展翅高飞的时刻。

7.13 养不教父之过

我在深圳公司工作期间的一天晚上八点半,我经过大半天旅途劳累回到吴江家里,敲开大门见到我的儿子,他说的第一句,让我今生今世永远也不会忘记,他说:"假如你觉得对我不满意,你回深圳好了!"

那一年他才 14 岁。一个 14 岁的男孩,如果他的父亲经常不在他身边,会是什么样的感受?会对他的一生造成多么深远的影响?我 2003 年离开苏州开始异地交流,当时我的策略是以不变应万变,所以我儿子没有跟随我转战南北。一方面苏州人都不想离开苏州,另一方面我不知道今后还要去哪里?我所有的家人亲属都在吴江。还有就是我们总部在上海,我想迟早我会争取回上海的。于是在他初中高中期间、在他最叛逆期间、在他最需要父亲帮助期间,他的父亲始终不在他身边!这也是我的终身遗憾!

我的儿子没有考上名牌大学,也没有出国留学,是我们钱家的基因不行吗?是他不努力吗?是我家没有经济能力吗?都不是!看看我同事、我同学的孩子,这个出国那个留学,我还是心有不甘的。这是我欠我儿子的,这是我最内疚之处!虽然说条条大路通罗马,虽然说好多名人也有没上大学的,但那是另一回事。

我儿子这么说我,说明远在千里之外的我还经常对他提要求,而且只提要求没有帮助。说明他有怨气,他也许还会被认为不太懂事,但是我认为都是我的错！可惜，我认识太晚了，太晚了！如果能够弥补我的错误，我愿牺牲我的所有。

从这个角度讲，我没有成功，至少我没有处理好与儿子的相处，没有处理好事业与家庭的关系。我们努力工作的目的就是为了更好的生活。

尾　声

远方的山峰隐约可见。
旧志不改,我将继续修行。

尾　声

意大利的登山皇帝，莱茵霍尔德·梅斯纳尔（Reinhold Messner），当代最伟大的登山家之一，一个与山为伍、探险终身的人，在登山界被称为"山峰先生"，他在自传中写道："登顶世界上全部8000米级的山峰不值得我骄傲，我所有的成功都不值得我骄傲，值得我骄傲的只有一件事，我生存下来了。"此话说得太好了！我所经历的根本算不了什么，最多也只是个"折腾"而已，因为我并没有经历生命的考验。

成功登上险峰之后，可以一览众山小，但不一定是一路平川，也可能是万丈深渊。翻过一座山峰以后可能会遇到新的、更险的茫茫险峰，需要我们继续去攀登或者跨越。人生也是如此。

我1962年7月出生在苏州市吴江区（原来是吴江县，后改为吴江市）平望镇金联村的金家潭，2022年是农历壬寅年（虎年），是我的本命年。我老家背靠大浦河以及名城苏州，东临柳亚子故居黎里古镇，南面毗邻浙江嘉兴，西面318国道直达湖州、西藏，交通水系四通八达。大浦河上接太湖水，下润黄浦江，与上海接壤的地方就是沪苏浙三省交汇处——长三角汾湖生态示范区。

我是生在农村、长在农村的农民孩子，在20世纪60年代后期，"文革"还没有结束，家里真的"一穷二白"。因为家里"吃饭"人多，一年农活干下来，年终分配时，家里反而还倒欠生产队几十元钱！几年下来，成为村里有名的"透支户"。有一年人民公社要求降低"透支额"，没有办法，父亲把家里可卖的家具都变卖了！差一点把房子的大门也卖了。在这样的情况下，父亲还让我们兄弟几个上学读书，真的不容易，我非常感恩父亲的养育之恩！在我8岁时候突然没有了母亲，这是我人生中的最大悲哀和打击，天都塌下来了。

有一天，我在旁边听小学的王校长对我父亲说，让我小学毕业后不要再读书了，去学"木匠"吧，这样家里的经济负担可以轻一点。因为我爷爷是个"木匠"，王校长也是出于好意，好让我掌握一门"手艺"，长

险　　峰

大以后可以养家糊口。但我非常伤心，死活也没有同意。

那时金家潭有一所小学，但只有一间教室，我们五年级的学生共有6人，是与其他年级的同学一起上课的，老师先讲五年级的课，然后布置我们做作业或自学，再讲其他年级的课。我们6个同学中，有几个也没有继续读初中，只有我一个人还上了高中，而且还在平望中学的高中"重点班"里学习，我1979年7月高中毕业，我二弟1980年高中毕业，我们兄弟姐妹有四个，这样的情况，也是我报考中专的重要原因，没有更好的选择。

2006年10月5日，我的母校平望中学成立50周年。配合校庆活动，出版了一本画册，本人荣幸地作为79届代表被收录在册，非常惭愧，没有为母校尽点义务。

我的名字中虽然有个"仲"字，但是家里的"老大"，我有两个弟弟，老二名字中有个"春"，老三名字中是个"胜"，很有意思吧？家父文化不高，在村里做过会计，在我们小时候父亲经常帮助他人取名字。我猜测，我虽然是"长子"，但要用排第二的仲字，言下之意是要"谦虚一点"，老二可以往前走一步，老三应该"胜过"老大、老二。虽然是十足的"小农民"思想，但也是一番苦心，大家都想"望子成龙"。然而非常遗憾，我性格并不谦虚，好胜心也很强，说好听一点是敢于担当、敢说敢做。

弹指一挥间，我已经六十岁了，这个曾经是多么遥远而陌生的数字，而今却已经悄悄地来到眼前。六十年的风风雨雨，六十年的坎坎坷坷，人生真的不容易。蓦然回首，人生路上有成功也有挫折，有酸甜也有苦辣，知足面对，尽心就好。我发自内心地感恩父母、感恩共产党，感恩公司、感恩同事，感恩所有爱我的人和我爱的人！

我的前半生已经定型，一切已经过去了。六十年一个轮回，我的后半

尾　声

生如何规划发展呢？

阿里曾鸣博士曾说，战略要"看十年，想三年，做一年"。确实如此，人生六十才开始，此时，有钱、有闲、有经验教训、身体也好，没有什么压力与负担了。我们应该想清楚，并且把握好60～70岁，这也许是人生最后的"白银十年"。

我希望能够在总结反思前半生的经验教训的基础上，不忘初心，再悟人生的意义与价值，找到"想做、可做、能做"的交集"该做"的事情。人生必须坚持不断地学习，不进则退，要始终保持积极向上的正能量，生命不息，攀登不止。

世界著名实业家、日本"经营四圣"之一稻盛和夫，1932年1月21日出生于日本的一个小岛鹿儿岛，他也不是著名大学毕业的。他27岁创办"京瓷"，52岁创办第二电信KDDI，这两家公司全部进入世界500强。为了进一步净化自己的灵魂，他在1997年9月剃度出家，此时他身价已达200亿美元。直到2010年，日航面临破产，当时的日本首相鸠山由纪夫请稻盛和夫出山拯救日航，78岁高龄的稻盛和夫2010年1月表态愿意重新出山，以0元薪酬出任日航CEO，他仅仅用一年多一点时间，就让日航扭亏为盈，并且创造了其60年历史上最高的盈利，这是世界企业经营史上的奇迹。

他的核心企业哲学是"敬天爱人"，主要的经营模式"阿米巴"工作法，他认为很偶然的生而为人，人来到这个世界上，时间是非常短暂的，所以必须倍加珍惜，要追求极致性，他的代表作品就是《活法》。

远方的山峰隐约可见。旧志不改，我将继续修行。

我可以行走天下，打打高尔夫球，看看名著，做做投资，逍遥自在，浪迹天涯，这样的话也够我忙的了。

人难得来到这世上，一定要到世界最美的地方去看看，《全球最美的100个地方》，其中至少还有一半的地方我没有去过呢。当然这不是简单的游玩，而是进一步放开眼界、陶冶情操，也许触景生情、找到新灵感。打球也不是简单的运动与锻炼身体，更多的是征服、是挑战，是为了不断实现"杆数"这个小目标。高尔夫就像人生，有你想象不到的困难，也有意想不到的运气。高尔夫最大的挑战其实是自己，如何克服自身人性的弱点，如何专心、专注地打好每一杆。当你面临绝望时它给你希望，当你充满希望时它给你绝望，这就是高尔夫。

或者把希望寄托在下一代身上，陪陪我可爱的小孙女、小孙子，学做一个称职的幼儿园校外辅导老师，享受天伦之乐。

或者希望能找到几个志同道合的合作伙伴，共同创建一家属于合伙人自己的公司，用稻盛和夫的"敬天爱人"核心企业文化，以及"阿米巴"工作法，尽最大努力来帮助我们的客户实现"身体更健康、财富更自由、传承更顺意"的人生理想目标。我们应该为社会继续做点贡献，可以为最需要的人做一点雪中送炭的事。

或者我更应该慢慢地静下心来，读几本好书，进一步增长知识，充实自己，活到老学到老。其实，人生最重要的旅程未必需要攀上最高的山峰或走遍世界。

生命的意义或许在于放下，"人生不过是路过，没什么不可放下"。我想以苏轼人生最后一首诗来就此搁笔。

《观潮》
庐山烟雨浙江潮，未至千般恨不消；
到得还来别无事，庐山烟雨浙江潮。

2022 年 10 月 18 日

附录

中国太保集团内审工作数字化评价体系浅析

中国太保集团内部审计工作实行高度集中化管理,集团成立审计中心,单独设立党委,并统一履行各子公司审计职能(产寿险等子公司不再设立审计部门)。审计中心共设立前中后台11个部门,共有300多名员工(其中博士5人),中共党员占比超过50%,可以说是一支"又红又专"的审计铁军。

企业内审工作不同于国家审计、社会审计,它与企业是"唇齿相依"的关系,是在"同一条船"上。虽然金融保险内审工作被确定为"第三道防线",但必须主动融入、主动担当,为实现公司经营目标保驾护航,坚决守住不发生系统性风险的底线。如果内部审计的定位不准,就容易把自己"孤立"起来,最终很难有效履行审计工作职责。

太保集团分支机构5800多家,非保险子公司30家左右。内审工作如何做到"应审尽审、凡审必严"?如何做到既发现问题又解决问题?如何做到"被审计单位满意、董事会满意、监管机关满意和审计人员自己满意"?我们在总结自身经验的基础上进行了一系列的创新与探索。

本文重点介绍我们在智慧审计方面,特别是数字化评价体系建设方面的一些主要做法。虽然我从"前锋"转到"后卫",但"革命人永远是年轻",无论在哪里、干什么,奋斗者必须永葆干事创业的激情,尽自己的最大努力,重点转变因长期远离市场而难免观念僵化、手段落后等现象,

险　　峰

充分运用"大数据",为内审工作高质量发展丰富内涵。

一、探索构建被审机构"健康发展指数"

审计中心于2021年全新构建了"健康发展指数",从审计的视角出发,通过选取公司经营管理的关键指标,应用大数据方法计算得出各机构的健康发展指数,力求实现对产寿险机构健康发展状况进行相对客观的评价。

"健康发展指数"的主要特点:健康发展指数的构建具有评价维度全面、方法体系客观、使用方式灵活等特点。在评价维度上,区别于传统经营成果评价、条线考核类评价等方法,系统以高质量发展为导向,分别从规模速度、质量效益和合规内控三个方面,综合评价公司健康发展状况。通过综合选取司内各机构横向对比、司外与当地市场对标以及历史发展趋势等各类指标,形成更为全面的评价;在方法体系上,系统采用大数据方法确定评价指标,通过对各指标历史数据的相关性分析,选出涵盖经营管理情况的关键性指标进行测算。应用分层次分析构建权重体系,通过对各指标进行层级划分,并结合加权算法,直接以量化得分的方式,计算各机构的健康评价结果和排名,确保结果的客观性;在使用方式上,系统采用可视化技术,以全国地图的形式对健康状况较好及较差的机构进行及时预警,并支持从分公司到中支公司的逐级下钻。以气泡矩阵图及雷达图的方式,对各机构发展的领域分布及薄弱环节进行直观展示。以折线图及柱状图的方式,对各指标在不同机构间的差异情况、不同时期内的变化趋势进行对比分析,实现指数结果的灵活运用。

"健康发展指数"的指标构成:健康发展指数通过对产寿险公司规模速度、质量效益和合规内控三个方面进行综合分析,设立了69项指标的健康指标池,精选22项指标计算得出各机构的健康发展指数,全面评价公司经营发展的整体情况,促进公司提高经营管理水平,推动业务持续健康发展。

产险公司健康评价指标见表一。

表一　　　产险健康发展指数的指标及权重

领域	领域权重	指标名称	指标权重
规模速度	30%	保费增长率	15%
		市场占有率	3%
		市场占有率增长值	12%
质量效益	55%	综合成本率	18%
		承保利润	18%
		人均产能	6%
		商业车险保单续保率	8%
		非车险综合成本率变化值	5%
合规内控	15%	亿元保费投诉量	3%
		亿元保费审计发现违规金额	5%
		亿元保费监管处罚金额	7%

寿险公司健康评价指标见表二。

表二　　　寿险健康发展指数的指标及权重

领域	领域权重	指标名称	指标权重
规模速度	30%	个险价值标保增长率	15%
		个险新保期缴市场占有率	3%
		个险新保期缴市场占有率增长值	12%
质量效益	55%	单位费用产出标保	17%
		个险价值标保完成值	5%
		营销员月人均标准保费	8%
		累计13个月保费继续率	17%
		绩优人力增长率	8%
合规内控	15%	亿元保费投诉量	3%
		亿元保费审计发现违规金额	5%
		亿元保费监管处罚金额	7%

"健康发展指数"的主要作用：研发健康发展指数，对于强化审计服务能力，提升审计监督效能具有重要意义。在审计服务方面，健康发展指数填补了对机构经营情况数字化评价的空白，为管理层决策提供了大数据参考。依托健康发展指数，审计中心连续两年发布了健康分析报告，公布了当期健康指数结果，分析了近三年变化趋势，并对重点机构的健康状况进行剖析，助力机构补短板、强优势提供了数据依据，发挥了指数牵引、正向引导的积极作用；在审计监督方面，通过深化指数结果应用，对健康状况较好的机构适当减少"审计频次"，对健康指数较差的机构加强远程监测及现场审计，对于促进审计资源的有效配置，强化防范风险具有一定作用。

二、探索试行审计工作数字化考核评价办法

"健康发展指数"主要是评价被审计单位的，那么对各审计部门特别是9个直接承担审计工作的业务部门的工作如何考核评价呢？审计中心也要自己"照镜子"。我们同样要改变平时不管、年底互评、领导决定等传统做法，要用"数据"说话，最大限度地防止人为因素。具体的评价指标见表三。

表三　　　　　审计工作数字化考核评价指标

评价内容	序号	评价指标	指标权重	目标要求	计算公式
6个核心评价指标80%	1	重大问题揭示率	25%	以风险为导向，强化问题揭示能力，提高发现问题的针对性和有效性	审计已揭示的外部检查重大问题数量/外部检查重大问题总数
	2	审计缺陷整改率	25%	贯彻闭环工作机制，加大后续审计跟踪检查力度，严格对账销号，提升整改成效	审计整改评估有效的缺陷数量/审计整改评估的总缺陷数量

续表

评价内容	序号	评价指标	指标权重	目标要求	计算公式
6个核心评价指标80%	3	远程审计占比	20%	加强数字化审计工具的开发和应用，逐步扩大远程审计作业占比，提升审计效能	利用远程手段实施的审计项目数量/审计项目总数
	4	亿元保费处罚率	15%	突出"一审多果"，提出有针对性的管理建议，促进分支机构提升合规经营能力，辖内亿元保费监管处罚金额与市场规模相匹配	辖区监管处罚金额/亿元保费
	5	挽回经济损失	10%	通过审计为公司追回资金或财产、挽回经济损失等	通过审计为公司追回资金或财产的金额
	6	人均审计项目	5%	有效结合审计资源，提高审计效能，降低审计成本	实施审计项目数量/部门人数
N个辅助评价指标20%	1	项目进度完成率	20%	确保审计项目根据项目计划有序开展	实际完成项目数量/应完成项目数量
	2	审计项目质量得分	30%	发挥审计质量控制主体责任，严格把控审计项目实施质量，提高审计成效	审计项目成效以及实施规范性等项目质量控制评分
	3	管理建议书数量	50%	拓宽审计增值服务的视角和路径，探索推进业审融合，发挥三道防线协同联动效应	已发文的内部审计管理建议书数量

这个"6+N"的指标体系表示，6个指标是刚性的，每年不变，N个辅助指标可以根据每年的实际情况，做一些灵活的调整。这些指标的运用，还具有对各审计部门及工作人员审计工作质量的监督，防止"舞弊作假"等现象的发生。

"健康发展指数"与"数字化考核评价指标"有机结合，形成了完整的企业内部审计"数字化评价体系"，初步实现了"大数据"运用及"智慧审计"尝试。中国太保内部审计工作也得到了保险业的高度认同，2020年10月被中国保险行业协会指定为内部审计工作组组长单位。

本人认为，这样的内部审计，可以实现"第三道防线"从被动到"远程主动进攻"的转变，为公司高质量发展发挥作用。还可以遵照《数字中国建设整体布局规划》要求，率先在保险行业进行有益的探索。

钱仲华

2022年7月